정조의 조선

사도의 아들이 꿈꾼 백성의 나라

정조의 조선

김윤중 지음

말글빛냄

서문

　저명한 역사학자 한영우 박사는 15세기의 세종, 18세기의 정조를 조선 최고의 지도자로 뽑는다. 그리고 그는 우리 역사가 300년을 주기로 르네상스를 경험했기 때문에 곧 통일의 대업을 이룩하여 르네상스를 부활시켜 줄 21세기의 위대한 지도자가 출현할 때가 되었다고 주장하고 있다.

　따라서 통일국가의 대업을 달성해야 하는 역사적 전환기에 최근의 정치적 혼란을 타개하기 위해, 탕평 인사와 개혁 정치로 대통합을 추구한 정조의 위대한 리더십을 부활시켜 후세들에게 전해야겠다는 열정과 사명감을 필자는 절실하게 느끼게 되었다. 정조에 주목하여 그와 관련된 저서 27권을 연구·검토해 보니 필자는 정조야말로 탕평 인사와 개혁 정치로 국가적 통합을 성공시켜 조선을 찬란한 문화국가로 이끈 위대한 지도자라고 생각하게 되었다. 또한 시대가 지날

수록 정조는 세종만큼이나 위대한 지도자로 부상하고 있고, 그의 죽음도 독살설에 힘이 실리고 있는 실정이다.

특히 그동안의 정조의 리더십에 대한 평가가 소극적이고 비관적으로 이루어진데 반하여 필자는 적극적이고 긍정적으로 기술하기로 했다. 정조 사후 위대했던 조선은 세도정치와 민란 등으로 100년 만에 몰락하고 말았지만, 정조 같은 지도자가 계속 조선을 이끌었다면 한일합방 같은 민족적 치욕도 없었을 것이고 근대 민주 국가로 빠르게 성장할 수 있었을 것이다. 또한 놀랄만한 점은 정조의 '노비제도 혁파 안'은 링컨의 '흑인 노예 해방령'보다 훨씬 빨랐으며, 생명을 중시하고 인간적인 정조의 따스한 리더십은 서양의 마키아벨리즘보다도 뛰어난 것이었다. 정조는 과감하게 선진문명을 받아들이면서 우리 문화를 바탕으로 한 독창적 문화국가, 부강한 근대국가를 향해 달려간 지도자였다. 특히 정조는 신분이나 문벌보다는 학식이나 능력에 기준을 두어 과감하게 인재를 발굴·육성하여 탕평 인사와 개혁정치로 정치를 성공시킨 지도자였다. 미완의 개혁군주가 아니라 조선의 위대한 꿈을 실현한 지도자였다. 정조는 통찰력과 추진력이 뛰어났으며 관용과 인내심이 대단한 성공한 지도자였다. 위대한 지도자 정조의 꿈은 지금도 살아 꿈틀거리고 있으며, 우리는 그의 리더십을 부활시켜 현재의 절망적인 정치 상황을 지혜롭게 극복해야 할 것이다. 또한 그와 같은 위대한 지도자를 키워내야 하는 것이 우리의 당연한 몫이고 역사적 과업일 것이다.

차 례

이산의 출생

정조는 1752년 영조(제21대)의 둘째 아들 사도세자와 혜경궁 홍씨 사이에서 태어났다. 이름은 이산으로 어려서부터 총명하고 행실이 반듯했다. 특히 어린 시절부터 책을 열심히 읽었으며 신중하고 치밀하였다. 천성적으로 학자 기질을 지녀 점차 학문을 좋아하는 성품으로 이어졌다. 또한 일기를 꼬박꼬박 썼으며, 책을 읽으면 근심이 사라지고 피곤함이 풀린다고 할 정도로 독서에 몰두했다.

또한 어린 시절 정조는 화려한 것을 멀리했고 검소하고 소박했다. 옷도 화려한 비단보다는 소박한 면으로 입었으며 깨끗이 빨아 입고,

해지면 기워 입곤 했다. 음식 또한 의복과 마찬가지로 조촐하고 검소하게 먹었다. 특히 음식에 욕심이 없어 적은 양을 먹곤 했다. 정조의 아버지 사도세자는 1735년 영조와 영빈 이씨 사이에서 둘째 아들로 태어났다. 영조는 이미 큰아들 효장세자를 잃었기 때문에 사도세자의 탄생에 "삼종의 혈맥이 끊어지는가 했더니 이제는 지하에 가서 조상들을 뵈올 수 있게 되었다"고 하며 무척 기뻐했다. '삼종의 혈맥'이란 손이 귀한 세 임금 효종, 현종, 숙종의 핏줄을 말한다.

사도세자는 어린 시절 서화(書畵)를 매우 좋아했으며 천성 또한 어질고 너그러웠다. 어려서부터 전쟁놀이를 즐겨할 만큼 무사 기질이 뛰어났다. 어린 시절에도 기골이 장대했고 자라면서 칼과 활을 잘 다루었다. 사도세자는 어려운 유교 경전을 멀리하고 여러 잡스런 책들을 즐겨 읽곤 했다. 정이 많은 그는 어려운 학문보다는 사람들과 어울리기를 좋아했다. 또한 체격과 용모가 크고 특출하였으며 우애가 깊은 천성을 지니고 있었다. 과묵하면서도 다정다감한 편이었다. 그러나 사도세자는 점차 자라면서 영조를 닮아갔다. 영조 또한 불같은 성격의 숙종을 빼닮았던 것이다. 유전적으로 삼대의 성격이 불같고 광증 비슷한 조울증의 기질을 가지고 있었다. 다행히 정조는 침착하고 참을성이 뛰어난 편이었다. 사도세자는 북벌을 주장했던 효종(제17대)과 외모가 닮았을 정도로 출중했으며, 효종이 사용하던 무거운 청룡언월도를 자유롭게 휘두를 정도로 신체 조건과 능력이 뛰어났다. 이러한 사도세자의 출중한 무사 기질과 광증은 영조와의 관계를 긴장 속으로 몰아넣었다. 영조는 소론세력의 지지를 받았던 형 경종(제20대)을 독살하고 노론세력의 지지 속에 임금의 자리에 올랐다는 패륜적이고 비열한 오해에 고통스러워했다. 그래서 영조는 사도세자 탄생 이후 탕평책의 하나로 경종을 모셨던 궁녀들을 교체하지 않고 그대로 사도세자를 보필하게 했다.

과거에 경종을 모시는 궁녀들은 대단한 권력을 지녔으며 이들도 철저히 당파에 따라 행동했다. 경종을 모셨던 궁녀들은 소론 일색이었다. 따라서 사도세자는 어려서부터 소론 위주의 이야기를 들으며 생활했고, 성장하면서도 노론을 멀리하고 소론과 가까이하게 되었다. 어린 나이에도 노론 측 신하들의 잘못을 지적하고 나서자 그들은 사도세자의 성장에 극도로 불안을 느끼기 시작했다. 아버지 영조의 엄명으로 15세 때 대리청정을 시작한 사도세자는 영조의 도움으로 무리 없이 정국을 이끌어 나갔다.

그러나 사도세자가 소론을 지지하면서 외척 등 기존의 노론 세력에 불만을 드러내자, 점차적으로 노론을 지지하는 영조와의 관계가 악화되면서 불같은 성격의 영조로부터 무서운 정치적 압박을 받게 되었다. 특히 사도세자를 싫어하던 노론 세력들과 영조의 계비 정순왕후 김씨, 숙의 문씨 등이 사도세자를 무고하여 영조의 분노를 사게 하였다. 이에 영조는 수시로 사도세자를 불러 꾸짖었고, 이로 인해 극심한 압박감을 느낀 사도세자는 불안한 광중 증세를 보이며 궁녀 등을 죽이고 몰래 왕궁을 빠져 나가는 등 기이한 행동으로 아버지 영조에 저항했다.

정조의 어머니 혜경궁 홍씨는 영의정 홍봉한의 딸이었다. 혜경궁 홍씨는 시아버지 영조와 친정아버지 홍봉한을 극진히 모시는 효부였다. 홍봉한은 그의 동생 홍인한과 함께 외척이면서도 노론의 중심으로 사도세자를 두려워하고 있었다. 혜경궁 홍씨는 무서운 시아버지 영조와 친정아버지 홍봉한 그리고 숙부 홍인한 등이 그의 남편 사도세자를 심하게 핍박하는 것을 참담한 심정으로 지켜봐야 했다. 그것이 혜경궁 홍씨의 기막힌 운명이었다. 영조는 사도세자에게 경종 때 죽임을 당한 노론 일파를 불쌍히 여겨 의견을 묻곤 했는데, 이에 대하여 "경종시대의 충신이 어찌 지금 충신이 아니겠으며, 또한 그때의 불충한 신하들이 오늘 충신이라 할 수 있겠습니까?"라며 아버지 영조의 심기에 반하는 대답을 하였다.

노론을 지지하고 있던 영조는 적극적으로 소론을 옹호하는 사도세자의 대답을 무척 불쾌하게 여기며 소론을 더욱 증오했다. 이에 노론의 대신들은 사도세자에 대한 참소와 비난을 계속했으며 영조와 사도세자가 따로 거주하도록 온갖 흉계를 꾸몄다. 사도세자의 성장을 두려워 한 노론 일파들은 후환이 두려워지자 마침내 그를 제거하기 위해 음모를 꾸미기 시작했다. 사도세자의 식솔들에게 재물을 쥐어주고 몰래 민가에 들어가 도둑질과 살인 행위 등 온갖 행패를 부리며 이 모두 사도세자가 시키는 일이라고 하게 하였다. 또한 그들로 하여금 시장 등을 휘젓게 다니며 외상술을 먹는 등 민폐를 끼치게 하고 백성의 원성을 사게 해서 이러한 흉측한 소문이 영조의 귀에 들어가도록 하였다. 따라서 사도세자에 대한 백성의 원성이 끊일 날이 없었으며 이러한 소식에 영조는 불같이 화를 내며 세자를 불러 꾸짖기 일쑤였다. 이에 사도세자는 몹시 흥분하여 광증이 심해지면서 간신들의 소행임을 알고 가담한 졸개 몇몇을 죽이기도 하였으나 이는 오히려 영조의 화를 키워줄 뿐이었다. 아버지와 아들의 갈등이 고조되는 가운데 영조는 어려서부터 영민하고 행실이 반듯한 세손 정조를 무척 좋아했다.

정조는 영조 35년(1759년)에 세손으로 책봉되었으며, 이때 영조 나이 벌써 62세였고, 세손 정조는 8세였다. 그해 영조는 세손을 불러 『소학』 제3장을 외워보라고 했다. 영민한 세손의 시원스런 대답에 영조는 "나이가 어린데도 의젓한 절도와 법도가 뛰어나니 신통한 일이로다" 하며 입에 침이 마르도록 칭찬 하였다. 영조는 『소학(小學)』의 중요성을 무척 강조하고 있었는데, 『소학』이 충효(忠孝)의 덕목을 중시하고 있었기 때문이었다. 영조 36년(1760년) 1월에도 영조는 세손 정조에게 『소학』을 설명해 보도록 한 후 『소학』의 앞부분에 나오는 '물 뿌리고 먼지를 쓰는 것'의 뜻을 물었다. 이에 세손은 한 치의 주저함도 없이 "쓸기에 앞서 물을 뿌리는 것은 먼지가 어른을 더럽힐까 두려워하는 것입니다"고 답하였다. 이 답에 영조는 무릎을 치면서 무척 좋아했다.

한편 조정에서는 사도세자의 평양 유람을 걱정하고 말리다가 연이어 정승들이 자살하는 사건이 터지고 있었다. 아버지 영조 몰래 사도세자는 평양 유람을 몇 차례 감행하였는데 이로 인하여 아버지와 아들은 충돌하기 일보 직전의 위태로운 상태에 돌입했다. 당시 사도세자는 영조를 대신하여 세자 대리청정을 수행하고 있었다. 두 사람 다 성미가 급하고 직선적이어서 만약 충돌하면 나라의 근간이 통째로 흔들릴 정도였다. 세 충신은 정성을 다하여 사도세자를 보호하기로 있는 힘을 다했으나, 사태가 더욱더 악화되는 것을 알고는 살기를 바라지 않고 서로 연이어 자결을 택했던 것이다. 이때 자결한 삼정승은 영의정 이천보와 우의정 민백상, 그리고 좌의정 이후였다. 삼정승은 뛰어난 충성과 절개로 영조에게는 사도세자를 너그럽게 용서해 줄 것을, 사도세자에게는 이성을 되찾을 것을 자살이라는 충격적인 방법으로 전달하였던 것이다.

이천보는 1739년(영조15년) 문과에 급제하여 1749년 이조참판에 올랐고, 이후 이조판서와 병조판서를 거쳐, 1752년 우의정, 좌의정을 하였다. 그는 사람됨이 관대하고 생각이 깊다는 평을 들었다. 노론의 성향을 갖고 있었지만, 온건 중도파로 사도세자를 각별히 보필했다. 이천보보다 40일 뒤에 자결한 민백상은 1740년(영조16년) 문과에 급제하여 홍봉한, 김상복과 서로 친하게 지냈으며 서로 함께 정승의 지위에 올라 '세 정승 친구'로서 삼태지우(三台知遇)라 불렸다.

우의정으로 발탁된 민백상은 젊어서부터 영특하고 준수했으며 풍

채와 거동이 시원스럽고 뛰어났다. 우의정 민백상은 충심으로 사도세자를 보호하다가 사태가 악화되자 51세에 자결하였다. 두 정승의 자결로 조정이 충격에 휩싸인 가운데 보름 후인 1761년(영조37년) 3월 4일, 좌의정 이후가 자결했다.

좌의정 이후는 문과에 급제하여 병조판서와 이조판서를 지냈다. 그 후 평안도 관찰사를 지내다가 곧이어 우의정이 되었다. 그리고 좌의정이 된 이후는 우국충정의 마음으로 영조와 사도세자의 충돌을 만류하다가 68세에 자결하였다. 그러나 불같은 성격을 지닌 영조는 자결한 중신들의 충정을 무시하고 간신들의 모함에 빠져 아들 사도세자를 역적으로 간주하기에 이르렀다. 참으로 무서운 비극이 일어날 것 같았다. 바야흐로 무서운 아버지와 불안과 초조함으로 압박을 받는 아들은 피할 수 없는 운명을 향하여 나아가고 있었다.

아버지와 아들의 갈등

아버지 몰래 이루어진 사도세자의 평양 유람은 영조에게 전해져 그를 분노케 했다. 삼정승의 연쇄자결로 조정의 분위기는 흉흉했으며 성격 급한 아버지와 아들이 또 다시 충돌할까봐 주위에서는 노심초사했다. 사도세자가 영조 몰래 4달 정도 평양 지방을 유람한 것을 걱정한 삼정승은 둘 사이의 엄청난 불화를 예견하고 신하로서의 도리를 지키지 못한 자신들의 책임을 물어 자결을 택하게 되었던 것이다. 뒤숭숭한 이 시기에 성균관 유생들은 영조에게 상소를 올려 사도세자의 평양 유람을 비난하고 영조에게 경계하도록 촉구하고 나섰다. 사도세자의 평양 유람을 알게 된 아버지 영조는 세자에게 엄중한 경고를 하며 반성문을 직접 올리도록 했다.

무서운 아버지 영조라도 자칫 이 문제를 강압적으로 처리하려다가 정신이 불안정한 세자가 어떤 식으로 반응할지 몰라 시간을 두고 조용히 해결하는 방향으로 실마리를 찾으려 하고 있었다. 이때 영조는 나이가 60세를 넘은 지 오래였고, 오랫동안 병을 앓다가 가까스로 회복하여 심신이 극도로 미약한 상태였다. 무수리를 어머니로 둔 영조는 혹시 자기 시대에 결국 나라가 망하는 것이 아닌가 하는 두려움에 사로잡혀 있었다. 나이 든 아버지 밑에서 무서운 질책을 받으며 하루하루를 불안하게 지내고 있던 사도세자는 손녀 같은 궁녀를 취하는 등의 행태를 보이는 아버지 영조에 대한 반감이 싹트고도 있었다. 이른바 아버지 영조에 대한 두려움은 갖고 있었지만 존경하지는 않고 있었던 것이다. 또한 20대 중반으로 패기 있고 무예가 출중한 사도세자는 효종처럼 북벌을 꿈꾸고 있었다. 이에 영조는 사도세자가 주장하는 북벌을 받아들이기 어려웠고, 결국 북벌을 주장하는 사도세자가 집권하면 조선이 전쟁의 요동으로 빠져들고 국가의 안정이 위태로울까봐 이를 두려워하고 경고하고 나섰다.

특히 영조는 인조반정 때 든든한 지원을 해준 곳이 관서지방, 즉

평안도 지역의 병력이었다는 사실을 잘 알고 있었다. 또한 평안도 지방에서 세금으로 거둬들이는 곡식은 중앙정부로 수송하지 않고 현지에서 사용했다는 것에 대해서도 알고 있었다. 결국 사도세자는 이곳에서 4개월을 몰래 머무르며 아버지 영조를 축출할 계획을 세웠을 수도 있었다. 따라서 사도세자의 쿠데타 모의설이 제기되고 있었다. 또한 영조도 이러한 계획을 의심하고 사도세자가 한창 평양 일대를 유람하고 있을 때 대신들에게 「반정일기」란 책을 읽어주면서 사도세자의 반역 음모를 공개적으로 경고하고 나섰다.

「반정일기」란 책은 인조가 광해군(제15대)을 무력정변으로 몰아낸 과정을 상세하게 기록한 글이다. 따라서 공개적으로 영조는 모든 대신들에게 경고하고 나선 것이다. 부자지간에 충돌 위기가 고조되면서 1761년(영조37년) 성균관 유생들이 영조에게 사도세자의 평양 유람을 규탄하는 상소에 이어, 1762년(영조38년) 나경언이란 자가 직접 영조에게 사도세자의 비행을 적은 '비행 10조목'을 상소하였다. 나경언은 정순왕후 김씨의 아버지 김한구와 그 일파인 홍계희, 윤급 등 노론 일파들의 사주를 받고서 엄청난 역모사실을 허위로 꾸며 상소하였던 것이다. 나경언은 궁궐의 붓과 벼루를 공급하거나 열쇠를 보관하는 일을 담당했던 액정서라는 곳의 별감인 나상언의 형이었다. 그는 아주 미천한 자로서 노론의 사주를 받고 영조에게 직접 허위사실을 고해바친 것이었다.

그 글에는 '전하의 곁에서 가까이 모시는 신하들이 모두 불충한 생각을 품고 있어 변란이 눈앞에 닥쳐왔다'는 말도 있었다. 이에 당황한 영조는 노론의 핵심이었던 홍계희 경기도 관찰사에게 특별히 궁성을 호위하라고 명을 내리고 사도세자를 역적으로 간주하게 된다. 시시각각 엄청난 비극이 다가오고 있었다. 원래 영조는 아들 사도세자에 대한 기대가 무척 컸다. 영조는 사도세자가 어릴 때 학문과 무예 모두에 뛰어난 재능을 보여 효종을 매우 닮았다고 좋아했다. 당시의 백성들에게 효종은 학문과 무예를 겸비한 출중한 군주로 알려져 있었다. 특히 어린 나이에도 불구하고 사도세자의 행동은 의젓하고 당당했으며 무술·의술 등 다방면에 소질이 많았다. 능숙하게 말을 몰았고, 사나운 말도 잘 다뤄 효종을 꼭 닮았다고 칭송이 자자했다. 그러던 중 사도세자가 15세가 되었을 때 아버지 영조와의 갈등이 시작되었다.

1749년(영조25년) 1월 22일 밤 영조는 사도세자에게 양위하겠다고 갑자기 선포한다. 어느덧 영조는 나이 50세를 넘겨 눈에 띄게 기력이 약해지고 있었고, 또한 유전적 기질인 급한 성격과 변덕스러움이 나타난 것이기도 했고, 게다가 경종 독살설 같은 의심의 시각이 주위에 여전히 남아 있었기 때문에 그로부터 벗어나고 싶기도 했다. 그러나 신하들의 만류와 여러 논란 끝에 왕위는 물려주지 않고 사도세자가 왕의 역할을 대신하는 대리청정을 하게 되었다. 그러다가 대리청정 2년이 지난 1751년(영조27년)에 현빈 조씨가 세상을 떠났다.

현빈 조씨는 영조와 정빈 이씨 사이에서 태어난 효장세자(사도세자의 이복형)의 부인으로 효장세자가 10세의 나이로 세상을 떠난 후 청상과부로 살다가 이때 세상을 떠났다. 영조는 가족들 중 현빈 조씨와 화평옹주를 무척 아꼈다. 사도세자의 형수인 현빈 조씨와 그의 누나인 화평옹주 둘 다 사도세자를 무척이나 아끼고 감쌌다. 그런데 갑자기 이 둘은 사도세자가 대리청정을 하기 6개월 전 함께 세상을 떠났다. 특히 화평옹주가 죽었을 때 '공주'의 장례식으로 성대하게 치르도록 지시할 만큼 화평옹주에 대한 영조의 사랑은 각별했다. 또한 영조는 큰 며느리 현빈 조씨가 죽자 빈소가 마련된 건극당을 자주 찾았다. 그만큼 현빈 조씨를 아꼈다. 그런데 문제가 발생했다. 즉 아끼던 며느리 현빈 조씨가 죽자 영조는 1751년 58세의 나이로 현빈 조씨의 몸종인 숙의 문씨를 탐하여 2명의 딸을 낳는다. 또한 영조는 첫째 부인인 정성왕후가 죽자 1759년, 김한구의 15세 된 어린 딸을 정순왕후로 맞이한다. 그 때 영조의 나이 66세였다.

당시 18세의 사도세자는 그러한 아버지 영조의 부끄러운 행위를 증오하게 되며 이때부터 그는 화병 증세가 나타나기 시작한다. 이때 정조의 나이 두 살이었다. 아버지와 아들 간에 서로 증오의 감정이 쌓이고 있었지만, 이때 다행스럽게도 현빈 조씨와 화평옹주를 이어 사도세자의 할머니 인원왕후 김씨와 어머니인 정성왕후 서씨가 사도세자를 감싸주는 완충 역할을 해주고 있었다. 그러나 1757년(영조33년) 2월과 3월에 각각 정성왕후와 인원왕후가 세상을 떠나자 이때부터 영조와 사도세자는 충돌하기 시작했다. 이때 사도세자의 나이 24세로 왕위를 물려받을 수 있는 나이였다. 아버지 영조가 환갑을 바라보는 나이에 큰며느리 현빈 조씨의 몸종인 문씨를 임신시키는데다가 66세의 나이로 손녀 같은 15세의 김씨를 왕비로 들이는 등의 도덕적으로 해괴한 행위에 무척 부끄러워하면서 사도세자는 점점 증오의 감정을 표출하기 시작했다. 그러는 가운데 영조의 거듭되는 꾸중과 매번에 걸친 반성문 요구에 사도세자는 이를 무시하듯 광적인 행동으로 맞섰다. 이러한 사도세자의 반항에 불같은 성격의 영조는 부자지간의 불화를 만류하는 정승을 수시로 교체하고 걸핏하면 양위를 하겠다고 위협하며 변덕을 부리곤 했다. 이에 세자도 감정적으로 맞섰다. 호통을 치는 아버지와 반감으로 똘똘 뭉친 아들 사이에서 신하들은 어찌할 바를 몰랐다. 영조가 아들 사도세자를 불러 무섭게 호통을 치면 화를 참지 못한 사도세자는 광적으로 흥분하여 노론 일파로 의심되는 내관들을 살해하면서 아버지에 대한 증오심을 나타냈다.

1758년(영조34년) 3월 6일 영조는 좌의정 김상로를 통하여 사도세자가 내관 등을 해친 광적인 행위를 통렬히 뉘우치고 또한 간절히 슬퍼하며 희생자에게 후하게 보상하라고 한 사실을 전해 듣는다. 이리하여 한 동안 영조와 세자는 서로 화해하는 듯 했다. 영조도 사도세자를 타이르며 왜 내관을 죽였냐고 타이르듯 물으니, 아들 사도세자는 마음에 광증이 올라오면 자제하기 어렵다고 답하였다. 사도세자는 집안 내력인 광증에 대하여 알면서도 "아버지께서 사랑하지 않으시니 서럽고, 무섭게 꾸중하시니 광증이 나타납니다"라고 답했다. 이에 아버지 영조는 아들 사도세자에게 "앞으로는 그렇게 하지 않겠다!"라고 말하였다.

일시적이나마 무서운 아버지 영조와 불안정한 아들 사도세자는 서로 따뜻한 감정으로 화해하는 듯 했다. 그러나 애증의 관계에 있는 두 사람은 부자지간에도 함께 할 수 없는, 절대 권력자의 자리를 함께 차지할 수 없는 숙명적인 관계였다. 노론의 지지를 받고 있는 영조는 소론을 따르는 아들 사도세자가 정적으로 성장하고 있어 경계해야 했다. 바야흐로 부자간의 정면충돌의 위기가 다가오고 있었다. 비정한 권력이 흉측한 모습을 드러내기 시작했다.

사도세자의 최후

영조와 사도세자의 충돌 위기는 몇 차례에 걸친 사도세자의 비밀스런 평양 유람으로 인해 고조되고 있었다. 아버지 몰래 평양 지역을 유람했지만 영조를 에워싸고 있는 노론의 중신들은 앞 다투어 영조에게 그 사실을 보고했다. 진노한 영조와 불안정한 사도세자가 극단적으로 충돌할 것을 걱정하여 삼정승이 연이어 자결을 하는 초유의 사태가 발생하였다. 삼정승이 1760년(영조36년)에 이루어진 사도세자의 평양 유람에 책임을 지고, 이듬해인 1761년(영조37년)에 이르러 사도세자를 보호하기 위해 연달아 자결했다. 몇 차례에 걸친 사도세자의 평양 유람을 눈치 챈 영조는 사도세자의 역모를 경고하는 의미에서 인조의 「반정일기」를 신하들에게 읽어주었으며, 게다가 인조가 병자호란 때 남한산성을 지키다가 청나라 태종에게 치욕스럽게 항복하는 과정을 낱낱이 기록한 「하성일기」를 읽어주며 사도세자에게 반성과 항복을 통고했던 것이다.

삼정승의 연쇄자결과 영조의 경고에도 불구하고 사도세자는 또다시 평양 유람을 감행하였다. 그러자 집단적으로 사도세자의 평양 유람을 경계하는 상소들이 이어졌고, 또한 사도세자의 평양 유람 소문이 장안에 널리 퍼지게 되었다. 분노한 영조는 사도세자에게 엄중히 경고하면서 반성문을 직접 올리라고 하였다. 이런 팽팽한 긴장감이 조정을 짓누르는 가운데 성균관 대사성 서명응은 1761년 5월 8일 사도세자의 평양 유람을 선동한 자들을 처벌하라는 상소를 올렸다. 게다가 왕대비 정순왕후도 아버지 김한구의 사주를 받아 사도세자를 모함하고 나섰다. 또한 김상로, 홍계희 및 정우량 등도 사도세자의 처벌을 적극적으로 주청하고 나섰다. 김상로, 홍계희는 노론 세력을 주도하고 있었다. 영조를 지지하는 거대한 노론 세력이 소론 세력에 의해 보호를 받는 사도세자를 정치적으로 핍박하고 나선 것이다. 아버지와 아들의 단순한 감정싸움이 아니었다. 정치 세력 간의 거대한 싸움이었다.

노론 일파는 소론의 지지를 받고 있는 사도세자가 몇 달 동안 평양 지역에 머무르며 그 곳에 주둔하고 있는 막강한 군사력을 동원해 역모를 꾀하고 있다고 의심하고 이에 위기를 느낀 나머지 영조를 부추기고 나섰다. 거대한 노론 세력들은 영조를 움직이기 위해 미천한 나경언을 매수하여 사도세자에게 치명적인 '비행 10조목'을 그럴듯하게 조작하여 직접 영조에게 상소하고 나섰던 것이다. 이에 진노한 영조는 사도세자를 역적으로 규정하고 처단할 결심을 하기에 이른다. 이러한 일촉즉발의 위기가 전개되고 있을 때, 세손은 10살이 되었고, 그리고 이듬해인 1762년(영조38년) 2월 청풍 김씨 김시묵의 딸과 혼례를 올렸다. 하필 시아버지 사도세자가 비극을 당하는 해였다. 김시묵은 숙종의 외할아버지 김우명의 현손이며 병조판서 김성응의 아들로 명문가의 후손이었다.

같은 해인 1762년(영조38년) 5월 사도세자의 비행을 10조목으로 상세히 기록한 상소는 결정적으로 엄청난 비극을 초래하고 말았다. 이성을 잃은 아버지 영조는 사도세자를 아들로 생각지 않고 역적으로 벌하기에 이른다. 그리하여 역적을 다루듯 엄하게 국문하고 나섰다. 무더운 여름날, 사도세자는 20여 일 동안 죄인처럼 엎드려 영조에게 용서를 빌었다. 그러나 과격하고 불같은 영조는 완강했다. 이미 사도세자를 제거하기로 결심한 영조는 홍계희 경기도 관찰사에게 궁성을 잘 지키라고 엄명을 내렸다. 나름 사도세자도 홍계희를 간악한 음모를 품은 역적으로 간주하고 나경언의 동생 나상언을 잡다가 내부의 변란 계획을 밝히려고 문초를 하는 등 노론에 저항을 했다.

그러나 영조는 거대한 노론 세력과 밀착하여 소론의 지원을 받는 사도세자를 역적으로 몰아 처단할 계획이었다. 사도세자를 구하기 위해 의금부 판사 한익모 등은 직접 영조에게 "나경언이 흉악한 말을 꾸며내어 세자를 핍박하게 만들고 있으니 마땅히 그를 엄하게 국문한 뒤 죽여야 합니다!"라고 주장했다. 이에 영조는 음모가 드러나고 그 배후가 밝혀질까봐 바로 나경언을 죽였다. 또한 영조는 한익모가 사도세자를 모함하는 배후세력을 찾아내어 처단해야 한다고 계속 요구하고 나서자, 곧 한익모를 파면시켰다. 다시 대사간 이심원이 나서서 한익모의 의견에 동조하자 영조는 냉혹하게 이심원의 관직을 파면시켰다. 소론 등 사도세자를 지원하는 세력들은 나름대로 영조에게 음모의 실상을 밝히려고 저항을 꾀했으나 역부족이었다. 영조의 결심은 확고했다. 싸움의 본질은 노론의 중심으로 되어있는 아버지와 소론과 함께 하고 있는 아들의 권력 투쟁이었다. 절대적인 권력에 장기간 취해 있는 영조는 아들 사도세자에게 아버지라기보다는 비정한 권력의 화신이었다.

비극적인 임오년(1762년, 영조38년)은 숨 가쁘게 돌아가고 있었다. 사도세자는 자기의 비극적인 최후를 예견한 듯 그의 부인 혜경궁 홍씨에게 다음과 같이 말했다.

"아마도 내가 무사하지 못할 듯 하고…… 내가 없어도 세손이 있으며……나를 폐하고 세손을 효장세자의 양자로 삼을 것 같소."

이미 사도세자는 광증이 심해져 내관과 궁녀 등을 난폭하게 죽이면서도 옥죄어오는 자기의 운명을 알고 있었다. 아버지와 갈등의 골이 너무나 깊어진 사도세자는 분노가 극에 달해 칼을 차고 영조가 머물고 있는 경희궁으로 몰래 들어가려다가 실패하였다. 그리고 이러한 사실을 부인 혜경궁 홍씨에게 심각하게 고백했다. 이에 공포감을 느낀 혜경궁 홍씨는 사도세자의 친어머니인 영빈 이씨에게 알리게 되었다. 이에 영빈 이씨는 세손(정조)으로 조상의 대를 이어서 나라를 보전하자고 하면서 사도세자의 병적인 행동을 영조에게 낱낱이 알렸다. 영조는 진노하여 사도세자를 불러 땅에 엎드려 관을 벗게하고 맨발로 머리를 조아리도록 했다. 그리고 주위의 병사들에게 모두 칼을 뽑으라고 하고 영조 자신도 직접 칼을 뽑아들었다.

그러면서 병사들에게 궁성 호위를 강화하도록 무섭게 명령했다. 때는 오전 10시경으로 햇볕이 뜨거운 여름날이었다. 휘경전 앞마당에 엎드려 있던 사도세자는 숨을 헐떡거리며 힘들어 했고, 따라서 병이 깊어 가는 듯 했다. 이런 사실을 관리들이 영조에게 걱정하며 보고했으나 영조는 이를 아예 무시했다. 영조는 사도세자에게 호통을 치며 "내가 죽으면 300년 종묘사직이 망하지만 네가 죽으면 오히려 종묘사직은 보존할 수 있으니 네가 죽어야 한다!"라고 했다. 그러면서 영조는 들고 있던 칼로 직접 세자를 찌르려 했다. 이제 영조와 사도세자는 더 이상 부자지간이 아니었다. 영조는 사도세자에게 "너스스로 자결하여라!"고 외치자 "저를 찔러도 좋으니 이제 죽여주십시오"라고 맞섰다. 영조는 "저 말하는 것 좀 보아라. 얼마나 흉악한 가?"라고 하자 사도세자는 "저의 마음에는 지극한 원통함이 있습니다"라고 하였다. 이러한 살벌한 상황에 사도세자를 살리려 애쓴 관리들은 세손(정조)을 동원하기로 하였다.

영조가 지극히 사랑하는 세손은 이때 11세였다. 홍술해가 세손을 데리고 왔다. 세손은 아버지 사도세자를 살려 달라고 손 모아 애걸했다. 영조는 세손을 보고 화를 내면서 당장 세손을 데리고 나가라고 소리를 질렀다. 세손이 땅에 엎드린 후 사도세자에게 점점 가까이 기어갔다. 그러자 영조는 별군직 김수정에게 명령하여 즉시 세손을 안고 나가라고 명령했다. 별군직이 세손을 안고 나가려 하자 세손이 저항했다. 사도세자는 별군직 김수정에게 호령하며 "왜 세손이 스스로 나가게 하지 않고 강압적으로 그러느냐? 너의 이름이 무엇이냐?"고 물었다. 그가 대답하기를 "김수정입니다. 이미 명령을 받았으므로 어쩔 수 없이 세손을 데리고 가겠습니다"고 하였다. 이것이 사도세자와 아들 세손(정조)의 마지막 대면이었다. 곧 영조의 명령에 따라 홍봉한이 뒤주를 가져왔다. 영조는 사도세자를 뒤주 안에 잡아넣으라고 호령하였다. 이에 군관들을 지휘하는 구선복은 사도세자를 뒤주에 가두고 말았다.

영조는 손수 큰 자물쇠로 뒤주를 잠그고 돌아섰다. 이러한 무섭고 참혹한 계략은 화완옹주의 요망한 간교였다. 아버지 영조와 장인인 홍봉한 그리고 누이인 화완옹주 등이 함께 공모하여 저지른 비극이었다. 찌는 듯한 무더위 속에 참혹한 비극을 담은 뒤주는 선인문 안 마당에 놓여졌다. 영조는 옥당 홍낙순과 포장 구선복을 시켜 사도세 자가 든 뒤주를 지키게 하였다. 영조는 뒤주문을 끝내 열어주지 않 았고, 사도세자는 뒤주 속에서 8일 만에 숨을 거뒀다. 이때 사도세자 는 28세로 충분히 나라를 경영할 수 있는 나이였다. 사도세자의 죽음 은 비극적인 가족사처럼 보이지만 1762년(영조38년) 정순왕후, 그의 아버지 김한구와 그 일파인 홍계희, 윤급 등 노론의 사주를 받은 나 경언의 모함이 결정적인 계기가 되었다. 결국 정조의 부친 사도세자 는 노론 일파에 의해 희생되었다. 아버지 영조의 강압적인 통치와 패 륜적인 행위에 사도세자는 분노하고 증오하며 아버지에게 극단적으 로 반항하였다. 영조도 아들 사도세자와 권력을 나누려 하지 않은 것 이 부자지간의 비극을 초래했다고 볼 수 있다. 역사적인 과정을 되돌 아볼 때 장기적인 권력은 꼭 비극을 초래하기 마련이다. 작게는 가족 간의 참혹한 비극이지만 크게 보면 노론을 이끈 영조와 소론의 지지 를 받은 사도세자의 권력투쟁에서 사도세자가 처참하게 패배한 것 이라고 봐야 할 것이다.

홋날 정조 또한 아버지 사도세자가 노론의 흉계에 빠져 희생되었 다고 확신했다. 많은 기록을 참고하여 판단해보면 사도세자의 비극 적인 최후는 아버지와 아들의 첨예한 갈등으로 인한 가족사라기보 다는 노론과 소론 간 세력의 권력 투쟁이었다고 볼 수 있다.

사도세자 가족들의 고난과 슬픔

사도세자는 아버지 영조는 물론 노론 일파들과의 관계가 악화되면서 부자간의 관계가 비정상적인 형태로 변해갔다. 노론과 소론의 대립관계에서 소론을 지지한 사도세자는 탕평을 주장하면서도 노론을 지지하는 아버지 영조의 사랑이 늘 부족했고 커가면서 점차 아버지와 어머니에 대해 거리감을 느꼈다. 사도세자의 할아버지 숙종 그리고 아버지 영조는 특히 성질이 급했는데 열 살의 사도세자는 성질이 사나운 아버지 영조를 감히 마주 보지 못하고 신하처럼 몸을 굽혀 엎드려서 올려보았다고 한다. 영조는 자신의 기대를 충족시키지 못하는 사도세자에게 '하면' 잘못했다고 야단을 치고 '안 하면' 안 했다고 호통을 치며 그를 믿지 못했다고 한다.

사도세자는 대리청정을 하는 15세부터 광증 비슷한 조울증 증세가 깊어가고 있었다. 그러다가 18세가 되던 때 성미가 급하고 변덕스런 영조가 양위하겠다고 날뛰어 사도세자는 영조를 진정시키느라 며칠 동안 얼음 위에 엎드려 석고대죄까지 하게 되니 그의 조울증 증세는 더욱 악화되어 갔다. 일종의 정신병인 조울증은 우울하다가도 내관과 궁녀 등을 죽이는 난폭한 행위로 나타났다. 그러나 사도세자는 장인 홍봉한에게 부탁하여 약으로 치료하기 위하여 부단히 노력했다. 그런 와중에 사도세자를 제거하기 위한 거대한 음모가 나경언의 '사도세자 비행 10조'로 터져 나온 것이다.

사도세자는 1735년 영조와 영빈 이씨 사이에서 출생하였다. 이복형인 효장세자가 일찍 죽고 영조의 나이 40세가 넘어 출생한 탓으로 2세 때 세자에 책봉되고, 10세 때 홍봉한의 딸 혜경궁 홍씨와 결혼했다. 혜경궁 홍씨가 사도세자와 결혼할 때 그의 용모는 출중했으며 체격 또한 크고 우람했다. 또한 마음이 너그러웠고 우애가 깊었다. 그러나 사도세자는 태어난 지 백일 만에 상궁들에게 맡겨졌다. 아버지 영조와 어머니 영빈 이씨가 친히 보살피지 못한 것이 사도세자의 성격 형성에 큰 영향을 미쳤을 것이다. 그러한 성장 배경이 사도세자에게는 큰 불행이었다. 영조는 노론과 소론의 치열한 당쟁의 틈바구니 속에서 생명의 위협마저 느끼며 등극했기 때문에 붕당의 폐해를 열거하며 탕평정책을 실시했다. 그리하여 어느 세력에 치우치지 않고 인재를 고루 등용하려는 노력에 박차를 가했다. 따라서 궁중의 소론 일파들이 제거되지 않고 영조의 묵인 하에 사도세자를 돌보고 교육시켰다.

경종을 가장 가까이에서 모셨던 측근인 최상궁이 사도세자의 보모였다. 그녀가 경종을 모시듯 사도세자를 보살피고 교육시켰다. 또한 같은 소론 일파인 한상궁이 최상궁과 교대하며 어린 사도세자에게 병정놀이 등을 가르치며 영조와 노론 일파들을 자극했다. 게다가 한상궁 등 소론의 보살핌과 교육으로 어린 나이에도 불구하고 노론의 신하들을 꾸짖음으로써 영조와 대신들을 긴장시키고 불안하게 만들었다. 그리하여 마침내 영조는 사도세자의 보모인 한상궁을 쫓아낸다. 이러한 분위기 속에서 영조와 거리감을 느낀 어린 사도세자는 영조의 거듭되는 질문에 이리저리 고민하며 대답을 잘하지 않았다. 영조는 장성하는 사도세자에 대해 의심하기 시작했고, 영조의 목소리가 클수록 사도세자는 점점 말수가 적어졌다. 그러다가 사도세자에게 조울증 증세가 나타나기 시작했다.

사도세자의 부인 혜경궁 홍씨는 시아버지 영조를 반듯하고 냉정한 분으로 존경하며 효도하고, 친정아버지인 영의정 홍봉한과 숙부로서 대신인 홍인한을 추호도 의심 없이 받들어 모셨으나, 그들은 모두 혜경궁 홍씨와는 달리 사도세자를 죽일 음모를 꾸미고 있었다. 혜경궁 홍씨는 그의 남편 사도세자가 광증이 도져 내관과 궁녀들을 잔인하게 죽이고 평양에 있는 기생을 탐하며 평양 유람을 무리하게 강행하여 영조의 분노를 사게 되고, 그리하여 어쩔 수 없이 죽음을 자초하게 되었다고 판단하고 있었다. 그러나 그것은 혜경궁 홍씨의 단순한 추측이었다. 혜경궁 홍씨는 가족인 영조와 친정아버지 홍봉한과 숙부 홍인한이 올바르게 나라를 이끌어 가는 것으로 판단했고, 자기의 남편 사도세자는 광증이 도져 나라를 어지럽혀 죽임을 당해도 어쩔 수 없다는 생각을 가졌다.

혜경궁 홍씨는 여자로서 그리고 며느리로서 권력 투쟁의 본질을 잘 파악하지 못했고 또한 알려고도 하지 않았다. 혜경궁 홍씨는 남편 사도세자의 죽음을 단순하게 가족 간의 비극으로 보았다. 시아버지 영조를 맹목적으로 받들어 모신 혜경궁 홍씨는 조용한 며느리로서 정치의 본질을 파악하지 못했던 것이다. 이러한 사실은 노론과 소론의 심각한 갈등을 알리려고도 하지 않았던 혜경궁 홍씨의 고백에서 드러나고 있다. 그리고 많은 역사가들과 정조도 사도세자의 억울한 죽음을 영조와 홍봉한 그리고 홍인한 등의 노론 일파 때문이라고 판단하고 있는데 반해, 유독 혜경궁 홍씨만이 영조와 홍봉한 그리고 홍인한을 두둔하고 있다는 점이다. 이것은 혜경궁 홍씨의 잘못이라기보다는 시아버지 영조를 절대적으로 존경했던 며느리가 본분을 벗어나고 싶지 않았던 순종적인 자세에서 나왔다고 여겨진다.

결국 영조는 사도세자가 자기에게 반기를 들어 나라를 위태롭게 만들 것으로 여겨 참혹한 방법으로 죽였다. 영조는 사도세자를 역적으로 몰아 죽였으며 또한 서인으로 강등시켰다. 또한 영조는 비정하게도 역적 사도세자에 대해 앞으로 어느 누구도 거론하지 말라고 엄명을 내렸다. 이렇게 사도세자가 역적으로 죽었기 때문에 그의 아들 어린 정조는 늘 불안한 나날을 보내야했다. 역적의 아들은 국왕으로 즉위할 수 없다고 하여 영조는 1764년(영조 40년) 세손이었던 정조를 사도세자의 이복형인 효장세자의 뒤를 잇는 형식으로 물려주겠다고 선포했다. 영조는 아예 사도세자의 흔적을 지워버리기 위해 이러한 방법을 택했다. 이에 혜경궁 홍씨와 사도세자의 친어머니 영빈 이씨는 큰 충격을 받았다. 일찍 죽은 효장세자의 아들로 세손 정조가 입적된다는 사실에 영빈 이씨는 한동안 음식을 끊고 슬퍼하다가 마음의 병이 악화되어 그해 7월 세상을 떠났다. 또한 혜경궁 홍씨도 당장 신변의 위협까지 느낄 정도로 큰 충격을 받았다. 그녀는 사도세자가 죽었을 때 함께 죽지 못한 것을 뒤늦게 후회하면서 1762년 임오화변(사도세자가 비극적으로 죽은 사건) 때처럼 슬프게 통곡했다.

세손인 정조 또한 법적으로 아버지가 바뀌었기 때문에 그의 충격도 할머니 영빈 이씨나 어머니 혜경궁 홍씨만큼이나 컸다. 13세가 된 세손(정조)은 임오화변 때의 설움보다 더 원통해 하였다. 혜경궁 홍씨는 세손이 어떤 일을 저지를지 걱정이 되어 그를 위로하며 보호해야 했다. 세손의 신변도 더욱 위태로워 졌기 때문이다. 이때 혜경궁 홍씨는 원통해하는 세손에게 "서러울수록 보배로운 네 몸을 보호하거라. 비록 한이 많지만 스스로 선하게 행동하여 아버님의 한을 갚으라"라며 위로하였다.

혜경궁 홍씨에 의하면 "세손이 종일 곡기를 끊고 곡을 하며 우는 것이 지나칠 정도였다. 너무나 애처로워서 위로하며 곁에 품고 누워서 달래어 잠이 들게 하였다. 그러나 늦게까지 잠을 이루지 못하니 차마 보지 못할 정경이었다"라며 세손의 끝없는 슬픔을 안타까워하였다. 13세가 된 세손은 이러한 슬픔과 할아버지 영조에 대한 분노를 가슴 속 깊이 간직하게 되었다. 영조가 부당하고 강압적으로 세손을 효장세자의 아들로 입적시킨 갑신처분은 세손에게 분노와 복수의 감정을 심어주기에 충분했다.

영조가 정조에게 끼친 영향

갑신처분이란 가혹한 결정을 한 영조는 세손을 불러 잔인할 정도로 다짐을 받고자 다그쳤다.

"훗날 신하들 가운데 혹 이 일을 가지고 말하는 자가 있으면 옳겠는가? 그르겠는가?"

"그릅니다."

영조는 미덥지 못했는지 다시 다그쳐 묻는다.

"군자이겠는가? 소인이겠는가?"

"소인일 것입니다."

이에 할아버지 영조는 사관을 불러 방금 세손이 한 말을 정확히 기록해 두라고 명하였다. 그러나 세손의 외할아버지이며 영의정인 홍봉한이 앞날이 걱정되어 영조에게 다짐을 받아내려 했다. 혜경궁 홍씨의 아버지이기도 한 홍봉한은 앞날이 무척 두려웠다. 장차 세손이 영조의 뒤를 이어 즉위하면 이 엄청난 사건에 대해 분명히 물을 것이었다. 그러면 어떻게 해야 할지를 영조에게 묻고 있었다. 이에 영조는 "세손도 이미 알고 있고 저의 할머니와 어머니도 알고 있는데 후에 다른 말을 할 것인가?"라며 앞날을 걱정하는 영의정 홍봉한을 안심시켰다. 그러나 내심 홍봉한은 앞날이 걱정되고 두렵기도 한 것이 사실이었다. 과연 훗날 세손은 할아버지 영조와 한 약속을 지킬 것인가?

한편 영조는 10세의 나이로 일찍 죽은 첫째 아들 효장세자의 부인인 현빈 조씨와 사도세자의 친누나인 화평옹주를 유난히도 아끼며 좋아했는데 둘 다 일찍 죽어 무척 상심이 컸다. 사도세자까지 죽은 후 기력과 정신이 혼미해진 영조는 사도세자의 막내 여동생인 화완옹주를 지극히 아꼈다. 영조는 외부에서 행사가 있으면 수시로 화완옹주의 집에 들르곤 할 정도였다. 딸들 가운데에서도 영조의 가장 깊은 사랑을 받은 화완옹주는 세손의 고모이자 혜경궁 홍씨의 시누이였다.

화완옹주는 똑똑하면서도 간교한 인물이었다. 화완옹주는 이조판서인 정우량의 아들 정치달과 혼인을 했다. 정우량의 동생 정휘량은 사도세자의 죽음에 영향을 미친 인물이었다. 정휘향은 문과에 급제한 뒤 대제학과 우의정을 거쳐 좌의정에 오른 인물이었다. 원래 소론이었다가 노론으로 입장을 바꿔 영조의 탕평책에 반대하면서 한편으로 조카며느리 화완옹주의 도움을 받으며 은밀하게 노론의 김상로·홍계희 등과 손을 잡고 조정에 잦은 파란을 일으켰다. 영조는 온갖 부당한 요구라도 화완옹주의 말이라면 다 들어주었기 때문에 그녀의 주위에는 온갖 정상배들이 들끓고 있었다. 염치없이 승진을 다투는 조정 관리들은 화완옹주의 시아버지 정우량과 그 동생 정휘량을 통해 영조에게 영향을 미치려 하였다.

1756년(영조32년) 화완옹주가 딸을 낳았는데 이듬해 병으로 죽었다. 영조는 화완옹주가 해산할 때는 물론이고 그 딸이 죽었을 때도 화완옹주의 집을 찾아갔다. 그만큼 영조의 딸 사랑은 지극했다. 게다가 얼마 후 남편 정치달이 죽자 영조는 아예 화완옹주를 궁궐에 들어와 살도록 했다. 혜경궁 홍씨에 의하면 화완옹주가 외로운 처지여서 세손을 너무나 아끼고 어미처럼 집착을 보였다고 한다. 아예 생모인 혜경궁 홍씨와 떼놓고 어미 노릇을 하려고 했을 정도였다. 그리하여 화완옹주의 영향으로 세손은 효장세자의 아들로 입적되었다. 화완옹주는 세손을 어머니 혜경궁 홍씨와 떼어내려 영조에게 간청하여 그런 술수를 부렸던 것이다. 결국 영조와 화완옹주는 그냥 둬도 될 세손의 계통을 무리하게 바꿔 세손에게 큰 슬픔과 충격을 주었던 것이다. 이에 세손은 슬픔을 넘어 분노를 품게 되었다.

1764년(영조40년) 화완옹주는 정후겸이란 자를 양자로 삼았다. 그는 본래 인천에서 어업에 종사하던 정석달이란 서인의 아들로 신분이 비천하였다. 그러나 화완옹주의 배려로 궁중에 자유롭게 출입하며 영조의 총애를 받아 1768년(영조44년) 승지가 되었으며, 이듬해 호조참판, 공조참판을 지냈다. 성격이 매우 교활하고 간사하였으며, 영조의 총애를 바탕으로 당시 세도가였던 홍인한과 더불어 국정을 좌우하였다.

영조는 초기에 재능에 관계없이 탕평론자를 중심으로 노론과 소론만 등용하다가 탕평 정국이 본궤도에 오르자 이 정책을 제도적으로 정착시키게 되었다. 영조는 이러한 정국 구도에 따라 노론, 소론, 남인, 북인 등 사색당파를 고르게 등용하여 정국을 안정적으로 운영해 나갔다. 그런데 탕평 정국이 오래 지속되자 각 당파들은 다시 정권을 독점하기 위한 계략을 꾸미기 시작했는데, 그 대표적인 사건이 노론이 주도한 '사도세자 사건'이었다. 사도세자가 거대한 노론 세력에 의하여 희생되었는데 이제 그 세력들은 정신이 혼미해져가는 영조를 에워싸고 있었다. 그러면서 세손을 자기편으로 끌어들이려고 혈안이 되어있었다. 한쪽은 화완옹주와 정후겸 그리고 왕대비 정순왕후 김씨 집안 등이었다. 정순왕후의 아버지는 김한구였고, 오빠는 김구주였다. 김한구는 사도세자를 제거하는데 앞장섰고, 김구주는 문과에 급제하여 영조의 신임과 정순왕후의 배려로 젊은 나이에 고속으로 승진을 한다. 또 한쪽은 혜경궁 홍씨의 아버지 홍봉한과 숙부 홍인한 등 외척 세력이었다. 홍봉한과 홍인한은 사도세자의 죽음을 동조 내지 방관했던 사람들이었다. 그러나 김구주는 사도세자의 죽음에는 관여하지 않았고 그 후 1763년(영조39년) 임호화변 다음 해에 문과에 급제하면서 출세한 인물이었다.

1764년(영조40년) 2월 영조는 세손을 데리고 홍문관 앞을 지나다가 홍문관 교리에 올라 있던 김구주를 친히 불러 세손과 가깝게 지낼 것을 당부하고 세손에게도 친구처럼 대하도록 하라고 명령을 내렸다. 이때 김구주의 나이 25세였고 세손의 나이 13세였다. 김구주는 열렬한 노론 일파여서 당파 활동을 경계한 영조에게 3개월 동안 공직에서 쫓겨나기도 했다. 그러나 이후 강원도 관찰사를 거쳐 승지에 올라 영조를 측근에서 모시게 되었다. 경주 김씨를 중심으로 독자세력을 형성해 가던 김구주는 점차 세손의 외할아버지인 영의정 홍봉한과도 맞설 만큼 세력을 키워 나갔다.

1769년(영조45년) 홍봉한은 김구주의 눈치를 보며 영조에게 청하여 김구주의 부친인 김한구를 승진시켜줄 것을 건의했다. 그러나 영조는 정순왕후의 청이라며 홍봉한의 부탁을 거절했다. 오히려 3년 후인 1772년(영조48년) 김구주는 홍봉한을 비난하는 상소를 영조에게 올렸다. 이 무렵 세손을 차지하기 위해 김구주 세력과 홍봉한 세력은 치열한 권력투쟁을 벌였다. 김구주는 1766년(영조42년) 영조가 큰 병을 앓고 있을 때 약방에서 최고 품질의 인삼을 써야 한다고 했으나 홍봉한이 은근히 모른 척 하면서 싸구려 인삼을 쓰도록 했다는 내용이었다. 김구주는 당시 자기 아버지 김한구에게서 은밀히 들은 이야기라고 했다. 따라서 영조를 일찍 죽게 만들려 했으니 역적이나 마찬가지라는 주장이었다. 또한 김구주는 1771년(영조47년) 홍봉한이 세손을 보호하면서 세손의 힘을 이용하여 월권을 자행하고 있다고 비난했다.

김구주의 여동생인 정순왕후도 가세하여 이러한 홍봉한과 세손을 함께 공격하여 홍봉한의 비호아래 세손이 오만방자하게 행동한다고 영조에게 간언했다. 이에 영조는 홍봉한의 위세가 두려워 세손의 오만방자함을 자신에게 전하는 자가 없다고 탄식하였다. 영조는 정순왕후와 김구주에 휘둘리고 있었다. 세손을 둘러싸고 서로 모함을 하느라 홍봉한과 김구주는 교대로 관직에서 물러나기도 했다. 영조의 대를 이어야 할 동궁의 지위에 있던 세손은 사도세자처럼 모함에 의해 죽을지 모른다는 생각에 하루하루를 불안 속에서 보내고 있었다. 그 시절 그가 할 수 있는 일은 조용히 학문에 몰두하는 길밖에 없었다. 하지만 자신을 압박해 오는 세력과 그들의 하수인인 내관과 궁녀들의 감시 속에 하루도 편할 날이 없었다. 이들 뿐만 아니라 종이와 붓 그리고 먹을 공급하는 액정서의 하인들까지 세손의 일거수일투족을 감시하는 세작이 되어 있었다.

세손은 옷도 벗지 못하고 몇 달 동안 밤을 지냈다. 그만큼 하루하루가 외롭고도 위태로웠다. 게다가 나라의 형편도 위태롭고 아슬아슬했던 시기였다. 또한 세손의 어머니 혜경궁 홍씨는 자신의 아들마저 죽임을 당할 것 같아서 경희궁에 기거하는 영조에게 보냈다. 자기와 함께 창경궁에 기거하다가는 역모에 휩쓸려 세손을 잃을 수 있다고 판단했다. 자식과 생이별을 한 혜경궁 홍씨는 그녀의 절절한 사연을 '한중록'에 담았다. 세손은 3년 동안 단 하루도 어머니에게 문안 편지를 올리지 않은 날이 없었으니, 세손의 어머님에 대한 효심은 참으로 지극한 것이었다. 세손을 지지하는 세력과 세손을 교체하려는 세력 간의 싸움이 갈수록 치열해졌다.

영조도 80세가 넘으면서 판단력이 흐려졌고 변덕이 죽 끓듯 했다. 장차 영조가 세손을 후계자로 이어갈지 세손을 쫓아내고 다른 종친을 후계자로 점지할지 참으로 알 수 없는 노릇이었다. 연로한 영조의 후계자 자리를 서로 차지하기 위한 목숨 건 권력투쟁이 불붙고 있었다. 영조가 세손을 지지하여 대리청정을 시키려고 하자 화완옹주와 홍인한 그리고 화완옹주의 아들 정후겸 등이 필사적으로 반대하고 나섰다. 이에 반해 홍국영과 정민시·김종수·서명선 등이 세손의 대리청정을 지지하고 나섰다. 이러한 첨예한 갈등 속에서 영조는 1775년(영조52년) 82세의 나이로 대리청정 의사를 밝혔다. 그러자 당시 집권 세력이자 '부홍파(扶洪派)'로 불리는 풍산 홍씨 홍봉한 계열과 그와 뜻을 같이 하고 있는 세력들 그리고 홍인한과 화한옹주·정후겸 등이 세손의 대리청정을 거세게 반대하고 나섰다. 부홍파의 중심인물인 홍인한은 세손의 대리청정에 대해, "세손은 노론이나 소론을 알 필요가 없고, 이조판서나 병조판서를 알 필요가 없으며, 국정에 대해 알 필요가 없다"고 하는 '삼불필지설(三不必知說)'을 주장하고 나섰다. 이는 아예 세손을 철저히 무시하는 동시에 세손의 왕위 등극을 저지하려는 의도였다. 이에 대해 세손의 측근이던 서명선이 홍인한의 '삼불필지설'을 정면으로 공격하고 나섰다. 세손이 직접 홍인한을 공격하고 나서려 하자, 이를 홍국영이 제지하며 서명선이 나서도록 조치하였다. 세손이 직접 홍인한을 공격하고 나설 경우에 영조가 나이도 너무 많은데다가 워낙 의심이 많고 변덕이 심해 세손의 자리가 위태로울 수 있었기 때문이었다. 따라서 서명선이 홍국영·정민시와 의논한 끝에 영조에게 세손으로 하여금 대리청정을 하도록 주장하고 나섰다.

1775년(영조52년) 12월 3일, 서명선은 홍인한·정후겸 일파를 공격하며 세손이 대리청정을 해야 한다고 주장했다. 서명선은 홍국영·정민시·김종수 등과 함께 덕과 복을 함께 하자는 '동덕회(同德會)'라는 모임을 만들어 세손과 함께 죽을 각오를 하고 집권세력인 홍인한, 화완옹주 그리고 정후겸 등을 타도하고 나선 것이다. 세손이 죽느냐 사느냐 절체절명의 위기였다. 그런데 참으로 다행스럽게도 영조는 세손으로 하여금 대리청정을 하도록 결정을 내렸다. 그리고 세손이 대리청정을 한 지 두 달 만에 영조가 승하했다. 이때가 1776년(영조53년) 3월, 그의 나이 83세였다. 조선 27명의 왕 중에서 가장 오랫동안 왕위에 있었으며(51년 7개월), 또한 가장 장수한 왕이었다. 사도세자가 당쟁의 희생양이 되었을 때 세손은 11세였다.

그 후 당쟁이 더욱 격화되면서 영조와 홍봉한 등의 보호막으로는 목숨을 부지하기 어려웠다. 정적들의 모함에도 불구하고 이들에게 끝까지 대항하도록 용기를 불어넣은 사람은 홍국영이었다. 또한 홍국영의 동지라고 할 수 있는 정민시도 세손을 보호하는 데 주도적인 역할을 하였다. 바야흐로 세손은 험난한 가시밭길과도 같은 권력 세계에서 24세의 나이로 군왕으로 등극할 수 있었다. 이제 세손은 아버지 사도세자의 명예회복과 강력한 왕권을 확립할 수 있게 되었다.

영조(제21대)는 이복형인 경종(제20대)을 독살했다는 모함을 받으며 왕위를 계승했지만 노론과 소론의 치열한 당쟁을 혁파하고자 탕평정책으로 인재를 고루 등용하고자 애를 썼다. 그리하여 집권 전반기에는 강력한 탕평정책이 성공하여 민생안정이 이루어지고 사회 전반에 실사구시의 학문이 일어나는 등 새로운 바람이 일어났다. 이에 영조는 탕평정책을 더욱 확대하여 노론, 소론, 남인, 북인 등 사색 당파를 고루 과감하게 등용하여 성공적으로 정국을 안정시켰다. 그런데 안정된 탕평정책에 반기를 들고 노론이 권력을 독점하려고 꾸민 계략이 사도세자를 죽인 1762년(영조38년) '임오화변'이었다. 거대한 노론 일파의 술책에 말려든 영조는 사도세자를 서인으로 강등시키고, 역적으로 몰기까지 하여 큰 과오를 저질렀다. 또한 세손을 역적의 아들로 만들 수가 없다고 하여 사도세자의 이복형인 효장세자의 양자로 무리하게 입적시킨 '갑신처분'을 단행했다. 영조는 집권 전반기에는 철저한 탕평정책으로 왕권이 강화되고 정국은 안정되어 태평성대라 할만 했으나 집권 후반기에는 노론의 득세로 인한 횡포와 영조의 장기 집권으로 인한 불안한 정쟁으로 민심이 흉흉해졌다. 결국 영조는 세손에게 형용키 어려운 분노와 개혁에의 열망을 심어줬다.

불안한 즉위

정조는 1775년(영조52년), 영조의 나이가 82세의 고령이었을 때 영조를 대신해 대리청정을 하게 된다. 이에 대한 노론 권신들의 반발이 치열하게 전개되는 등 당쟁의 소용돌이 속에서 항상 죽음의 위협에 시달리다가 영조의 결단으로 대리청정을 하게 된 것이다. 그러나 정조는 영조의 대리청정 지시를 즉각 받아들이지 않고 영조에게 한 가지 중대한 사안을 요구했다. 그것은 바로 자신의 아버지인 사도세자의 묘소 '수은묘'를 참배하게 해달라는 것이었다. 11세의 나이에 아버지를 잃고 24세의 장년으로 성장할 때까지 부친의 묘소를 찾아뵙

지 못한 한을 풀고자 한 것이다. 그는 초라하기 짝이 없는 부친의 묘소에서 대성통곡하다가 혼절까지 하고 말았다. 그리고는 국왕으로 즉위하면 기필코 아버지의 묘소를 옮기겠다고 마음속으로 다짐하였다. 당시 조정은 풍산 홍씨 계열의 홍봉한과 그의 아우 홍인한 그리고 정후겸 등이 강한 연대를 맺고 정국을 주도하고 있으면서 '삼불필지설' 등을 주장하며 세손의 권능을 무시하는 동시에 세손의 왕위등극을 노골적으로 저지하고 있었다. 그렇지만 세손(정조)은 왕에 즉위하면 반드시 사도세자의 복권과 왕권 강화부터 확립하고자 마음먹고 있었다. 영조를 대신하여 대리청정으로 국사를 맡은 지 이듬해인 1776년(영조53년) 3월 영조는 파란만장한 삶을 마감했다. 그리하여 정조는 25세의 나이로 조선 제22대 왕에 즉위한다.

아버지 사도세자가 당쟁에 휘말려 희생되었듯 정조 역시 죽음의 위협 속에서 세손 시절을 보내야 했다. 그는 홍국영 등의 도움을 받으며 가까스로 목숨을 지켜나갔고, 철저히 내면을 숨기며 살았다. '개유와'라는 도서실을 마련하여 청나라 건륭 문화 등에 집중하면서 전혀 정치적 발언을 삼가했다. 영조 말기에 노론 일파는 탕평을 무력화 시키고 국정을 농단하면서 사도세자를 참혹한 죽음으로 몰아넣었다. 자신의 생명까지도 위협하는 사태를 불안하게 지켜본 정조는 탕평과 개혁으로 정국을 주도해 나가기로 결심하였다.

1776년(정조즉위년) 3월 10일, 영조가 세상을 떠난 지 6일 만에 경희궁 숭정문에서 즉위한 정조는 대신들에게 "나는 사도세자의 아들이다!"라고 선포한다. 정조는 형식적으로는 효장세자의 아들로서 왕위에 올랐지만 실질적으로는 비극적으로 죽은 사도세자의 아들임을 분명히 하고 나섰다. 할아버지 영조와 한 약속을 깬 선포로 아버지의 억울한 죽음을 분명히 밝히겠다는 것이었고, 또한 아버지의 명예를 자식으로서 회복시키겠다는 것이었다. 정조는 즉위하자마자 할아버지 영조 때의 과오를 바로 잡겠다고 천명하고 나선 것이었다. 단순히 복수하겠다는 것이 아니라 잘못된 역사적 과오를 수정하겠다는 결연한 의지를 보인 것이었다. 정치적으로 정조를 결사적으로 지켜온 홍국영·정민시 그리고 서명선 등 '동덕회' 세력들에게는 그야말로 밝은 소식이었고, 정조의 등극을 필사적으로 저지한 정순왕후의 오빠 김구주 및 정후겸 세력과 외척 홍봉한·홍인한 세력들에게는 어두운 소식이었다.

일단 정조는 할아버지의 상중이었지만 사도세자를 한 단계 격상하기로 하고 그의 존호를 '장헌'이라 하였고, 사도세자가 묻혀 있는 수은묘를 '영우원'으로 그의 사당을 '경모궁'이라 바꿨다. 3월 23일 대사헌 이계의 청을 받아들여 3월 25일 정후겸을 함경도 경원으로 귀양 조치했다. 대사헌 이계는 정후겸을 비롯해 화완옹주와 핵심 추종세력들을 모두 처형하라고 주장했으나, 정조는 서두르지 않고 정후겸은 멀리 귀양 보내고 화완옹주는 궁 밖 사가로 내보냈다. 3월 26일에도 정후겸의 측근으로 도승지 출신의 이택진을 함경도 명천으로 유배토록 했고, 안관제·안겸재 형제는 각각 경상도 사천으로의 귀양과 전라도 관찰사 삭직을 명했다. 3월 27일에는 탄핵을 맡은 홍문관·사헌부·사간원의 주요관리들을 일거에 경질하였다. 특히 정조는 과격하거나 신속한 방법을 취하지 않고 단계적으로 조치해 나갔다. 어떤 조치를 취할 때 분노에 휩싸여 냉혹하고 신속하게 시행하는 영조를 보면서 정조는 많은 상처를 받았기 때문이다.

신중하게 조치해 나가면서도 정조는 신하들이 아직도 정후겸의 권력이 두려워 그에 대해 제대로 비판하지 못하고 머뭇거리며 눈치를 보는 행위와, 탄핵을 책임지고 있는 삼사 즉 홍문관, 사헌부 및 사간원의 주요관리들이 이해에 얽혀있는 상황 등에 대하여 개탄하면서 왕과 신하 간 의리를 강조하고 나섰다. 비리와 부패로 얼룩져 있는 조정의 개혁을 왕과 신하의 신뢰를 바탕으로 추진하자고 선언하고 나선 것이었다.

이는 역사 청산과 정치개혁의 방향을 제시하고 있었다. 정후겸의 경우는 사도세자 문제와 관련해서 귀양 조치된 것은 아니고 어린 시절 세손을 위협한 죄였다. 또한 3월 30일에는 사도세자의 죽음에 깊이 관여한 전 영의정 김상로를 단죄하고 나섰다. 김상로의 부추김 때문에 영조는 아들 사도세자를 죽이고 무척 후회했다고도 한다. 이미 죽은 김상로에 대해 관작추탈이 내려지자 김상로의 아들 김치현이 자기 아버지는 무죄라고 하면서 정조에게 저항하고 나섰다. 이에 정조는 김상로의 아들 김치현과 그 조카들을 절도유배를 명했다. 같은 날 정조는 할아버지 영조의 후궁이었던 숙의 문씨의 작호를 삭탈하고 궁 밖 사가로 내쫓았다. 며느리 현빈 조씨의 궁녀였던 문씨가 임신을 하자 오빠 문성국·김상로 및 홍계희 등은 문씨가 아들을 낳을 경우 사도세자를 폐위시키는 음모를 꾸몄던 것이다. 당시 명재상으로 불렸던 이천보·유척기·이종성 등은 문씨가 출산하기 3개월 전부터 도성에 머물며 만일의 사태에 대비했다. 다행히 문씨가 딸을 출산하자 이종성은 영조에게 "후궁이 딸을 낳았으므로 저는 이제 집으로 돌아갑니다!"며 작별인사를 고했다고 한다. 영조의 성격으로 볼 때 이때 문씨가 아들을 낳았다면 사도세자는 폐위되었을 것이다. 따라서 정조는 문성국에게도 엄중한 처벌을 했으며, 정후겸의 측근이었던 호조판서 구윤옥도 파직시켰다.

정조가 3월 26일 삼사 관리들이 대신들에 대한 탄핵을 망설이고 있다고 비난을 하자, 바로 다음날 동부승지 정이환이 상소하여 홍봉한과 홍인한을 직접 거론하며 탄핵했다. 정조는 막상 어머니 혜경궁 홍씨의 아버지와 숙부인 그들을 단죄하는 문제가 불거지자 인간적인 고민 때문에 판단을 유보하겠다고 입장을 밝히고 나섰다. 외할아버지 홍봉한은 사도세자를 참혹하게 죽도록 뒤주를 가져온 행위를 저질렀으나, 후에 세손(정조)을 보호하려고 나름 노력하기도 한 인물이었다. 그렇지만 삼사는 홍봉한·홍인한을 탄핵해야 한다고 연일 상소를 올렸다. 홍봉한과는 달리 그의 동생 홍인한은 사도세자의 죽음에도 적극 가담했을 뿐만 아니라 세손(정조)이 대리청정을 하지 못하도록 '세손은 정치를 알 필요가 없다'는 등의 불손한 언동으로 세손의 등극을 저지하려 한 인물이었다. 일단 정조는 어머니 혜경궁 홍씨와의 관계를 고려하여 홍인한에 대해서만 유배를 명했다. 그리고 홍봉한은 처벌하지 않겠다고 밝혔다. 홍봉한은 자기를 탄핵하는 상소가 있자 관례에 따라 도성을 떠나 한강 너머에 머물고 있었다.

4월 29일 정조가 사람을 보내 홍봉한을 위로하자 홍봉한은 이때 정이환이 주장한 두 가지 핵심문제에 대해 해명하는 글을 올렸다. 첫째로 사도세자 문제와 관련해서는 이미 영조가 명확히 해둔 바와 같이 대의를 위한 결단으로 자신과는 무관하며, 둘째로 세손 저해와 관련해서는 누구보다 자신이 세손의 즉위를 바랐던 사람이라며 억울하다고 말했다. 이에 대해 6월 17일 정조는 홍봉한은 홍봉한대로, 홍인한은 홍인한대로 다루겠다고 하였다. 즉 정조는 홍봉한에게 죄가 없는 것은 아니지만 어머니 때문에 용서해 준다는 생각을 갖고 있었다. 이런 상황이 불안하게 전개되는 가운데 8월 22일 성균관 유생들이 역적 홍봉한을 죽여야 한다는 상소를 집단적으로 올렸다. 또한 홍봉한을 구명하려 한 이덕사, 이응원도 역적이므로 함께 처벌해야 한다고 주장했다. 이 같은 상소가 연일 올라오자 혜경궁 홍씨는 아버지 홍봉한을 살리고자 단식으로 맞섰다. 이리하여 정조는 "불효하고 외로운 이 몸이 목숨을 부지한 것은 곧 우리 어머니 때문이었다. 어머니께서 식사를 드시지 않고 잠자리가 편치 못하신 지 이제 며칠이 되었으니 비록 위로하려고 하나 이 몸 또한 드릴 말이 없다. 홍봉한이 군사를 동원하여 대궐을 침범한 것도 아니고 흉악한 음모를 꾸며 역적모의라도 했단 말이냐?"라며 사태를 원만하게 수습하고자 했다.

　군왕으로서의 정조가 어머니 혜경궁 홍씨에 대한 효심이 얼마나 지극했던 가를 알려주는 대목이다. 혜경궁 홍씨는 집안의 제사라도 지낼 수 있는 아버지 홍봉한만은 구하겠다는 일념으로 아들 정조에게 단식으로 목숨 걸고 주청을 하고 나섰던 것이다. 이에 정조는 홍봉한을 제외한 홍인한 등을 단호하게 축출하였다. 그러나 이들의 저항도 만만치 않게 거셌다. 정조는 불안한 왕권을 강화하기 위해 생사를 건 승부를 펼쳤다. 그만큼 홍인한이 정후겸과 손을 잡고서 조정 안팎에 심어둔 세력의 뿌리는 크고 깊었다. 정조는 사도세자의 비극적 최후에 가담한 자들을 단호히 처벌하면서 대대적인 인사 개편으로 정치적 기반을 강화해 나갔다.

　즉위 3개월이 되어가던 6월 20일, 정조는 서명선을 예조판서로 임명하고 이휘지를 이조판서에 임명했다. 병조판서에는 구세력 중에 그들의 반발을 우려하여 구선복을 임명하였으나 사헌부 조덕율이 이의를 제기하며 구선복이 구세력이면서 믿음이 없는 자로 비판을 해오자 새 병조판서로 이복원을 임명하였다. 그러나 이복원이 불안한 정세를 핑계로 병조판서를 거부하니, 6월 22일 정조는 자신이 신임하던 채제공을 병조판서로 임명했다. 즉위초라 인사의 변동이 잦았고 조정이 안정되지 못하고 어수선했다.

　이조판서를 하다가 예조판서가 된 서명선은 목숨을 걸고 상소를 올려 세손의 지위를 든든하게 해준 인물로 정조의 신임이 두터웠다.

이조판서 이휘지는 진사로 급제 목사가 되었다가 1766년(영조42년) 51세로 문과에 급제해서 대제학과 평안도 관찰사를 지낸 인물로서 정쟁에 휩쓸리지 않고 실무에 밝은 온건파 인사였다. 채제공은 숙종 때 문과에 급제해 관직 생활을 시작했고 성리학의 정통으로 일컬어 지는 이황의 학통에 절대적인 영향을 받은 남인으로서, 소수 세력인 데도 불구하고 글 짓는 솜씨가 뛰어나 영조의 절대적 신임을 바탕으로 1758년(영조34년) 도승지에 오른 인물이었다. 그가 도승지로 있을 때 영조에게 목숨을 걸고 사도세자의 폐위를 막아내어, 정조는 채제 공을 사심 없는 충신으로 믿게 되었다.

정조는 즉위하자마자 아버지 사도세자의 존호를 장헌세자로 바꾸 고 그의 명예를 회복시키면서 억울한 죽음에 관여한 인물들을 제거 했으며, 탕평 인사로 새로운 인물들을 대거 등용해 친위 세력을 형성 해 나가기 시작했다. 또한 그의 즉위를 반대하던 정후겸, 홍인한, 윤 양로 등을 제거했고, 세손 시절부터 줄곧 그를 경호하던 홍국영을 동 부승지로 전격 기용했다가 다시 도승지로 승격시켰으며, 날랜 병사 들을 뽑아 숙위소를 창설하여 왕궁을 호위케 하고, 홍국영으로 하여 금 숙위대장을 겸직하도록 했다.

그러나 집권 초의 어수선한 분위기 속에서 위태로운 역모의 기운 이 시시각각 자라나고 있었다. 이조판서와 병조판서 임명을 둘러싼 혼란이 한창이던 6월 23일 홍인한의 심복 윤약연이 상소를 올렸다. 이 상소에서 윤약연은 당시 정후겸은 죽을죄를 졌지만 홍인한은 세손을 핍박하지 않았기 때문에 용서해줘야 한다고 주장했다. 정조는 윤약연이 "실상을 조사하여 홍인한 등은 추후에 처벌해도 된다"고 주장하고 나서자, 그들 세력이 역모를 준비 중인 것으로 단정했다. 정조가 윤약연을 엄하게 국문하자, 윤약연은 홍상간·이성운·홍찬해·민항렬·이경빈 등이 정조의 측근인 서명선을 비판하거나 홍국영을 죽이려 했다고 실토했다. 그러나 정조는 그것을 역모라고 선포하고 그들을 일단 유배 조치했다. 그리고 홍인한 세력의 준동을 우려한 정조는 홍인한을 그대로 두는 것은 화근이 될 수 있다고 판단했다. 마침내 고금도와 경원으로 유배를 갔던 홍인한과 정후겸을 함께 같은 날인 7월 5일 사약을 내렸다. 그래도 역모의 징후는 곳곳에서 감지되고 있었다.

풍운아 홍국영의 등장

홍국영은 젊은 시절 호방하면서도 당돌한 인물이었다. 홍씨 가문은 한양의 대표적인 문벌이었다. 대신으로 정국을 주도하던 홍봉한·홍인한 형제는 홍국영에게 10촌 할아버지뻘이 되었다. 이때 혜경궁 홍씨는 사도세자의 부인이었고, 홍봉한과 홍인한이 아버지이고 숙부였기 때문에 풍산 홍씨 집안의 권세는 하늘을 찌를 듯 높았다. 홍국영은 인물도 출중하고 민첩했으며 젊은 시절을 방탕하게 보내기도 했다. 그러다 문득 작심을 하고 과거공부를 시작해 25세 때인 1772년(영조48년) 문과에 급제하였다. 그리고 이듬해 4월 5일 영조가 직접 승정전에서 행한 시험에서 홍국영은 정민시와 함께 우수자로 선발됐다.

이리하여 영조의 눈에 든 홍국영은 사관과 함께 세손(정조)을 보좌하는 춘방(세자시강원)사서를 겸직하게 되면서 정조와 인연을 맺었다. 집안 어른으로서 홍봉한은 직간접적으로 홍국영을 후원하였지만 영조의 총애가 더 컸다. 홍국영은 과거 급제 후 줄곧 사관으로 영조의 곁에 있었고 영조는 공개적으로 "홍국영은 내 손자나 다름없다!"라며 좋아했다. 그만큼 그는 조정에서 출중한 인물이었다. 사도세자가 죽고 11세의 어린 나이에 영조의 대를 이을 세손이 된 정조가 고통 속에서 책만 보며 불안하게 지내고 있을 때, 홍국영은 외부의 흥미로운 소식을 정조에게 들려주며 서로 가까워졌다. 이런 홍국영을 정조는 좋아하고 잘 따랐다. 그리하여 홍국영은 영조와 세손을 동시에 측근에서 모실 수 있었다. 이때 영조와 세손을 이간질하려는 세력의 음모가 절정에 이르고 있을 때였다. 영조의 나이가 80세에 접어들었고 권력의 교체를 눈앞에 두고 있는 시기였다. 그 세력은 정순왕후, 정후겸 및 홍인한 세력 등이었다.

홍국영은 정순왕후 김씨 집안과도 친척관계였는데, 정순왕후와 8촌인 김면주의 어머니가 홍국영의 당고모(5촌)였다. 홍국영이 과거 시험을 치르기 위해 한양에 왔을 때 김면주의 집에 머물 정도로 홍씨 집안보다는 경주 김씨 집안과 더 가깝게 지내고 있었다. 그러나 야심만만한 풍운아 홍국영은 홍씨 집안이나 김씨 집안과 가깝게 지내기보다는 세손(정조)을 보좌하는 일에 집중했다. 그 어려운 시기에 세손을 지켜준 두 인물이 바로 세손강서원의 홍국영와 정민시였다. 정후겸이나 홍인한 세력 등은 심지어 세손이 홍국영과 정민시 등과 무엇을 하고 있는지를 파악하기 위해 세손강서원에 자기 사람들을 심기까지 했다. 세손으로서는 뭐하나 마음대로 말하고 행동할 수 없었다. 이런 험난한 시기에 홍국영과 정민시는 헌신적으로 세손을 지켜나갔다.

험난한 시련의 세월이 지나가자 1775년(영조51년) 11월 20일, 영조는 경연에서 처음으로 대리청정 의사를 밝혔다. 그 자리에 동궁(세손)도 참여하고 있었다. 또한 돈녕부 영사 김양택, 영의정 한익모, 중추부 판사 이은, 좌의정 홍인한 등 전·현직 정승이 배석했다. 이때 영조의 나이 82세였다. 김양택은 왕실의 외척이었다. 그의 부친 김진규는 예조판서를 지냈고, 김만기의 아들이었다. 김양택의 할아버지 김만기는 숙종 때 인경왕후 김씨의 아버지이자 숙종의 장인으로 광성부원군이었다. 김진규는 숙종의 첫 번째 부인 인경왕후의 오빠였으며, 그의 아들 김양택은 영조 때 문과에 급제하여 홍문관, 사간원의 묘직을 거쳐 대제학을 지냈고, 우의정을 거쳐 이듬해인 776년(영조52년)에는 영의정에 올랐다.

중추부판사 이은은 병조판서를 지낸 이주진의 아들이다. 그의 할

아버지는 영조 때 좌의정을 지낸 이집이었다. 이은 또한 문과에 급제해 대사헌, 이조판서를 거쳐 우의정이 되고 그리고 좌의정까지 오르지만 대사헌과 대사간의 탄핵을 받아 파직되었다가, 이듬해 다시 좌의정에 오르는 등 파란 많은 정치 역정을 겪는다. 그는 이날의 경연이후 세손의 대리청정 문제로 조정의 의견이 갈릴 때 동궁인 정조의 지원군이자 사촌동생인 서명선을 돕게 된다. 서명선은 홍국영과 더불어 세손을 위해 정후겸, 홍인한 세력에 맞섰다. 정후겸, 홍인한 세력은 이때 정국의 주도 세력으로 세손의 왕위 등극을 결사적으로 저지하고 나섰다. 이들은 '부홍파(扶洪派)'로 불리는 풍산 홍씨 홍봉한 계열과 그와 연대하고 있던 척신 세력들이었다. 즉 홍봉한의 아우 홍인한이 영조의 사랑을 독차지했던 화완옹주의 양자 정후겸과 강한 연대를 맺고 권력을 독차지하고 있었다. 영조가 연로하여 대리청정의 형식으로 권력을 세손에게 이양하려 하자, 좌의정 홍인한이 이른바 '삼불필지설(三不必知說)'을 주장하며 왕위 등극을 반대하고 나섰다. 치열한 권력 싸움이 영조 앞에서 전개되고 있었다. 이때 하늘도 땅도 두려워하지 않는다는 풍운아 홍국영이 세손의 왕위 등극을 위하여 진두지휘하고 나섰다. 목숨을 걸고 용기 있고 과감하게 행동으로 나섰다.

홍국영은 정민시·서명선과 함께 목숨을 걸고 뜻을 함께 하기로 했다. 서로 논의한 끝에 12월 3일 서명선이 홍인한이 말한 '삼불필지설'을 정면으로 비판하고 나섰다. 노회한 영조가 워낙 의심이 많고 변덕이 심해 잘못하면 홍국영과 세손(정조)이 모두 몰락하게 될 수도 있었다. 천만다행히 영조는 세손에게 대리청정을 명했다. 그리고 바로 다음날 영의정 한익모와 좌의정 홍인한을 관직에서 물러나게 했다. 치열한 권력투쟁에서 홍국영의 일파가 승리한 것이다. 홍국영과 정민시 그리고 서명선 등은 정조를 절체절명의 위기에서 구해내 제22대 왕으로 등극시킨 정치 동지들이자 일등공신들이었다. 그들의 결사체를 '동덕회(同德會)'라고 불렀으며, 정조는 매년 12월 3일을 기념해 그들과 함께 모여 감회에 젖곤 했다. 정조는 뭉클한 감회를 시로 표현하기도 했다.

"……백 년을 이 모임 이어 한다면 덕도 함께 복도 함께 하리라" 이 시 구절을 살펴보면 정조가 의리와 덕을 얼마나 소중하게 나눴는가를 알 수 있다. 그 중에서도 정조는 홍국영을 극찬하며 "외척들의 모함에도 불구하고 용기를 잃지 않고 끝까지 대항하도록 조언을 하면서 몸을 던진 이는 홍국영 한 사람뿐이었다"라고 하였다.

정조가 즉위한 초기에는 홍봉한 등 척신을 멀리하려 한 정조와 특정 정파에 속하기를 거부하는 홍국영은 서로 의기투합했다. 정조는 즉위 나흘째인 3월 13일 홍국영을 승정원 동부승지로 임명했다. 왕명을 공식적으로 전하는 중요한 자리였다. 4개월이 지난 7월 6일 홍국영은 전격적으로 도승지(비서실장)에 올랐다. 이때 홍국영의 나이 29세였다. 거칠 것이 없었다. 그야말로 홍국영의 천하였다. 모든 대신들이 홍국영의 눈치를 살펴야 했다. 이러한 시기에 홍국영은 노론

청명당 계열의 지도자인 김종수·정이환과 합세하여 노·소론 탕평당 계열인 홍인한·정후겸·윤양후·홍계능 세력을 사도세자에게 불경하고 정조의 즉위를 방해했다는 죄목으로 제거하기에 이른다. 참고로 영조 대에는 노론이 우세했다. 하지만 영조 대 중반에 집권세력이던 노론은 사도세자의 폐위와 사사 사건으로 노론 벽파와 노론 시파로 나누어진다. 노론 벽파는 영조 편에 서서 사도세자의 죽음을 당연한 것으로 주장한 무리였고, 시파는 그의 불행한 죽음을 동정하는 무리로 이루어졌다. 이때 세력이 약했던 소론은 노론 시파와 손을 잡는다. 이들의 대립은 날이 갈수록 치열해졌는데, 영조 대에는 노론 벽파가 우세했고 정조대에는 노론 시파가 우세했다. 따라서 홍국영·김종수·정이환은 노론 시파였고, 홍인한·정후겸 등은 영조 때의 집권 세력으로 노론 벽파였다.

여기에 김종수는 스승으로서 정조의 정신세계에 깊은 영향을 심어주었다. 노론 시파인 김종수는 41세의 나이로 문과에 급제하여 세자시강원에서 세손을 가르쳤다. 이때 그는 일관되게 위세를 떨치고 있던 홍씨 집안과 김씨 집안의 외척정치를 배제해야 한다고 주장해 세손의 두터운 신임을 얻었다. 특히 정통 주자학과 유학의 근본을 가르치며 '임금은 통치자이면서 스승'이라는 군사론(君師論)을 정조에게 각인시켜 준 스승이었다. 즉 정조에게 보수혁명가의 꿈을 불어넣어 준 인물이기도 했다. 실제로 김종수는 혁명적 사고방식을 지니고 1772년(영조48년) 청명(淸名)의 존중과 공론(公論)의 회복을 위해 청명류(淸名流)라는 정치결사체를 조직했다가 발각되어 경상도 기장으로 유배되었다가 방면된 적이 있는 인물로 영조가 사망하자 행장을 편찬하는 일을 맡았다. 정국이 불안했던 즉위 초에 정조의 신임이 워낙 두터워 곧 이조판서와 병조판서 등을 거쳐 수어사를 겸하기도 했다. 후에 김종수는 우의정을 거쳐 좌의정에 오르며 채제공·윤시동과 함께 정조가 가장 신뢰한 역대 삼정승 중 한 명으로 평가받게 된다.

정조 즉위 초의 정치를 이끌어 간 핵심 3인은 정조와 홍국영 그리고 김종수라고 할 수 있었다. 1776년(정조즉위년) 3월 13일, 승정원 동부승지에 임명된 홍국영은 6월 1일 이조 참의로 자리를 옮겼다. 이 자리는 인사를 다루는 핵심요직이었다. 이때 이조판서는 그의 정치동지인 서명선이었다. 정조 즉위 초에 핵심요직을 겸직하며 홍국영은 약관 29세의 나이로 비서실장 즉 도승지에 오르는 등 쾌속질주하게 된다. 너무 젊은 나이에 권력의 중심으로 다가가며 달콤한 권력의 맛에 빠져든 것이다. 그는 너무도 빠르게 무소불위의 권력자가 되었다.

또한 정조는 같은 해 9월 25일 인재양성 기관으로 세운 규장각의 직제학으로 홍국영을 임명했다. 10월 19일에는 군무를 관장하는 찰리사로 임명했다. 이 모든 게 겸직이었다. 한 달 후인 11월 19일에는 수어사도 겸직케 했다. 그리고 다음날 홍국영과 김종수를 비변사 제조로 임명했다. 홍국영이 도승지에 임명될 때 영의정이었던 김양택이 "홍국영은 나이가 젊고 총명하니 비변사 부제조로 임명해야 합니다"라고 이미 정조에게 건의했던 차였다.

이듬해 5월 27일 홍국영은 금위대장(경호실장)까지 겸직한다. 바로 다음날 김종수도 우의정에 오르게 된다. 그해 8월 역모의 기운이 있자 홍국영은 이를 제압하는 공을 세운다. 그리고 10월 17일 홍문관 제학에 오른다. 이후에도 훈련대장을 거쳐 1778년(정조2년) 3월 25일 규장각 제학에 오른다. 홍국영은 문무의 요직을 겸하면서 군권을 거의 장악하게 되자 삼사의 소계, 팔도의 장첩, 묘염, 전랑직의 인사권을 모두 총괄하였고, 이에 따라 백관들은 물론 8도 감사나 고을의 수령들까지도 그에게 머리를 숙이게 되었다. 게다가 그 해 1778년(정조2년) 정조에게 아직 소생이 없는 것을 간파하고 홍국영은 13세의 누이동생을 정조의 후궁이 되게 함으로써 정권을 한손에 쥐게 되었다. 그리하여 모든 관리들이 그의 명령에 따라 움직였으므로 이른바 '세도(勢道)'라는 말이 생겨나게 되었다.

정국이 홍국영 천하가 된 형국이었다. 일등공신으로서의 홍국영은 단기간에 권력을 독점하니 홍국영의 세도는 날로 커지게 되어 온 조정도 감히 그의 뜻을 거스르지 못하였다. 풍운아 홍국영은 30대 초반에 너무도 빠르게 권력의 정상에 오르고 말았다. 하지만 그는 권력이 너무 커져 사방팔방으로부터 견제를 받는 운명에 놓이게 된다.

개혁과 탕평을 꿈꾸는 지도자

정조는 어렵게 집권한 뒤 새로운 개혁 정치와 탕평 정책을 추진해 나갔다. 붕당 정치 등의 정치적 폐단을 개혁하여 새로운 개혁 정치로 강력한 왕권을 구축하자는 뜻이 있었고, 또한 정치적 탕평과 사상적 탕평을 병행하여 사회통합을 이루자는 뜻이 있었다. 정조는 즉위하자마자 송나라의 대표적 개혁론자인 왕안석처럼 새로운 개혁정치를 위해 금기의 벽을 깨기 위해 노력했다. 시대 상황이 왕안석으로 하여금 개혁을 실패하게 했지만, 그처럼 대대적인 개혁을 시도해야 한다고 정조는 생각했다. 그리하여 정조는 1776년(정조즉위년) 3월 인재를 양성하고 개혁 정치의 선도적 중심기구로 활용하기 위해 창덕궁 안에 규장각을 설치한다.

규장각은 처음에 역대 왕들의 친필, 서화, 임금님 족보들을 보관하고 관리했으나, 점차 정조의 뜻대로 학술 및 정책 연구 기관으로 변해 갔다. 규장각의 각신은 제학 2명 등 6명으로 구성됐으며 이들에게는 많은 특권이 부여됐다. 출근한 각신은 매일 아침저녁으로 왕을 문안하고 어전회의에 참석할 수 있었으며, 승지가 입시할 때에도 배석하여 의견을 개진할 수 있을 정도로 파격적인 대우를 받았다. 또한 규장각은 정조의 친위 세력을 양성하기도 했다. 정조는 이렇듯 새로운 문화정치와 혁신정치를 펼치려 했다. 그 후로 3년 뒤인 1779년(정조3년)에는 규장각 외각에 검서관을 두고 그곳에 박제가 등의 서얼

(서자와 그 자손)출신 학자들을 배치하여 새로운 바람을 불러 일으켰다. 개국 이래로 능력과 학식에 상관없이 출세의 길이 막혀있던 서얼들에게 조정으로 진출할 수 있는 새로운 길을 터줌으로써 사회의 분위기를 가문과 당파 위주가 아닌 능력과 학식 중심으로 끌고 갈 수 있었다. 이른바 정치적 탕평이었다.

5년 뒤에는 37세 이하의 젊은 문신 중에서 재능 있는 신하를 의정부에서 추천하여 규장각에 위탁·교육시키는 초계문신(抄啓文臣)제도로 기성관료들을 재교육시켰다. 정조는 주기적으로 규장각에 나아가 직접 이들을 가르치고, 글을 지어 바치게 함으로써 자신의 정책노선을 따르는 친위세력을 양성했는데, 초계문신으로 뽑힌 사람은 정약용, 이승훈, 김조순 등 138명이나 되었다. 이들이 정조의 개혁정치를 뒷받침하는 친위 세력을 형성했다. 또한 각 도의 인재들을 현지에서 별시문과시험을 자주 시행해 발탁함으로써 광범위한 인재들을 충원했다. 이것 또한 정치적 탕평을 위한 노력이었다. 대대적으로 규장각의 확대작업이 계속되는 가운데 규장각 설립 취지에 의거하여 승정원이나 홍문관은 근래 그 선법이 해이해져 종래의 타성에 젖어 있으므로 왕이 의도하는 혁신 정치의 중추로서의 규장각이 되기 위해 박차를 가했다. 규장각 청사는 모든 청사 중에서 가장 넓은 도총부 청사로 옮겼으며, 강화사고 별고를 신축하여 외규장각으로 삼았다. 또한 내규장각의 부설 장서각으로 조선본을 보관하는 서고와 중국본을 보관하는 열고관을 세워 내외 도서를 정리하여 보관하도록 했다. 한편 규장각에 속한 학자들은 승직 이상의 대우를 받으며 아침저녁으로 왕을 문안하였고, 신하와 왕의 대화 시에는 사관으로서 왕의 언동을 기록하기도 했다. 이로써 정조는 규장각을 홍문관을 대신하는 학문의 상징적 존재로 부각시켜 홍문관, 승정원, 춘추관, 종부시 등의 기능을 점진적으로 부여하면서 정권의 핵심적 기구로 키워나갔다. 또한 본격적으로 규장각을 확대하면서 학문 중심의 정치라고 할 수 있는 문화정치를 추진하였고 이에 필요한 인재들을 키워나갔다.

정조는 학문적으로 육경 중심의 남인 학파와 친숙하였고, 예론에서도 왕권의 우위를 주장하던 남인 학파 내지 남인 정파와 밀착될 소지를 충분히 안고 있었다. 그리고 신권을 주장하였던 노론 중에서도 젊은 자제들이 북학 사상을 형성하고 있었으므로 그들의 학자적 소양에도 호응하고 있었다. 정조가 중용했던 대표적인 사람은 남인 계열의 채제공을 비롯하여 실학자 정약용, 이가환 등과 북학파의 박제가, 유득공, 이덕무 등이었다. 이처럼 정조는 남인에 뿌리를 둔 실학파와 노론에 기반을 둔 북학파 등 모든 학파와 사상의 장점을 고루 수용하여 정국을 이끌어갔다. 이른바 사상적 탕평이었다. 이렇듯 규장각은 문화 정치를 탄생시켰고 문화 융성의 산실이 되었다. 정조는 과감한 정치 개혁으로 문예 부흥을 꾀하며 문화국가를 만들어내었다. 게다가 정조는 서얼 허통이라는 정치 개혁을 통하여 고질적인 조선 사회 신분제를 혁파하는 민본 정책을 추진했다. 조선이 건국된 뒤 서얼은 과거 시험에 응시할 수 없는 신분이었다. 하지만 정조는 "백성들은 누구든 나의 동포요. 한 집 식구다"라고 말하며 서출들의 신분을 타파하고 나선 것이었다.

「홍길동전」에서 보여주듯 조선의 서얼들은 아버지를 아버지라 하지 못하고 형을 형이라 부르지 못했다. 그럼에도 불구하고 서얼들은 적자와 마찬가지로 똑같은 교육을 받으며 성장했다. 부모가 어찌 서자라고 애정이 덜 하겠는가! 하지만 서얼들은 평생토록 학문에 증진해도 과거시험을 볼 자격조차 없었다. 이는 그들이 아무리 훌륭한 지식과 능력을 지니고 있어도 관직에 나가 올바른 정치를 할 수 없었다는 것을 의미했다. 결국 국가는 인재를 재야에 썩힐 수밖에 없었으며 양반 자제 중 일부만으로 국가를 운영해 나갔다. 정조는 이러한 현실에 대해 깊이 고민을 하였고, 결국 1777년(정조1년) 1월 서얼들이 관직에 나갈 수 있는 법을 제정해 신분에 관계없이 유능한 인재들을 적극 등용했다. 이때 등용된 사람들이 실학자로 이름난 이덕무, 박제가, 유득공 등이었다. 많은 서얼 출신들이 관직으로 진출하여 자신의 학문과 이상을 현실에 적용하기 시작했으며, 그들 대부분은 정조에게 아낌없는 충성과 의리로 보답했다.

서얼 허통과 더불어 정조의 민본정책 중 가장 대표적인 것이 바로 흉년을 당해 걸식하거나 버려진 아이들의 구호 방법을 규정한 법령

집 '자휼전칙(字恤典則)' 반포였다. 지금처럼 과학이 발달하지 않은 당시에는 가뭄과 홍수 등 자연 재해는 엄청난 재앙이었다. 또한 홍역과 괴질 등의 전염병이 발생하면 온 나라는 쑥대밭으로 변해 버렸다. 전국 일대에 괴질이 퍼져 무려 20만 명이 한순간에 목숨을 잃기도 했다. 결국 이와 같은 자연의 횡포는 백성들을 기아와 걸식으로 몰아갔다.

그들은 양반이든 평민이든 살기 위하여 노비로 팔려 갈 수 밖에 없는 비참한 신세로 전락했다. 정조 이전의 국왕들은 이 부분에 적극적인 대처를 하지 못했다. 하지만 정조는 천재지변으로 버려진 어린 아이들을 국가가 10세까지 기르도록 하였다. 고을 수령이 이를 해결하지 못하면 좌천시킬 정도로 버려진 아이들에게 애정을 가졌으며, 단지 기르는 것만이 아니라 교육까지 고을 수령이 책임지도록 하였다. 결국 이러한 위민정책은 백성들의 지지를 받았고, 백성들은 이러한 군왕을 사모할 정도였다. 정조는 백성들의 신뢰에서 군왕의 힘이 나온다는 이치를 깨닫고 있었던 것이다.

또한 정조는 새 시대의 흐름을 간파하고 개혁적인 경제 정책을 실현해 나갔다. 18세기 조선은 상공업의 발달로 이미 농업 일변도의 국가운영의 시대는 지나간 시기였다. 정조는 과학기술과 상공업 그리고 농업이 함께 발전하는 전향적인 경제 질서를 구축하고 나섰다. 한양에는 '도고(都賈)'라고 불리는 상인들이 국가경제의 중추를 이루고 있었고, 대외무역도 활발했다. 수도 한양은 대외무역의 중심지일 뿐 아니라, 한강을 끼고 장사하는 이른바 '경강상업'의 발달로 상업도시화가 빨라졌다. 또한 지방인구의 유입으로 성 밖 곳곳에 신촌(新村)이 늘어남에 따라 한양의 행정구역이 넓어지고, 한양과 지방을 잇는 도로망도 확충되었다. 한강 가에 위치한 백리권 지역도 도시화가 촉진되면서 점차 하나의 생활권과 문화권으로 통합되어갔다. 광역 수도권이 형성된 것이다. 화폐경제의 발달에 따라 종래 강제적인 부역노동으로 이루어지던 각종 토목공사가, 인부를 고용하여 정당한 임금을 지불하는 고임제도로 바뀐 점도 주목할 만한 변화였다. 백성들이 이제는 더 이상 대가 없는 노동력을 국가에 바치려 하지 않으면서, 국가경영 방식도 자연히 강제성에서 벗어나 시장경제의 원칙을 수용하면서 유연하게 대처해 나갔던 것이다.

바야흐로 시장경제가 자라나면서 새로운 상업문화도 등장했다. 이러한 변화의 물결을 타고 한양의 젊은 선비들은 청나라에서 사들여 온 사치품으로 집안을 장식하고, 대중소설인 패관소설 등을 즐겨 읽기 시작했다. 천박한 외래문화의 범람과 퇴폐적인 풍속이 한양에서 문제를 일으킨 데 반하여 변화에 둔감한 농촌지역에서는 진보적인 실학운동이 일어났다. 정조는 이러한 시대 흐름을 예리하게 포착하고 있었다. 그래서 국가를 부강하게 해주는 상공업을 과감하게 장려하기 위해, 한양의 시전 상인들에게만 부여했던 난전금지권, 즉 금난전권(禁難塵權)을 철폐했다. 이는 난전으로 불리던 상인의 활동을 자유롭게 보장하는 획기적 조치로, 독점적인 상업제도를 경쟁적인 시장체제로 바꾼다는 것을 의미했다. 그리고 장인들의 품값을 반나절까지 계산해주는 철저한 임금제도도 도입되었다. 당시에 자유롭게 경쟁하는 시장체제와 품값을 보장하는 임금제도가 생겼다는 것은 가히 혁명적이라고 할 수 있었다.

그러나 정조는 상업문화의 병폐에 대해서는 철저히 배제하는 정책을 폈다. 정조는 청나라의 패관소설 등과 사치품을 선호하고 외래문화에 오염된 일부 한양 선비들의 사대주의적 작태와 사치풍조를 바로잡기 위하여 이른바 '문체반정(文體反正)'이라는 정책을 폈다. 정조는 청나라의 무분별한 대중문화에 대한 견제 수단으로 성리학을 정학(正學)으로 정립해 대처하려 했다. 즉 문화적 반청운동의 구심체로서 도덕성이 높은 성리학의 정통성을 내세웠던 것이다. 그렇다고 성리학만을 정통이라고 고집스럽게 내세우지는 않았다. 정조는 청나라에서 들어오는 고급문화, 이를테면 과학과 기술 등 유용한 학문은 즉각적으로 받아들였다. 즉위 직후 5,022권에 달하는 '고금도서집성'을 사온 것이 그 예로 볼 수 있다. 이 책은 청나라 강희제(1662년-1722년) 때 고금의 도서를 집대성하여 편찬한 것으로 서양 학문에 관한 서적도 들어있었다.

또한 정조는 청나라 시대에 발달한 고증학을 수용하여 학문의 전문성을 높였다. 그리고 북학파들이 주장하는 이용후생(利用厚生)의 중요성을 충분히 이해하고 이를 거듭하여 강조했다. 즉 정치적으로는 성리학을 통해 도덕성을 높이고, 남인들의 실학을 수용하여 왕권을 안정시키면서, 경제와 군사 면에서는 새로운 기술과 경영방식을 도입하는 이용후생의 정책을 폈던 것이다. 그리하여 정조는 획기적인 개혁 정책과 정치적, 사상적 탕평을 과감하게 시행하여 강력한 왕권을 구축하고 부강한 근대국가를 만들어 나갔다.

존현각 침입 사건

정조를 시해하려고 했던 '존현각 침입 사건'은 조선왕조 500년 역사상 초유의 임금 피습사건이었다. 1777년(정조1년) 7월 28일 정조는 경희궁 내 침소인 존현각에서 촛불을 켜놓고 밤늦도록 책을 보고 있었다. 왕에 즉위한 이듬해였고, 존현각은 경희궁에 딸린 전각으로 규모가 작은 건물이었다. 정조는 그가 애착을 느끼는 존현각에서 매일같이 일과 후에 책 보는 것이 일상이었다. 그날 정조는 홀로 책을 보고 있었고, 내시에게 호위 병사들이 제대로 보초를 잘 서고 있는지 살펴보라고 하였다. 잠시 후 책을 보고 있는 그 순간 존현각 대문인 보장문 동북쪽에서 발자국 소리가 회랑 위를 따라 은은하게 들려오기 시작했다. 무예로 단련된 정조는 본능적으로 자객이 침입했다는 것을 느꼈다. 자객들은 존현각 지붕으로 올라가 용마루의 기와를 부수고 기와조각을 방 아래로 던진 뒤 기와 아래 있던 모래가루를 흩뿌렸다. 정조에게 겁도 주고 시야를 가리기 위함이었으리라. 뒤이어 자객들은 곧장 방 안으로 내려가 정조를 시해하려 했으나, 정조의 민첩한 대응 자세에 놀라서 황급히 달아날 수밖에 없었다.

정조는 곧바로 병사들을 불러 모아 지붕 위를 살펴보게 하고, 도승지 홍국영으로 하여금 철저히 사건을 조사하게 했다. 국왕을 시해하기 위해 왕의 처소인 경희궁 존현각까지 자객들이 침입한 것은 조선역사상 처음 발생한 일로 실로 충격적인 사건이었다. 사건 직후 홍국영이 부하들을 이끌고 근처를 샅샅이 뒤졌지만 자객들의 흔적은 찾을 수 없었다. 그러던 중 열흘 정도가 지난 8월 11일 밤 자객들은 대담하게도 다시 침입하였다. 이미 정조는 그 사건 이후 처소를 경희궁에서 창덕궁으로 옮긴 상태였다. 다시 이들은 정조의 처소가 있는 창덕궁 경추문 쪽을 넘으려다가 호위군들에게 붙잡혔다. 체포된 인물은 전흥문이라는 자로 소문난 장사였다. 지난 7월 28일에 강용휘라는 자와 함께 존현각을 침범했던 장본인이었다. 분노한 정조는 심야에 창덕궁의 편전인 선정전 뒤에 있는 숙장문 앞에서 친국을 했다. 정조의 무서운 기세에 위축된 전흥문은 사건의 전모를 실토했다.

7월 28일의 '거사'는 강용휘가 앞장섰다고 했다. 강용휘는 표창을 숨기고 전흥문은 칼을 들고 존현각으로 침입했다. 밖에서는 주동자 홍상범이 도성의 무사 20여 명을 거느리고 주의를 살펴보고 있었다. 존현각 근처에서 강용휘는 강계창이라는 별감과 강월혜라는 궁중 나인에게 무엇인가를 조용히 확인하고 서서히 존현각으로 접근했던 것이다. 그런데 정조의 민첩한 대응으로 호위군관들이 불을 밝히며 몰려들자 두 사람은 서둘러 존현각 지붕에서 내려와 보루각 뒤 수풀 속에 숨어 있다가 날이 새고 나서야 강용휘는 금천교를 거쳐 수문통을 제치고 탈출했고 전흥문은 흥원문으로 달아났다. 그리고 이들은 주동자 홍상범의 집에 모여 재차 거사를 도모하여 이날 침입하려다가 체포된 것이었다.

주동자 홍상범은 홍술해의 아들이었다. 정조는 즉위하자마자 홍술해와 홍지해를 섬으로 유배 보내고, 7월 5일 악랄하게 국왕 등극을 저지한 홍인한과 정후겸에게 사약을 내렸다. 정조는 지난 시절의 은원관계에 대하여 홍인한과 정후겸 외에 더 이상의 희생은 원하지 않았다. 다만 아버지 사도세자를 죽이는 데 결정적 역할을 한 몇몇 핵심인물을 유배에 처했다. 그 대표 인물이 홍상범이었다. 홍상범은 영조 때 노론의 영수 홍계희의 손자이자 홍술해의 아들이었다. 홍계희는 영조의 신임을 받았지만 노론 정권을 유지하기 위해 사도세자를 죽이는 데 결정적 역할을 했다. 하지만 정조가 즉위했을 때 홍계희는 이미 죽고 없었다. 정조는 홍계희를 역적 이상으로 간주하고 있었다. 그에 대한 이러한 적대감으로 정조는 그의 손자 홍상범과 홍상간, 홍상길을 전주에 유배시키는 것으로 단죄했다. 그런데 이러한 홍상범이 유배지 전주에서 도망쳐 집안의 원수를 갚는다는 명분 아래 사건을 주도한 것이었다. 하지만 이 사건은 단순한 가문의 복수 차원의 문제가 아니라 국왕인 정조를 시해하고 사도세자의 막내아들 은전군을 추대하여 왕권교체를 단행하려 한 역모이자 쿠데타였다.

홍상범은 뛰어난 무사들을 고용하여 정조를 시해하고, 정조에게 후손이 없다는 약점을 이용하여 국왕책봉권을 쥔 정순왕후로 하여금 무능력한 은전군을 새 국왕으로 옹립해서 자신들의 세상을 만들고자 한 것이었다. 정순왕후와 그녀의 오빠 김구주도 정조와 적대적인 관계인데다가 그들의 측근들이 깊숙이 개입하고 있었던 것이다.

홍상범은 가까운 이웃인 강용휘를 포섭 대상으로 삼았다. 강용휘는 국왕 호위군관으로 날래고 용맹한 인물이었다. 국왕 호위군관이 되려면 무예가 출중해야할 뿐 아니라 충성심 또한 남달라야 했다. 하지만 강용휘는 출세욕이 많은 인물이었다. 홍상범은 그의 출세욕을 적극 부추겨 훗날 거사가 성사되면 높은 벼슬을 주겠다고 약속해 가담시켰다. 그리고 홍상범은 강용휘에게 함께 할 수 있는 무사들을 모으게 했다. 그 중에서도 강용휘는 도성에서 장사로 소문난 전흥문을 포섭하기로 했다. 그는 장사로 이름났지만 신분이 미천하고 가난하여 결혼도 못하는 처지였다. 강용휘는 전흥문의 이런 처지를 이용하여 평생 살아갈 수 있는 거금을 주고 자신의 여종과 결혼시켜 주겠다고 현혹했다. 전흥문은 이를 응낙하고 비밀리에 홍상범이 거처하는 홍대섭 집에서 강용휘, 홍상범의 9촌 친척 사이인 홍동지라는 사람과 모의하여 도성의 무사 20여 명을 끌어 모았다. 홍상범은 즉시 그 사람들의 이름을 써서 상자 속에 간직했고 날을 정해 대궐에 잠입키로 했다. 그리하여 7월 28일에 무모하게 거사를 감행한 것이었다. 실로 이들의 음모는 엄청난 것이었다.

국왕 호위군관 강용휘는 궁녀로 입궁시킨 자신의 딸 강월혜와 자신의 조카이자 국왕 처소의 별감인 강계창을 이용하여 정조의 동태를 정확히 파악했다. 궐내에 내통자들이 있었던 것이다. 강용휘의 딸 강월혜는 고수애라는 상궁 그리고 복빙이라는 상궁과 긴밀하게 내통하고 있었다. 게다가 상궁 고수애와 상궁 복빙은 정순왕후의 인척이었다. 정조가 대궐 안팎에서 폐단을 일으킨 고수애의 집안사람인 별감 고정환과 그녀의 인척되는 김구주를 처벌하자, 상궁 고수애는 정조를 원망하고 있었다. 결국 홍상범은 정순왕후와 은밀히 손을 잡고 있었던 것이다. 더불어 이 사건에는 상당수 궁궐 액속들이 연루되어 있었다. 궁궐 문 잠그는 일을 맡은 사약 김수대와 배설방 고지기 최세복도 가세했다. 특히 최세복은 검술에 능한 자로, 강용휘와 전흥문이 정조를 시해하면 도승지 홍국영이 궁궐로 들어올 텐데 이때 반드시 거쳐야 하는 배설방에서 그를 제거하기로 한 인물이었다. 이러한 상황이었기에 존현각에 정조를 시해하고자 강용휘와 전흥문이 침입했을 때 정조 주위에는 아무도 없었던 것이다. 또한 홍상범의 집안이 대거 연루된 사실이 밝혀졌다. 모의는 6월부터 시작됐으며 최세복과 승정원 사령인 박해근 두 사람이 홍상범의 아버지 홍술해의 유배지를 오가며 이번 거사를 준비하였던 것이다.

홍상범은 아버지 홍술해가 귀양을 가자 유배지인 전주에서 몰래 상경하여 홍대섭의 집과 홍신덕의 집을 번갈아 오가며 그의 숙부 홍필해 및 강용휘, 전흥문과 함께 밤이나 새벽에 서로 모여 거사를 도

모해 왔다. 게다가 홍술해의 부인 효임이 점방이라는 무당 등을 동원해 정조에 저주를 하도록 했고, 그의 자식 홍상범으로 하여금 전흥문, 강용휘 무리를 동원하여 정조를 시해하도록 하였던 것이다. 사건이 확대되어 연루자는 계속 늘어났다. 홍상범의 아저씨뻘이 되는 홍염해와 그의 아들 홍상길 그리고 홍계희와는 8촌지간인 홍계능 등이 연루자로 밝혀졌다. 홍상길은 국문을 받고 정조시해 후 사도세자와 경빈 박씨 사이에서 난 은전군 이찬을 새로운 왕으로 추대하려 했다고 충격적인 실토를 하였다. 은전군 이찬은 정조의 이복동생이었다. 이리하여 존현각 침입 사건은 단순한 복수극이 아니라 명백한 계획이 있는 역모사건이었다.

최고의 주동자는 홍계희와 8촌지간인 홍계능으로 파악되었다. 홍상길은 홍계능이 지난 3, 4월경 그의 아들 홍신해와 조카 홍이해와 함께 자신을 불러 "지금의 임금은 국정을 잘못한 것이 많다. 새로운 임금을 추대하는 일을 하지 않을 수 없으니, 인조반정 때와 같이 해야 한다"며 반정(反正)을 선동했다고 실토했다. 이에 홍계능은 모든 것을 순순히 자복하고 목을 베라고 당당하게 말했다. 이로써 거대한 역모사건의 진상이 드러나게 되었다. 결론적으로 홍계능이 반정계획을 수립하여 홍인한, 정후겸의 복수도 갚고, 새로운 왕으로 은전군 이찬을 추대하려고 한 역모사건이었다.

충격적인 역모사건으로 밝혀지자 신하들이 나서 은전군 이찬을 잡아들여 즉각 처단해야 한다고 주장하고 나섰다. 정조는 그렇게 할 수는 없다며 눈물로 호소했다. 정조의 만류가 계속되는 가운데 신하들이 은전군 이찬을 의금부에 가두었다. 그리고 영의정 김상철이 백관을 거느리고 와서 은전군 의찬을 처단할 것을 주청했다. 김상철은 학덕이 뛰어난 인물로 영조의 신임을 받았고 정조 즉위 초에 권력 안정에 기여하고 있었다. 봉조하 김치인도 나서서 "난역의 근본을 끊어버려야 한다"고 주청했다. 김치인은 영조 때 암행어사로 이름을 날리고 영의정을 지낸 인물로서 성품이 치밀하고 결단력이 있었다. 그는 정조 때에 여러 차례 영의정을 맡아 당쟁의 조정에 힘쓰게 되는 인물로 성장하게 된다. 신하들은 정조에게 사사로운 은정은 버리고 대의를 위해 결단하라고 하며 은전군 이찬의 자진(自盡)을 압박하고 나섰다. 은전군의 처벌에 대해 정조와 신하들의 실랑이가 오가는 도중 홍술해가 처형됐다. 8월 17일까지 은전군 처벌에 대한 정승 백관의 44차례에 이르는 요청과 삼사의 62차례 상소가 있었지만 정조는 들어주지 않았다.

　정조의 이복동생 두 명에 대한 애착은 남다른 것이기도 하였다. 이런 정조의 마음과는 달리 대신들은 은전군이 있는 의금부로 달려가 스스로 자결할 것을 강요했다. 은전군 이찬은 그럴 수 없다고 버텼으나 대신들은 이런 태도에 대해 은전군이 신하로서의 충절이 없는 것이라며 정조를 압박했다. 정조는 눈물을 흘리며 이복동생 은전군의 자진을 허락하고 말았다. 결국 은전군 이찬은 자진했다. 이후 9월 11일까지 한 달 동안 30여 명에 이르는 관련자들에 대한 처형과 유배가 취해졌다. 홍계능의 반정은 이렇게 비극으로 끝났다.

또한 시해를 직접 시도한 홍상범, 강용휘 등 대역죄인들을 군기시 앞길에서 처형하여 모반 행위에 대해서는 단호하게 조치하겠다는 강한 군왕으로서의 의지를 보여주었다. 그리고 궁중 호위를 강화하기 위해 기구를 개편하는 등 조치를 취했다. 측근 채제공을 창경궁 수궁대장으로 임명하고 새로운 경호부대인 숙위소를 만들어 홍국영을 숙위대장으로 임명했다. 정조는 개혁정치를 추진하기 위해 막강한 군권을 확립해야 한다고 절실히 깨달았다.

홍국영의 몰락

도승지로 승격되어 전면에 나선 홍국영은 정조를 시해하려 한 경희궁 '존현각 침입사건'을 극복하고, 정조 호위부대인 숙위소를 만들어 숙위대장을 겸임하고 아울러 군권의 핵심인 훈련대장까지 맡게 되었다. 또한 13세인 자신의 여동생 원빈 홍씨를 국왕 정조의 후궁으로 들여보냈다. 정조의 왕비인 효의왕후가 세자를 볼 수 없으니 국가가 위태롭다는 분위기를 조성하여, 무리하게 그의 여동생을 정조의 후궁으로 들여보낸 것이다. 홍국영은 국왕의 외척이 되어 더 큰 권력을 누리고 싶었던 것이리라. 그것이 권력의 속성이었다. 그러나 홍국영의 여동생 원빈 홍씨는 시름시름 앓다가 1년 만에 죽고 말았다. 그의 여동생 원빈 홍씨가 사망하자 홍국영의 눈치를 살피는 예관들이 장례 절차를 왕비의 예법으로 하자고 할 정도로 홍국영의 권세는 하늘을 찔렀다. 그러자 곳곳에서 그의 권력 남용을 규탄하기 시작했다.

홍국영의 세도정치가 심각한 폐해를 드러나는 가운데 정조는 규장각의 젊은 인재들과 함께 개혁정치를 추진해 나갔다. 능력과 학식 있는 인재들을 신분 차별 없이 과감히 등용하여 정치적 탕평으로 개혁정치를 선도하고 나선 것이다. 젊고 개혁적인 인사들이 홍국영의 세도정치를 나서서 견제하기 시작했다. 이러한 개혁 정치는 규장각을 중심으로 활발하게 펼쳐졌다. 새로운 인재들이 급속도로 충원되었으며, 그 규모도 커지고 기능도 다양해졌다. 이런 변화의 흐름을 홍국영은 간파하지 못하고 오히려 권력을 독점하기 위해 정조의 왕비 효의왕후를 독살하려는 계획을 세웠다. 홍국영은 그의 여동생 원빈 홍씨가 죽자 후사를 볼 수 없도록 후궁 간택을 교묘하게 방해한 다음, 정조의 이복동생 은언군 이인의 아들 이담을 원빈 홍씨의 양자로 삼아 완풍군(完豐君)에 봉하고, 다시 상계군으로 개봉하여 정조의 후계자로 삼아 세도정권을 유지하려고 했다.

홍국영은 송덕상을 내세워 상소하도록 했다. 홍국영은 임금에게 후궁 간택을 하도록 청하는 상소를 금해야 한다는 요지의 상소를 송덕상으로 하여금 대신 올리도록 한 것이었다. 송덕상은 1779년(정조3년) 9월 2일, 후궁 간택을 더욱 엄중하게 해야 한다는 상소를 올렸다. 홍국영은 정조가 후사가 없는 점을 이용해 역모를 꾸미려 했고 이조판서 송덕상을 이용했다. 송덕상은 노론 세력이 하늘처럼 숭배하는 송시열의 후손이었다. 송덕상은 이조 때 좌의정 이천보의 천거로 관직에 오르게 되었다. 그는 잠시 관직에서 물러나 있었는데 정조가 즉위한 후 노론의 지지를 얻고 홍국영의 후원으로 동부승지, 이조참의, 예조참의 등을 거쳐 이조판서까지 오르게 되었다. 따라서 이조판서 송덕상은 홍국영에게 큰 은혜를 입게 되었고, 그의 당여(끄나풀)가 되었다. 홍국영은 송덕상을 이용해 완풍군 이담을 자연스럽게 후계자로 옹립하여 세도 정치를 강화하려 했다. 완풍군이란 말은 조선 국왕의 본 고향인 전주의 옛 이름 완산주에서 완을 따고, 홍국영 자신의 본관인 풍산에서 풍을 따온 것이었다. 즉 왕실과 홍국영의 결합이라는 깊은 의미를 담고 있었다. 훗날 그는 국왕 정조를 물리치고 완풍군을 국왕으로 올려 스스로 나라를 다스리려 하였다. 홍국영의 4년 세도정치 기간 동안 정조는 충실히 규장각을 확대하고 과감하고 광범위하게 훌륭한 인재들을 발굴, 육성했다. 정조는 치밀하게 이러한 인재들을 내세워 개혁정치와 문화정치를 준비하고 있었다. 홍국영의 세도정치가 날로 심해지자 정조는 홍국영을 견제하고 나섰다. 조정의 어느 대신들도 감히 홍국영의 뜻을 거느릴 수 없었으며, 그런 기세로 그는 너무 많은 사람을 역모로 몰아 처단했다. 조정의 대신들과 백성들 사이에서도 그의 과도한 권력 남용과 방자한 처신에 대하여 점차 원성이 터져 나오고 있었다. 그러던 중 충격적인 사실이 밝혀졌다.

1780년(정조4년), 홍국영은 효의왕후를 독살하려다 발각되었다. 홍국영은 자기의 여동생 원빈 홍씨를 효의왕후가 죽였다고 믿고 그녀를 독살하기 위해 독약을 탄 음식을 왕비 전에 넣었다가 발각되고 말았다. 홍국영의 권세가 나는 새를 떨어뜨릴 정도여서 이를 눈치 챈 신하들 모두가 모른 척 했지만 영원한 비밀은 없었다. 정조도 신하들이 입을 다물었으니 처음에는 알 수가 없었고 더구나 홍국영이 효의왕후를 독살하리라고는 상상할 수도 없었다. 그렇지만 개혁적인 사헌부와 사간원의 젊은 관리들은 홍국영이 세도정치를 계속해서 해나간다면 새로이 조선을 개혁할 수 없다고 판단하고, 공개적으로 나서 그의 비리를 밝히고, 처벌을 요구했다. 이에 대해 정조는 거의 까무러칠 지경이었다. 자신이 너무나 아꼈고 아울러 자신의 모든 권력을 넘겨주었던 그가, 나라의 국모이자 자신의 왕비인 효의왕후를 독살하려 했다는 사실은 충격을 넘어 인간이기를 포기한 배신 행위였다. 둘로 나눌 수 없는 것이 권력의 속성이었다. 부자지간에도 형제지간에도 권력은 나눌 수 없는 비정한 속성을 지니고 있다는 것이 동서고금의 역사가 보여주고 있는 것이다.

정조의 비 효의왕후 김씨는 효성이 지극하여 시어머니 혜경궁 홍씨를 지성으로 모셨기에 궁중에서 감탄하지 않은 사람이 없었다고 한다. 또한 착한 심성을 지녀 고모인 화완옹주가 그녀를 몹시 괴롭혔지만 조금도 개의치 않았고, 왕가의 자녀들을 돌보는데 정성을 아끼지 않았다고 한다. 성품이 고결하고 사적인 감정에 치우치지 않아 사가에 내리는 은택을 매우 신중하게 처리하였고, 그리하여 수진궁과 어의궁에 쓰고 남는 재물이 있어도 궁중의 물품은 공물이라 하여 일체 사가에 보내지 않았다고 한다. 일생을 검소하게 보냈으며 자녀를 생산하지 못한 것이 흠이라면 흠이었다. 혜경궁 홍씨는 홍국영이 정조를 잘 지켜줄 수 있는 인물로 적극 후원하였거늘 하늘과 땅의 그 무엇도 두려워하지 않고 당돌하고 해괴한 인물이 되어버린 홍국영에 대해 몸서리치기도 했다.

혜경궁 홍씨가 온 몸을 던져 아들 정조의 목숨을 지키고, 훈육시키면서 홍국영의 깊은 내면을 꿰뚫어본 것을 참조하면 실로 그녀는 대단한 여걸로 평가할 만하다. 하지만 인간적인 도리를 포기한 홍국영은 금도를 벗어나 천하의 권력자가 되기 위해 역모를 꿈꿨던 것이다. 이러한 홍국영의 역모에 정조는 결단을 내려야했다. 정조는 정치동지들과의 신뢰를 중시하며 참을성이 많고 포용력을 지닌 지도자였다. 정조는 함께 죽을 각오를 하고 영조에게 홍인한을 탄핵한 홍국영, 정민시, 서명선과 김종수 네 사람에 한하여 어떠한 잘못을 저질러도 그 죄를 벌하지 않겠다고 약속한 바가 있었다. 그것은 다름 아닌 즉위 후 '동덕회'를 만들고 손수 써 준 '보종시(保終始)'라는 약속이었다. 아마도 홍국영은 인간 정조의 이와 같은 품성을 알고 자신을 결코 죽이지는 않을 것으로 확신하여 더욱 거침없이 역모를 꾸몄는지도 모른다. 결국 정조는 강직한 신하들이 올리는 홍국영 처형 상소문들이 몰려드는 가운데 홍국영에 대한 '보종시' 약속을 지키기로 마음 먹는다. 정조는 홍국영에 대한 조정의 온갖 비난의 소리에 스스로 자신의 허물이라고 탄식하고 홍국영을 시흥으로 귀양을 보낸다.

마침내 나는 새도 떨어뜨리던 홍국영이 죄인의 몸이 되어 남문에 나섰으나, 한 사람도 배웅하는 사람이 없었다. 홍국영은 권력의 무상함을 깨달았고, 세상살이의 각박함을 한탄하지 않을 수가 없었다. 그가 인정의 덧없음을 한탄하고 눈물을 흘리며 길을 재촉하는 데 한 사람이 앞으로 나섰다. 그는 "대감마님, 이렇게 떠나시니 언제 다시 만나 뵈올지 몰라 마지막 하직 인사를 드리러 왔소이다"라며 슬피 우는 것이었다. 홍국영이 자세히 보니, 전에 남촌에 살던 포도대장으로 홍국영을 호위하던 인물이었다. 어둠 속에서 등불을 들고 죄인의 몸이 되어 떠나는 자신을 찾아온 그 포도대장의 모양을 본 홍국영은 탄복하였다. '각박한 세상에 이런 인물이 있었구나'라고 생각한 홍국영은 그 포도대장의 고마움을 치사하고 임금에게 이렇게 상소를 올렸다.

"포도대장을 어영대장으로 임명하여 주소서. 그래야만 소신은 움직여 귀양지로 가겠습니다. 그렇지 않으면 남문 밖에 머물러 있겠습니다."

정조는 이 글을 보고 난처하였다. 결국 하는 수 없이 어영대장을 도총관으로 이동시키고 그 포도대장을 어영대장으로 임명하였다. 여기에서 보듯 그는 혜경궁 홍씨가 몸서리친 대로 '하늘로 땅도 두려워하지 않는 해괴하고도 당돌한 인물'이었음을 알 수 있다. 정조는 홍국영이 경제적 어려움 없이 조용히 살아갈 수 있도록 정1품 이상 고위 관료들이 은퇴한 뒤 하사하는 직책인 '봉조하'를 부여하여 영예로운 삶을 살도록 하였다. 관직에서 나이가 들어 은퇴하여 봉조하가 되는 것이 순리인데, 조선 역사상 흰 머리카락 없이 검은 머리카락으로 봉조하가 된 사람은 오직 홍국영밖에 없었다. 그래서 당시 사람들은 홍국영을 '흑두봉조하(黑頭奉朝賀)'라고 불렀다고 한다. 홍국영은 조정에 복구하고자 원했으나 정조는 그를 설득하여 다시 강릉으로 귀양 보냈다. 홍국영은 그곳에서 술만 마시며 세월을 보내다가 자기의 처지를 한탄하는 가운데 1781년(정조5년) 홀연히 세상을 떴다. 그때 이 풍운아의 나이 겨우 33세였다.

개혁정치와 역모사건

정감록 역모사건

정조는 즉위 초 세도정치로 정국을 주도하던 홍국영이 죽은 뒤 점차적으로 친정 체제를 구축해 갔다. 정조는 홍국영과 그의 당여로 그를 추종했던 이조판서 송덕상 세력을 정권 핵심에서 축출하였다. 그러나 송덕상 추종 세력은 정감록을 신봉하는 체제 변혁 세력과 연계하여 조직적이고 치밀하게 역모를 준비하여 정조에 저항하였다.

문예부흥과 위민정치로 개혁을 선도하는 정조체제에 낡은 정감록 사상을 내세워 역모를 선동한 것도 특이한 일이기도 했지만, 정조 집권 초기에 나라가 그만큼 어수선했다는 것을 반증하고 있기도 하다.

정치 체제가 불안정하고 민심이 동요하고 있기 때문이었다. 이런 때에 정치체제의 전복을 주장하고 새로운 시대를 열겠다고 선동하는 자들이 나타나기 마련이었다.

정감록(鄭鑑錄)이란 조선시대에 변혁을 꿈꾸는 자들이 항상 품고 다니는, 일종의 예언서라고 할 수 있다. 정감록은 조선의 조상이라는 이심(李沁)과 조선 멸망 후 새로운 나라를 세울, 정씨(鄭氏)의 조상이라는 정감(鄭鑑)이 금강산에서 마주 앉아 대화를 나누는 형식으로 엮여있다. 그리하여 주인공인 정감의 말을 토대로 기술되었다고 해서 정감록이라 부른다. 이들은 조선 이후의 흥망대세를 예언하는데, 이씨의 한양 도읍 몇 백 년 다음에 정씨의 계룡산 도읍 몇 백 년이 있고, 다음은 조씨(趙氏)의 가야산 도읍 몇 백 년, 또 그 다음은 범씨(范氏)의 완산(전주) 몇 백 년과 왕씨(王氏)의 재차 송악(개성)도읍 등을 논하고, 그 중간에 언제 무슨 재난과 화변이 있어 세태와 민심이 어떻게 될 거라고 차례로 예언하고 있다.

정조의 집권 초기에는 잦은 인사 조치로 체제가 불안정하였고, 홍인한과 정후겸 등의 세력을 벌하다가 그 잔당들이 일으킨 존현각 침입사건과 홍국영의 역모사건으로 민심이 극도로 흉흉하여 정감록을 내세우는 역모사건이 가능할 수 있었다. 불순 세력들은 이러한 시기를 이용하여 준동하고 있었다. 조선 제14대 선조 때에도 조선을 지배하는 이씨가 멸망하고 새로운 나라를 정씨가 세운다는 정감록 사상을 바탕으로 정여립이 역모를 일으켰지만 실패한 적이 있었다. 송덕상이 이조판서로 있을 때 정조에 의해 귀양 간 홍국영을 구제하기 위해 그를 대제학으로 불러들여야 한다고 상소한 적이 있었다. 홍국영의 천거로 조정에 진출하여 그의 충성스런 당여가 된 송덕상은 홍국영을 구하려는 상소 때문에 또한 쫓겨나게 된다.

송덕상은 앞에서 언급한 바와 같이 조선시대 송자(宋子)로 추앙받으며 조선 성리학을 완성시킨 우암 송시열의 손자이다. 조선 유림의 대표이자 노론 세력의 영수인 송시열의 후광을 받은 송덕상은 '산림(山林)'으로 추앙받으며 영조 시절부터 조정 관직에 나올 것을 요청받았다. 그러나 영조의 요청을 거절하면서 송덕상은 조선 사대부 사이에서 더욱 명망이 높아졌다. 하지만 송덕상은 그의 할아버지 송시열만큼 큰 그릇의 인물이 아니었다. 송덕상은 결국 홍국영의 배려로 관직에 진출하여 이조판서까지 되었다. 정조는 당대 '산림'을 영입하여 성리학을 받들겠다는 의미와 더불어, 노론 세력의 정신적 지주인 송시열의 후손을 그의 곁에 두고 탕평 정치를 하겠다는 의지를 가지고 있었다. 하지만 송덕상은 명성과는 달리 변변한 학식이나 정치적 주장이 뚜렷하지 않아 홍국영의 조종을 받는 당여로 전락했다. 이조판서로서 조정과 유림에서 존경을 받던 송덕상은 홍국영이 몰락하자, 대신들은 역모에 관련된 송덕상을 논죄하고 중벌에 처해야 한다는 상소를 계속 올렸다.

그러나 정조는 송덕상이 송시열의 후손인데다가 송시열을 숭배하는 전국 유생들의 반발을 우려하여 곧 바로 벌하지 않았다. 그런데

1781년(정조5년) 9월경 홍국영의 측근이었던 연덕윤 등이 4도에 사발통문(사발을 엎어서 그린 원을 중심으로 동참자의 이름을 둘러가며 적은 교지문)을 보내 송덕상 구원 운동을 펼칠 것을 선동하자 정조도 어쩔수 없이 송덕상을 삼수(三水)로 유배를 보냈다. 송덕상을 유배 보내자 전국의 유생들은 1년 가까이 그를 풀어달라고 전국 곳곳에서 상소를 올렸다. 홍계희의 홍씨 가문의 반발 움직임이 어느 정도 가라앉으려 할 즈음 송씨 집안의 반발이 시작되고 있었다. 규모나 조직면에서는 송씨 집안의 파괴력이 훨씬 컸다. 물론 그에 맞서 송덕상의 처형을 요구하는 상소도 만만치 않았다. 이런 가운데 1782년(정조6년) 11월 20일, 또 하나의 역모사건이 드러나 문인방이라는 인물이 체포되었다. 송덕상의 제자인 문인방은 백천식이라는 인물과 「경험록」, 「신도경」 등과 같은 일종의 예언서를 탐독하며 전국을 떠돌며 역모계획을 세웠다. 두 사람은 이런 예언을 통해 나라에 큰 변란이 일어날 것으로 믿고, 양양에 사는 기인 이경래를 도원수, 도창국을 선봉장, 박서집을 식량책임자로 삼아 귀양 가 있던 송덕상을 끌어들여 거사를 도모했다. 그들은 1784년(정조8년) 7월과 9월 사이에 거사하기로 하고 치밀하게 계획을 세웠다. 그들의 세력이 많은 양양에서 봉기하여 먼저 양양 군수를 죽이고 나서 무기와 병사를 확충한 다음 간성을 공격하고 나서 강릉으로 들어가고, 강릉에서 곧바로 원주로 들어가고 이어서 계속 밀고 들어가 동대문을 통해 도성으로 들어가기로 하였다. 그리고 거사가 성공하면 송덕상을 나라의 지도자인 '대선

생(大先生)'으로 추대하기로 하였다. 이경래는 그의 일가이자 조정에서 공조참의로 있는 이택징과도 내통하고 있었다. 이러한 모의는 식량책임자 박서집이 마음을 바꿔 고변했기에 밝혀질 수 있었다.

이 역모가 밝혀지기 전까지 정조는 연덕윤 등과 관련된 송덕상의 역모사건을 귀양으로 관대히 처벌해 주었다. 송덕상의 죄를 인정하지만 그가 송시열의 손자로 유림의 존경을 받고 있고, 아울러 집권 초기 자신을 도운 공로를 인정한 것이다. 이러한 정조의 배려는 더 이상 자신에 대한 역모가 발생하지 않기를 바라고, 동시에 그들에 대한 포용력을 보여주어 정국 안정을 도모하고자 함이었다. 그러나 다시 송덕상, 문인방 등이 연루된 전국적 규모의 역모가 발각되어 조정이 발칵 뒤집혔다. 이경래, 문인방 사건은 체제 전복을 꾀한 중대한 역모사건이었다. 이들은 정감록까지 거론하며 송덕상은 물론 그의 손자 송계유도 동참시켰다. 그러나 정조는 이 역모사건이 확대되는 것을 원치 않았다. 대소 신료들은 이 역모에 가담한 자들을 사형으로 엄하게 처벌할 것을 정조에게 강력히 요구하였으나, 정조는 대소 신료들을 설득하여 무조건 사형을 집행하기 보다는 이들을 깨우쳐 새로운 마음으로 국가에 충성하도록 조치할 것을 명했다.

"죄가 있는 자는 은혜를 생각해서 마음을 고쳐먹고 죄가 없는 자는 의심을 풀고 마음을 가라앉혀 다 같이 새로운 교화 속에 들어가 이 경사의 기쁨을 함께 한다면 그들도 다행일 뿐 아니라 국가도 다행이다."

정조는 엄하게 사형으로 처벌할 것을 요구하는 대소 신료들에게 이렇게 말하며 관대하게 처리할 뜻을 밝혔다. 그리하여 정조는 송덕상만 처형하고 역모사건의 주모자 이경래, 문인방 등 관련자 모두에게 사형을 면하는 특별조치를 내렸다. 이처럼 홍국영과 송덕상이 정조의 정치 주도 세력에서 배제되고 난 뒤 그의 잔여 세력을 관대히 처분하면서 가능한 이들을 최대한 포용하며 정국을 주도하려고 했다. 정조는 집권 초기에 홍국영을 내세워 많은 정적들을 제거해 왔다. 그리고 홍국영이 역모를 꾀하자 그 세력 또한 엄하게 벌했다. 그런데 이번에는 홍국영의 측근인 송덕상의 세력이 전국적인 규모로 역모를 꾸미고 나선 것이었다. 이에 정조는 사형 등으로 엄벌을 내리기보다는 날마다 늘어나는 죄인들에게 관용과 교화를 통해 화합의 정치를 펼쳐나가기로 하였다. 절대 권력을 강화하여 냉혹하게 사형 등의 방법으로 정치를 하지 않고, 교파적 지도자로서 관용을 베풀며 올바르게 가르치며 정치를 하겠다는 것이었다. 근대 국가의 지도자 유형은 세 가지로 나눌 수 있다. 첫째가 독재적 지도자이고 둘째는 교파형 지도자이고 셋째는 민주적 지도자이다. 스승처럼 올바르게 가르치겠다는 지도자가 교파형 지도자이다. 어쩌면 정조는 시대를 통찰하는 선각자로서 스승의 역할을 하는 지도자 즉 교파형 지도자를 꿈꾸고 있었는지 모른다.(현대에는 당 대표였던 유진오 박사가 교파형 지도자로 분류된다) 하여튼 정조는 무조건적인 사형과 처벌만으로는 근본적으로 해결이 안 된다고 탄식했다. 위민정치를 추구하는 지도자로서의 고뇌를 느낄 수 있는 대목이다.

　"아! 내가 왕위에 오른 지 6년이 되었으나 정치와 교화가 제대로 정립되지 않아 개과천선하였다는 말을 듣지 못하고 있고, 죄를 지은 자는 날마다 늘어나고 있다. 감옥이 텅텅 비는 교화를 기대할 수 없다. 죄수를 보고 수레에서 내려 눈물짓는 일만 자주 하게 되었으니 내 거듭 부끄러워 탄식하고 있다"

따라서 정조는 엄벌주의에 입각한 정치를 바꿔 교화하며 포용하는 정치를 하겠다고 결심했다. 정조는 정감록 역모사건 이후 10여일 정도가 지난 12월 3일 대대적인 사면령을 내렸다. 무려 대상자가 3,137명이나 될 정도로 많았다.

이미 먼저 죽은 한익모, 장지항과 신회를 사면했다. 또 홍국영과 노론의 요청으로 단행했던 윤선거, 윤증 부자에 대한 관작추탈을 취소했다. 그들은 소론의 거두였다. 이는 앞으로 소론을 끌어안아 정치적 탕평을 하겠다는 신호였다. 그 밖에도 주요 사건에 관계되어 귀양을 가 있던 인물 대부분을 사면했다.

김하재 역모사건

1784년(정조8년) 7월 28일, 이조참판 김하재는 영희전 교유제의 헌관을 맡고 있었다. 영희전은 태조, 세조, 원종(인조의 아버지), 숙종 등의 영정을 모신 곳으로 한양 남쪽에 있다고 해서 남별전으로도 불렸다. 교유제란 중대한 일이 있을 때 그 내용을 적어 사당에 올리는 행사를 말한다.

김하재의 아버지는 정조 즉위년(1776년)에 영의정을 지낸 김양택이었다. 김양택은 예학의 원조 김장생의 6세손으로 숙종 비 인경왕후 김씨의 오빠 김진규의 아들이었다. 숙종 비 인경왕후와 그의 오빠 김진규는 김장생의 4대손인 광성부원군 김만기가 아버지였다. 멀지 않은 왕실 외척이었다. 게다가 이 광산김씨 집안은 대대로 학식이 높고 권력을 누리던 노론의 대표적인 벌족 가운데 하나였다. 정조는 그가 세손 시절인 영조 51년(1774년) 1월 3일 승지들에게 "김하재는 매우 학식이 높고 가문 또한 훌륭하니 참으로 필요한 인재이다"라며 극찬을 한 적까지 있었다. 김하재는 정조 즉위 초에 정조의 총애를 받으며 승승장구했다. 성균관 대사성, 이조참의, 홍문관 부제학, 사헌부 대사헌, 이조참판 등을 거쳤다.

6월 20일 이조참판으로 있던 중, 김하재는 제주 수령을 잘못 추천했다고 하여 사간원 정언 이정도의 탄핵을 받고 그 자리에서 물러나야 했다. 그는 이조참판에서 물러나며 정조에게 과격하게 "잘못도 없이 억울하게 탄핵을 받고 물러나게 되니 목을 찌르거나 할복하여 저의 마음을 밝히고자 하였으나 하지 못하였습니다"라고 말하며, 자신의 잘못이 아닌 것으로 물러나게 된 것이 몹시 서운하다고 항변을 하였던 것이다. 어쩌면 정조에게 과격하게 항의한 점이 불경죄가 되었을지도 모를 일이었다. 정조의 부당한 조치로 퇴출당했다고 생각한 김하재는 분을 참지 못하고, 정조를 비방하는 글을 써서 간직하다가 동료 승지 이재학에게 건네주고 말았다. 정조를 지근거리에서 모시는 승지 이재학은 그 내용을 보고 경악하고 말았다. 그리하여 이재학은 사안의 심각성을 고려해 승지들과 충분히 의논한 다음 정조에게 그 글을 올렸다. 정조도 몹시 충격을 받은 듯 한참 동안을 아무런 말도 하지 않았다.

정조는 신하들에게 "생전에 이렇게 악의에 찬 글을 본 적이 없다. 세상의 온갖 일들은 모두 천리와 인정에서 벗어나지 않는데, 그도 또한 조선의 신하로서 그 집안으로 말하면 명문가요, 그 벼슬로 말하면 참판이다. 나라에서 그에게 무엇을 잘못하였기에 이런 때를 마침 맞아서 세상에서 찾아볼 수 없는 변고를 저지르는가?"라며 탄식하였다. 사실 이때 정조는 어느 때보다 기분이 좋을 때였다. 2년 전에 의빈 성씨와의 사이에서 얻은 원자(문효세자)를 세자로 책봉한 것이 7월 2일이었다. 정조가 '이런 때를 맞아서'라고 한 것은 세자 책봉을 말한 것이었다. 최근에 국회의원(차관급)이 국가의 지도자를 향하여 해괴한 용어를 구사하여 공격한 격이라고 하겠다. 현대 민주국가에서는 싸가지 없는 별종이라고 공격을 받을 수 있었지만, 강력한 왕권 시대인 그 시절에는 좋게 말하면 패륜적 기인으로, 나쁘게 말하면 왕에 대해 불경을 저지른 반역죄로 취급되었던 것이다. 대신들이 벌떼처럼 들고 일어나 김하재의 글을 직접 보고자 했으나 정조는 자신을 욕하는 내용이 주를 이루고 있다며 불태워버릴 것을 명했다. 기가 막힌 정조는 김하재를 친국하며 "도대체 무슨 연유로 이렇게 악의에 찬 글을 썼느냐?"라고 물었다. 그런데 원망이 가득한 김하재는 "김일경이 갑진년(영조즉위년) 1724년에 죽었는데, 올해 1784년이 갑진년입니다. 저도 김일경을 본받아 오명을 후대에 남기려고 그랬습니다"라고 당당히 말했다.

　김일경이란 인물은 경종(제20대)때 과격한 소론 일파 7명 중 우두머리로 연잉군(영조, 제21대)을 즉위하지 못하게 위협한 인물이었다. 경종의 지지를 받고 김일경과 그 일당은 연잉군의 대리청정을 요구한 집의(執義) 조성복과 대리청정 명령을 받들어 행하고자 한 노론 일파인 네 명의 대신 영의정 김창집, 좌의정 이건명, 영중추부사 이이명, 판중추부사 조태채 등을 왕권 교체를 기도한 역모자라고 공격하는 상소를 올렸다. 이리하여 그들은 파직되어 김창집은 거제부에, 이이명은 남해현에, 조태채는 진도군에, 이건명은 나로도에 각각 유배되었고, 그 밖의 노론 대신들도 감옥 형 등의 처벌을 받았다. 그리고 소론에서 영의정에 조태구, 좌의정에 최규서, 우의정에 최석항 등이 임명됨으로써 소론 정권의 기반을 굳히게 되었다. 따라서 노론의 지지로 인해 어렵게 즉위한 영조와 그 후손들 입장에서 보자면 김일경은 용서 못할 극악무도한 역적이었다. 그러한 김일경을 본받아 후대에 오명을 남기려고 그러한 글을 적어 유포시켰다니 정조는 도저히 이해할 수가 없었다. 또한 김하재는 정조에게 "영영 벼슬길이 막혀 버릴 것 같아 그랬습니다"라고 항변했다. 이 사건을 돌아보면 참판(차관)이란 중책을 맡고 있는 관리로서 잘못한 일이 없는 데도 탄핵으로 억울하게 축출되니 그 분노를 삭이지 못했다고 볼 수 있다. 천하의 풍운아 홍국영처럼 왕인 정조를 무시하고 해괴하고 당돌하게 저항했다고 할 수 있고, 한편으로는 증오의 감정이 솟구쳐 앞으로 벼슬도 못 할 것 같아 악랄한 김일경처럼 나쁜 마음으로 정조의 조치에 대해 항의했다고 볼 수 있다.

그러나 김하재가 수하들을 끌어들여 치밀하게 역모를 계획했거나, 또한 그들을 조직화하여 행동으로 나서서 정조를 시해하려고 하지 않았고, 단지 정조를 흉악하게 비난하는 글귀를 유포한 것이라면 유배 조치로 처리해도 될 만한 사건이었다. 김하재 사건은 분명히 거사가 있는 역모는 아니었다. 체제 전복을 노리는 사건은 아니었던 것이다. 하지만 역모가 끊이지 않고 정쟁이 계속되어 나라가 불안정하자, 정조는 불안한 심정으로 예민해져 김하재 사건이 나라를 무시하고 자기를 멸시하는 것으로 간주하고 나선 것이다. 즉 김하재의 행위를 역모 행위에 버금가는 것으로 판단했다.

"백성들의 뜻이 불안정하고 각각 스스로 마음먹는가 하면, 조정의 정사는 뒤섞이어 어지럽고, 나라는 끝없이 안정될 때가 없으므로 역모사건은 계속 발생하는 데도 백성들은 보통으로 여기고 있다. 이는 다름 아니라 나라와 승부를 겨루려 하고 조정을 멸시하는 풍조이다. 어찌 국사를 두렵지 않게 생각하느냐? 정치를 쇄신하려면 오늘날의 풍속을 바꾸어 임금과 신하 모두가 안으로는 직분에 충실하고 밖으로는 역모를 막을 방안을 세워야 할 것이다. 그렇게 하지 않는다면 어찌 나라가 유지될 수 있겠는가?"

정조는 이렇게 그의 심경을 그의 측근 김종수에게 피력했다. 이에 대해 김종수는 김하재 사건이 인재 등용의 문제 때문에 일어난 것으로 판단하고, 정조에게 조심스럽게 "인재를 등용하는 방법은 그 사람의 내력과 장단점을 살필 뿐입니다. 전하의 사람 보는 안목이 정확하니 그 사람의 성실성과 불성실성을 기준으로 등용하거나 또는 버려야 할 것입니다. 그 사람이 비록 우수한 재주를 가졌다고 하더라고 조금이라도 나라에 대한 충성심이 없다면 배척하여 물리칠 것이고, 혹 별로 볼 만한 것이 없더라도 오로지 나라에 대한 충성심이 있다면 장려하여 등용해야 할 것입니다. 또한 이렇게 하려면 사대부들의 마음을 잘 단결시켜야 합니다"라고 충언하였다.

이에 위기감을 느낀 정조는 김종수에게 간곡하게 "인심과 세상 도리를 잘 수습할 수 없으니 큰 걱정거리다. 지금부터 훗날을 위하여 좋은 방책을 생각하고 집중하여 왕실을 도와 역모의 기미와 조짐을 미리 막고 한마음으로 왕실을 도와 함께 안락을 누린다면 어찌 좋지 않겠는가?"라고 부탁을 하였다. 이러한 위기의 시대였기 때문에 정조는 어지러운 조정의 정사를 바로 잡기 위해 또한 빈번한 역모를 근절하기 위해 경고하는 의미에서 김하재 사건을 역모사건으로 확대하여 단죄하게 된 것이다. 결국 김하재는 악의에 찬 글을 유포하여 정조에게 불경을 저질러 역적으로 몰리게 되었던 것이다. 시대를 잘못 택해서 태어난 죄이기도 했다. 그가 참판(차관)으로서 그가 국정의 잘못을 지적하여 국가의 지도자를 악의에 차게 비난한 것이 그 시대에서 역모 행위로 간주되어 결국 처형되게 되었던 것이었다. 만약 그가 현 시대에 태어나서 똑같은 행위를 하였다면 반역죄로 몰려 처단되기 보다는 금도를 넘어선 기인으로 회자되고 국가 원수를 모독한 죄로 처벌받았을 것이다. 오늘날에도 차관급으로 국정을 논하는 국회의원들이 금도를 벗어나 흉악한 용어를 구사하며 국가 지도자를 공격하고 있어 국민적인 비난을 받고 있으나, 그들이 패륜적인 기인이라고 불리거나 반역 의도를 가진 자도 매도되지는 않는다.

결론적으로 절대 왕권 시대에 참판으로서 왕을 위해 헌신해 온 김하재는 사간원 관리의 탄핵을 받아 사소한 일로 억울하게 물러나게 되자, 국가 지도자인 정조에게 악의에 찬 글로 비방을 한 것이 김하재 역모사건으로 무리하게 확대된 것이며, 어쩌면 그 시대의 희생양이 된 것으로 보아야 할 것이다. 왜냐하면 김하재는 여러 벼슬을 거치면서 정조에게 충성을 바친 인물이었기 때문이다. 따라서 정조도 집권 초반기이자 민심이 동요하는 시기여서, 특히 불안감에 휩싸인 한 인간으로서 감정을 이성적으로 조절하지 못하고 '김하재 사건'을 무리하게 역모죄로 확대하여 과오를 범했다고 여겨진다. 최근 학계에서는 김하재는 실체가 있는 역모 행위로 처벌되었다기보다는 정조를 모독한 불경죄로 처벌된 것이라고 해석을 하고 있는 실정이다.

홍복영 역모사건

홍복영은 몰락한 자기 집안의 복수를 계획하고 있었다. 홍복영은 천하의 세도가였던 홍국영의 사촌동생이었다. 1785년(정조9년) 홍복영과 문양해 등이 정감록 내용을 사상적 틀로 하여 체제 전복을 선언하고 거사 준비를 하다가 발각되었다. 홍복영 역모사건의 중심인물은 이율이란 자였다.

이율은 진사 신분으로 성균관 유생들과 함께 정조의 외할아버지 홍봉한과 홍인한 그리고 정후겸을 싸잡아 비난하며, 비록 혜경궁 홍씨가 격노할지라도 홍봉한의 죄를 용서해서는 안 된다며 상소를 올렸다가 오히려 자신이 탄핵되고 말았다. 정조에게 불만을 품게 된 이율은 전 현감 김이용을 만나 정순왕후의 오빠 김구주는 죄인이 아니라고 말하는 등 정조의 정국 운영을 비판하고 나섰다. 그러면서 사형

에 처해진 김하재 사건에 이르러서는

"역적에는 공사(公私)의 구별이 있는 법이다. 나라에 도(道)가 없다면 말과 행동을 조심하게 되고, 나라에 도가 있으면 말과 행동을 바르게 하는 것이다. 말과 행동을 바르게 하는 것은 나라에서 볼 때는 역적으로 되지만 그 집안으로 볼 때는 역적이 아니다"

라며 국왕 정조에 대한 적개심을 드러냈다. 또한 그의 집을 방문한 김이용에게 세상을 개탄하면서 자신이 과거에 응하지 않는 것은 지금 조정에 간사한 무리가 가득하기 때문이라고도 했다. 이율은 명문가의 자손으로 세상에 불만을 품고 있다가 양형, 홍복영 등과 친해졌다. 양형이란 자는 중인 신분으로 의술을 업으로 삼고 있으면서 풍수에도 능했고 홍복영, 이율 등과는 의약상담을 하면서 친해졌다.

또한 천민 신분인 문양해는 양형의 외사촌인 문광겸의 아들로 거사 세력들은 자연스럽게 양형과 연결되며 친밀해졌다. 홍복영은 양형과 가까워지면서 자신의 부친이 퇴출된 뒤 신변과 관련된 장래 문제까지 의논하는 관계로 발전했다. 이들은 긴밀하게 서찰을 주고받으며 협의한 결과 지방으로 내려가 집을 짓기로 했다. 이사 갈 지방으로는 지리산 기슭의 하동으로 정했는데, 이곳이 양형의 외가인 문양해 집안이 거처하는 곳이었기 때문이다. 문양해는 공주에 거처하다 1783년(정조7년) 하동으로 이사했으나, 한 곳에 머무르지 않고 전국 각지를 전전하며 풍수와 선술(仙術)에 심취했다. 문양해는 정감록 계통의 사상에 입각하여 체제 변혁을 추구하던 지리산 산인(山人)세력과 교류하면서 이들의 대리인 역할을 수행했다. 이들은 동조 세력을 규합하고 세를 확장시켜 반정(反正)을 명분으로 거사를 위한 구체적 준비에 착수했다. 따라서 한양의 이율과 양형, 경상도 하동의 홍복영과 문양해, 문양해의 아버지 문광겸, 평안도의 주형채 등의 핵심 세력은 거사를 위한 조직체계를 정비하고 거사 날짜를 정했다.

이들은 "조선의 산천과 천문지리가 모두 삼분의 조짐이 있다. 임자년(1792년)에 도적이 창궐하고 그 후 나라가 삼분되었다가 다시 하나로 합쳐진다. 셋으로 갈라진다는 성씨가 정가, 유가, 김가이지만 필경에는 정가가 나서서 하나로 만든다"는 이른바 동국삼분지설(東國三分之說)에 기초하여 동조세력을 규합해 나갔다. 이들 주동 세력은 충청, 전라, 경상 삼도에서 독자적으로 또는 서로 연계하여 거병하기로 한 이른바 삼도거병지설(三道擧兵之說)을 외치며 병력 수도 4만 명에 달한다고 허세를 떨었다. 그리고 거병 시 도원수 통천 유가, 충청도 대장에 한수채, 전라도 대장에 이인영, 경상도 대장에 고경현을 삼았다. 이들은 삼도에서 거병할 뿐만 아니라 서울에서도 이율과 친분 있는 조영소 등이 내응하기로 했고, 산인 세력인 주형채를 중심으로 북도에까지 연결되어 있었다. 이처럼 거사 조직을 체계화하고 충청도는 1785년(정조9년) 3월 15일, 전라도는 4월 28일, 경상도는 5월 그믐날 거병하기로 하여 거사 준비를 마무리하였다.

그런데 핵심 주동자 이율의 집을 드나들던 전 현감 김이용이 거사 계획을 눈치 채고 전 제학 김종수에게 고변을 했다. 그때 전 제학 김종수는 벌을 받고 도성 밖으로 나가 있었다. 그리하여 김종수는 훈련대장 구선복을 통해 정조에게 고변을 하기에 이른다. 이에 정조는 상황을 심각하게 깨닫고 김종수를 제학으로 복귀시켜 홍복영 역모사건에 대처하고 나섰다. 역모는 결국 실패로 돌아갔지만 정조는 홍국영의 사촌동생 홍복영이 핵심주도 세력으로 개입한 것을 무척 심각하게 받아들였다.

정조는 이 사건의 진실을 철저히 밝히기 위해 한 달 동안 침식을 거르며 친국을 하였다. 정조는 '호옥지사(湖獄之事)'와 이경래, 문인방 사건은 실체가 있는데도 주모자 한두 사람을 제외하고 모두 용서해준 데 비해, 이번 사건에서는 한 달여 동안 친국하며 사건을 확대했다. '호옥지사'란 홍국영 측근이었던 연덕윤 등이 송덕상 이조판서를 중심으로 사발통문을 돌리다가 감옥에 간 사건을 말한다. 홍복영 등 주도세력이 정조 즉위 이후 계속된 역모사건의 주동자들과 밀접한 연관이 있다고 보았기 때문이다.

이에 정조는 홍복영의 역모에 대해 "연이어 역모가 일어나고 있는데, 불평분자와 서얼 출신의 사람들이 주로 가담하여 거사를 일으켜 난리를 피우고 있는 바, 혹자는 비수를 품고 흉계를 꾸미기도 하고, 혹자는 흉측한 물건을 파묻고 임금을 죽이려고 하며, 혹자는 군사를 일으켜 거사하려고 하였다. 홍상범, 홍상길, 문인방, 이경래 등의 사례를 살펴보건대, 그들의 기맥이 서로 통하고 걸어온 길도 서로 연관된다는 것을 알 수가 있다"라는 심정을 토로하였다.

정조는 홍복영 역모사건에 대해 이전처럼 관대하게 처벌하지 않고 단호하게 처벌하였다. 대부분의 주동자들이 국청 중에 죽거나 극형에 처해졌다. 정조는 홍국영 잔존 세력들이 정감록을 들먹여 백성들을 선동하고 정권을 전복하려는 역모 행위에 대해서는 강력하게 단죄하고 나섰다. 홍복영 역모사건은 한 달 반의 조사와 처벌로 1785년(정조9년) 4월 14일 마무리 되었다. 이 역모사건은 과거의 문인방 사건과 비슷한 세 가지 공통점이 있었다.

첫째는 정감록에 나오는 예언과 관련된 역모였다. 둘째는 홍국영과 홍복영이 연결되어 있었다. 셋째는 이율의 발언을 참조한다면 김구주의 잔존세력과도 연결되었다고 볼 수 있다. 정조는 즉위 이후 계속 정감록을 이용한 세력들이 일관되게 홍국영의 잔존세력들과 정순왕후의 척족들과 손을 잡고 역모를 일으키고 있다고 판단하여 더욱 경계와 감시를 강화하기로 하였다. 그리하여 국왕 경호 부대인 숙위소와는 다른 강력한 호위 기구를 설치하기로 했다. 그 기구는 자신의 왕권 유지에 필요하며 장기적인 측면에서 군제 개혁의 한 축이어야 했다. 그리하여 정조는 새로군 기구 설치의 필요성을 인식하고, 어떠한 역모에도 자신과 왕권을 굳건하게 지켜줄 수 있는 군사기구를 만들기로 했다. 그래서 정조는 새롭고도 강력한 호위 기구인 '장용위'를 탄생시켰다.

상계군 이담 역모사건

정조에게는 원래 3명의 이복동생이 있었다. 사도세자와 숙빈 임씨 사이에서 난 은언군과 은신군이 있었고, 사도세자와 경빈 박씨 사이에서 난 은전군이 있었다. 그 중에서 은신군은 이미 영조 말 정순왕후의 오빠 김구주의 무고로 제주도에 유배되었다가 영조 45년(1769년)에 세상을 떠났다. 또한 은전군은 정조 즉위 초 역모에 연루되어 사사되었다.

정조에게는 이제 하나뿐인 이복동생으로 은언군 밖에 없는데 정순왕후는 단식으로 정조를 압박하며 신하들과 함께 은언군을 죽이려 하고 있었다. 역모의 누명을 쓰고 죽은 상계군(완풍군) 이담의 아버지 은언군을 역모의 배후로 보고 그 후환을 없애야 한다고 정조의 대비인 정순왕후는 필사적으로 노력하고 있었다. 정조에게는 정순왕후와 그녀에 동조하는 세력들이 위협적인 내부의 정적이기도 했다.

1786년(정조10년) 5월 정조의 대를 이을 외아들 문효세자가 죽었다. 이어 9월 14일에 문효세자의 친어머니이자 출산을 앞두고 있던 의민 성씨도 갑자기 사망했다. 의빈 성씨는 미천한 궁녀 출신이었지만 정조가 유일하게 사랑하고 정신적으로 의지했던 사람이었다. 집안이 가난하여 일찍 궁에 들어온 의빈 성씨는 백성들의 실정을 잘 이해했기 때문에 정조에게 백성들의 삶을 위한 정책을 조언해 준 유일한 그리고 현명한 인물이었다. 정조는 신하들에게 "사랑하는 여인이 없다"라며 여인의 사랑에는 무관심했는데, 유독 의빈 성씨에게만 마음을 바쳐 은근히 사랑했던 것이다. 정조는 당시로선 매우 늦은 나이인 31세에 첫 번째 왕자를 낳고, 신하들에게 "이제 아버지란 소리를 듣게 됐으니 진정 다행이다"라며 아버지가 된 기쁨을 감추지 못했다. 그러한 기쁨의 순간도 얼마 지나지 않아 겨우 5세가 된 문효세자가 끝내 홍역으로 죽고 만 것이다. 또한 같은 해 의빈 성씨도 임신한 채 알 수 없는 질병으로 죽고 말았다. 의빈 성씨가 죽자 정조는 "병이 이상하더니 결국 이 지경에 이르고 말았다. 이제부터 국사를 의탁할 데가 더욱 없게 되었다"라며 몹시 비통해했다. 의빈 성씨야말로 정조가 진실로 사랑했고 정신적 교유를 함께 나눈 유일한 여인이었던 것이다.

이런 슬픔을 채 가누기도 전인 11월 20일 정조의 이복동생 은언군의 아들 상계군 이담이 죽었다. 이에 정조가 받은 충격은 말할 수 없을 정도였다. 정조는 비통한 심정으로 "조카인 이담이 세상을 떠났다. 이담은 유일한 이복동생 은언군의 큰아들인데, 홍국영이 일찍부터 나의 생질이라고 불렀다. 원빈 홍씨의 장례 때에 대전관(제례 때 임금이나 왕세자를 대신하여 잿술을 드리는 관리)이 되어 완풍군으로 불렸는데, 홍국영이 잘못해서 귀양을 가게 되자 상계군으로 호칭을 고쳤었다. 이때에 이르러 조카 이담이 갑자기 세상을 떴는데 그가 독살 당했다는 소문이 돌았다.

이에 정조는 몹시 슬퍼하며 예를 갖춰 조카 이담의 장례를 치러주었다. 그러나 상계군 이담이 죽은 지 20일이 지난 12월 1일 정순왕후는 왕대비의 자격으로 상계군의 아버지이며 정조의 이복동생인 은언군을 즉시 처벌하라고 정조에게 경고하고 나섰다. 왕대비 정순왕후는 대신들에게 언문으로 된 전교를 내려 조정이 발칵 뒤집어졌다. 정조와 모든 대신들에게 상계군 이담의 배후인 은언군을 즉시 벌하지 않는다면 단식을 하겠다는 것이었다. 정순왕후의 거친 요구사항은 다음과 같았다.

"아녀자가 조정의 정사에 간섭하는 것은 좋은 일은 아니다. 그러나 나라가 망하려는 때를 당하여 성상(정조)이 위태롭고 나라가 위험한 것을 눈으로 직접 보고도 별 것 아닌 작은 혐의를 지킨 채 끝내 한 마디 말도 하지 않는다면 종사의 죄인이 될 뿐만이 아니라, 하늘에 계신 선대왕(영조)의 영령이 어떻게 생각하시겠는가? 내가 1776년(정조즉위년) 이후로 고질을 앓다가 근래에 와서 더욱 심해져 곧 죽을 염려가 있었으나, 진실로 성상(정조)의 독실한 효성에 감격하여 종사를 위해 모진 목숨을 보존해왔다. 그런데 지금 한번이라도 평소 가슴에 쌓인 것을 말하지 못하고 하루아침에 죽어버린다면 눈을 감지 못한 한도 크겠지만 진실로 열성조와 선대왕(영조)에게 돌아가 뵐 면목이 없다. 그리하여 부득이 이러한 전교를 내리게 되니, 이 일은 오로지 종사를 위하고 성상(정조)을 보호하여 대의를 밝히려는 데에서 나온 것이니, 깊이 살펴보도록 하라! 병신년(1776년,

정조즉위년)과 정유년(1777년, 정조1년) 이후로 괴변이 거듭 발생하였는데, 기해년(1779년, 정조3년)에 이르러 홍국영와 같은 흉악한 역적이 또 나와 감히 불측한 마음을 품었다. 그리하여 주상(정조)의 나이 30이 채 차지도 않았는데 감히 왕자를 못 두게 하고 상계군 이담을 완풍군으로 삼아 동궁으로 둔갑시키려는 흉악한 음모를 꾸몄다. 주상(정조)이 홍국영의 죄악을 통촉하고 그 즉시 쫓아내자, 흉악한 모의가 더욱 급해져서 밤마다 그의 집에 상계군을 맞이하여 놓고 널리 돈을 뿌려 무식한 무리들과 내통하여서 잠깐 사이에 변이 일어나게 되었다. 그리하여 내가 할 수 없이 언문의 전교를 반포하여 왕자를 두는 도리를 조정에 밝혔는데, 이후로 홍국영이 흉악한 꾀를 부리지 못하게 되었던 것이다. 하늘에는 두 개의 해가 없는 법이고 나라에는 두 임금이 없는 법이다! 따라서 진실이 조금이라도 있는 사람이라면 왜 이를 모르겠는가?

마침 하늘이 돈독히 도우시고 선왕의 영령들께서 위에서 도우셔서 임인년(1782년, 정조6년)에 원자가 탄생하였는데, 이는 실로 종사의 무궁한 경사로써 태산과 반석과 같은 나라의 형세를 믿을 수 있게 되었다. 그런데 천만뜻밖에도 1786년(정조 10년) 5월 세자가 죽는 변고를 만나 성상(정조)이 다시 더욱 위태로워졌으나 그래도 (의빈 성씨가 임신을 해) 조금은 기대할 수 있는 소지가 있었는데, 이어 또 9월에 변고(의빈 성씨가 죽은 일)를 당하였다. 궁빈(의빈 성씨) 하나가 죽었다고 해서 반드시 이처럼 놀라고 마음 아파할 것을 없지만, 나라에 매우 중요하게 관계되는 일이기 때문이다. 궁빈(의빈 성씨)에게 온갖 병증세가 나타났으므로 처음부터 의심하였었는데 필경에 이 지경에 이르고 말았다. 이를 생각하면, 가슴이 막히고 담이 떨려 일시라도 세상에 살 마음이 없다. 내가 이와 같은 병으로 연명하여 부지할 수 있었던 것은 오직 미음을 마셨기 때문인데, 이러한 기막힌 변고로 인하여 이제는 미음도 들지 않고 죄다 남겨놓았다. 비록 미음은 들겠다고 말하기는 하였지만 실로 지금의 병세는 부지하지 어렵구나. 이 언문의 전교는 대신만 보아서는 아니 된다. 누구를 막론하고 임금의 원수와 나라의 역적을 토벌하는 자가 있으면 나의 병이 곧 나을 수 있을 것이니, 이 뜻을 승정원에 전하라!"

이처럼 단식하겠다는 뜻을 피력했으며, 이는 은언군을 잡아들여 처벌하라는 단호한 경고였다. 사태가 엄중하자 영의정 김치인, 중추부 판사 서명선, 좌의정 이복원, 우의정 김익 등이 왕대비에게 글을 올려 문제가 된 인물들을 처벌할 테니 단식을 중단할 것을 청했다. 왕대비의 명이 있은 다음날 영의정 김치인은 이미 죽은 홍국영, 송덕상, 상계군 이담을 다시 처벌하고 은언군도 마땅히 처벌해야 한다고 정조에게 고했다. 같은 날 대사헌 윤승렬과 대사간 박천행도 글을 올려 은언군과 그 아들들을 처벌해야 한다고 글을 올렸다.

"역적(홍국영)과 서로 내통하면서 집에서 지시한 자는 그의 아버지 은언군이었는데, 그의 아버지와 아우들이 태연히 살아있으니, 역모의 근본이 여전히 그 전처럼 존재하고 있는 것입니다. 생각이 여기까지 미치니 차라리 죽고 싶습니다. 죄를 하나하나 세어가며 형벌을 시행할 수 없지만 결단코 소급해 법을 시행하지 않을 수 없습니다. 소신들은 역적 상계군 이담의 관직을 삭탈하고 그의 아버지 은언군과 아우들은 추국청을 설치하여 철저히 내막을 조사하고 단호히 법을 집행해야 합니다"라며 주청했다.

이어 삼사, 승지 등이 다섯 번이나 뵙기를 청했지만 정조는 모두 물리쳤다. 집권 초기 신하들에게 일방적으로 밀려 은전군을 죽게 한 정조로서 다시 은언군을 죽게 할 수는 없었던 것이다. 그런데도 영의정과 왕대비 정순왕후 등의 요구가 계속되자 정조는 인간적으로 신하들에게 호소하고 나섰다.

"대신들도 외로운 나로 하여금 하나뿐인 이복동생을 보존하게 해야 할 것이다. 이는 천리나 인정으로 비추어 볼 때 당연한 일이 아니겠는가?"

정조의 이러한 인정과 도리에 대해 냉혹하고 정략적인 왕대비는 단호하게 주문하고 나섰다. 정치적으로 노련한 왕대비는 조사의 방향까지 일일이 정하고 나섰다.

"조정에서 하는 일이 왜 이처럼 한심스럽단 말인가? 겉으로만 크게 떠벌리고 내용을 조사하는 방법은 지나쳐버렸으니, 오늘날 신하들의 죄는 나라에 관계될 뿐만 아니라, 결단코 그들을 아끼는 마음이 있어서 그런 것이다. 그러니 그들이 연관된 것인지 샅샅이 뒤져야 할 것이다! 그리해야 탕약과 식사를 들 것이다!"

이에 대해 정조는 대신들을 불러 일정한 타협안을 논의하며 배수진을 쳤다. 정조도 왕대비의 단식에 맞서서 단식을 하고 나섰다. 정조는 대신들을 다시 설득하고 나섰다.

"내가 이복동생 은언군을 보존할 수 있도록 대신들이 해준다면, 나도 정성껏 왕대비에게 청하여 결말을 짓도록 해보겠다. 그런데 대신들이 나의 말을 끝내 듣지 않으므로 나 역시 왕대비에게 청하지 않는 것이다. 나도 음식을 먹지 않은 지 며칠 째이다. 어찌 내 말을 듣고서 전처럼 똑같이 말하느냐?"

정조는 계속하여 은언군의 처벌에 동조하는 대신들을 은근히 설득하고 있었다. '그대들은 왕대비의 신하들인가 아니면 나의 신하들인가!'라고 마음속으로 말하고 있었다.

또한 정조는 대신들에게 "왕대비는 역모에 가담하고도 살아있는 자가 은언군이라고 말하지 않았다!"라고 하자, 영의정 김치인은 "죽은 사람 외에 역모에 가담한 자가 은언군 말고 누가 있겠습니까?"라고 따지듯 반문했다.

이에 정조는 비통한 심정이 되어 "결단코 그렇지 않다! 결단코 그렇지 않다! 대신들이 만약 이 앞에서 내 말을 듣고서 나를 따르지 않을 경우 나라가 망하더라도 나는 차마 그렇게 할 수 없다!"라고 소리쳤다. 그래도 대신들은 물러서지 않았다. 왕대비의 말에 대의(大義)가 있다며 정조에게 사적인 정을 끊으라고 압박했다.

이에 대해 정조는 다시 "내가 비록 민첩하게 일을 못하나 400년 왕업을 물려받아 밤낮으로 걱정하고 두려워하였는데, 차라리 말하고 싶지 않다. 나의 처지는 다른 사람과 다르게 외로운데, 지금 만약 하나밖에 없는 이복동생을 보존하지 못한다면 나는 어떡하란 말이냐?"라고 눈물로 호소하며 더 이상 말을 잇지 못했다.

이런 가운데 12월 5일 상계군 이담의 외할아버지 송낙휴가 상복을 입은 채 대궐로 달려왔다. 그는 상계군 이담이 평소에 병이 없었는데 갑자기 죽었으니 의심스럽다고 하면서 독살의 의혹을 제기했다. 상계군 이담은 홍국영의 측근이었던 전 영의정 김상철과 그의 아들 김우진과 밀접하게 연결되어 있었고, 또한 상계군 이담은 구이겸과 긴밀하게 연결되어 있었다. 게다가 상계군 이담의 어머니 송씨는 구이겸의 6촌 형제 구명겸의 조카였다. 구명겸을 문초하는 과정에서 그가 이율과 인척이었으며 이웃해서 살면서 서로 내통하고 있었다는 사실이 드러났다. 구명겸은 이율을 통하여 지리산의 이인(異人-술사)과도 내통하고 있었던 것이다. 이인(술사)이란 삼도(三道)에서 군사를 일으켜 거사하기로 한 역적의 괴수 문양해였다.

문양해는 정감록을 바탕으로 비밀결사를 조직한 인물로서 '지리산 이인'이라고 불려지고 있었다. 결국 역적의 우두머리를 찾아내지 못했고 상계군 이담과 연루된 구선복, 구명겸 그리고 김우진 등만 처벌되고 말았다. 그리고 11월 20일 상계군 이담은 갑자기 죽었는데 독살설의 의혹을 남겨놓았다. 아마도 상계군 이담과 그의 아버지 은언군을 역모의 진원지로 지목한 왕대비와 그녀의 일파가 상계군 이담의 독살을 사주했으리라는 추측이 신빙성이 있을 것 같다. 정조는 일단 이것으로 추국청을 해체했으나, 12월 11일부터 다시 대신들은 은언군 이인과 상계군 이담에 대한 처벌을 강행해야 한다고 요구했다. 그러나 정조는 이를 무시했다. 정조는 단식으로 맞섰다. 대신들은 왕대비를 동원해 정조의 마음을 바꿔보려 했지만 정조는 꿈쩍하지 않았다. 정조는 은언군을 살려내기 위해 애썼고 또한 대신들과 왕대비를 적극적으로 설득하였다. 그리하여 12월 24일 영의정 김치인은 은언군 이인에 대한 처벌을 완화해줄 것을 청하는 상소를 올렸다. 그것은 왕대비가 한 걸음 물러서겠다는 양보의 신호였다. 12월 24일 정조는 상계군 이담의 역모사건을 종결하겠다고 발표했다. 상계군 이담과 은언군이 관련된 역모사건을 마무리 짓기로 했다는 뜻이다.

치열한 당쟁에 휘말려 왕족들은 씨가 말라가고 있었다. 불행하게도 왕족들은 목숨을 부지하기 위해 산이나 섬으로 들어가 숨죽이고 살아가야 했다. 결국 정조는 왕대비 정순왕후와 대신들과 타협하여 은언군을 강화도에 유배시키기로 했다. 훗날 강화도에서 '강화도령'이라 불리는 시골 임금 철종이 나타나는데, 철종이 바로 은언군 이인의 손자였다. 겨우 살아남은 왕손이었다. 정조는 역모라는 절체절명의 위기에서 극적으로 하나밖에 없는 그의 이복동생을 구해냈던 것이다.

작은 일 같지만 인간에 대한 믿음과 의리, 인정을 보여 준 지도자의 모습이기도 했다. 이렇듯 정조 집권 전반기에 많은 역모사건으로 끊임없이 도전을 받았으나, 정조는 인내심과 설득력을 발휘하여 최대한 관용을 베풀며 한 명이라도 살리려고 노력하였다. 이러한 역모사건들을 극복해 가는 모습을 보면 정조는 관용과 인내심을 겸비한 지도자라 할 만하다.

불세출의 인물 채제공

정조는 당대에 비주류에 속해 있는 남인 채제공을 발탁했다. 정조가 국정에 자신감을 보이기 시작한 1788년(정조12년) 2월 11일 채제공을 전격적으로 우의정에 임명했다. 이러한 임명에 경악한 대신들은 정조의 명을 받을 수 없다고 반기를 들 정도였고, 특히 노론 벽파의 인물들은 죽기를 각오하고 그의 인사를 반대하고 나섰다. 그럼에도 불구하고 정조는 과감히 채제공을 우의정으로 임명했으며, 신하들에게 그는 "뛰어난 재능의 소유자로서 불세출의 인물이고, 훌륭한 인격과 강인함을 겸비하여 어려운 일을 당해도 당당하고 의연한 인물"이라고 극찬했다. 채제공은 영조가 사도세자를 폐위시키려고 했을 때 도승지로서 죽음을 무릅쓰고 당당하게 반대한 인물이었다. 정조는 세손으로 있을 때 이러한 채제공의 사심 없고 충성스런 모습을 기억하고 있었던 것이다. 이후 채제공은 대사간, 대사헌, 경기도 관찰사를 지냈고 1762년 모친상을 당해 관직에서 물러나 있을 때 사도세자의 죽음이 있었다. 이때 그가 관직에 있었다면 사도세자의 죽음을 막아냈든가, 아니면 그 자신이 죽든가 했을 가능성이 컸다. 그만큼 소신 있고 강직한 인물이었던 것이다.

채제공은 서명선, 김종수와 함께 정조 시대를 이끌어 간 삼정승에 속하면서도 탁월한 인물이었다. 재위 24년 동안 정조는 채제공과 의기투합하여 정국을 이끌었다. 채제공의 호는 번암, 본관은 평강으로 충남 청양에서 태어났다. 그의 가문은 남인 계열로서 인조 때의 충신으로 대제학을 지낸 채유후가 있고, 수찬을 지낸 채명윤과 대사간 채평윤이 유명하다. 할아버지 채성윤은 한성 부윤, 아버지 채응일은 진사시에 1등을 한 뒤 단성과 비안 고을 수령을 지냈다. 때문에 채제공은 늘 채씨가 저명한 성씨라고 자랑하면서 자손들에게 가문의 전통을 이어나가려면 효도와 겸손한 태도를 견지해야 한다고 가르쳤다.

채제공이 남인으로 분류되는 데는 영조 때 남인 계열의 지도자인 오광운(嗚光運)과 강박에게서 학문을 배운 것이 결정적 계기였다. 채제공은 조선 성리학의 정통이 이황에서 출발해 정구와 허목을 거쳐 이익으로 이어진다는 견해를 갖고 있었다. 이이(노론)나 성혼(소론)을 출발점으로 보는 서인과는 애당초 세계관 자체가 달랐다. 특히 오광운은 그에게 강력한 영향을 준 스승이었다. 오광운은 동복 오씨로 집안 대대로 남인의 전통이 강했다. 숙종 때 문과에 급제해 연잉군(훗날의 영조)의 서연관이 되어 영조와 인연을 맺었고 1728년(영조4년) 3월 '이인좌의 난'이 일어날 것을 예견하고 대비토록 해 영조의 큰 총애를 받았다. 이후 뛰어난 학식과 분명한 처신으로 숙종 때 남인의 거두 허목의 학맥을 잇는 남인 세력의 지도자로 떠올랐고, 1729년(영조5년) 상소를 올려 당파를 초월하여 명망 있는 인재들을 등용할 것을 주장했다. 이후 홍문관제학, 대사헌, 대사간을 지낸 오광운은 1740년(정조 16년) 소론인 원경하, 정우량과 함께 다시 대(大)탕평론을 제시했다. 그리고 실학자 유형원 등과 가까웠으며 채제공을 길러내 남인의 맥이 정계에서 다시 이어지는 데 크게 기여했다. 이러한 스승 오광운의 영향을 받아 채제공은 정치적으로 서인, 남인, 노론, 소론이라는 당파에 연연하지 않고, 조정에서는 이조, 예조, 호조, 병조와 같은 구획을 뛰어넘어 탕평을 완성하고야 말겠다는 결심을 하게 되었던 것이다.

채제공은 영조 때 남인이라는 불리한 처지에도 불구하고 작문에 뛰어나 영조의 총애를 받았다. 1758년(영조34년) 마침내 도승지에 오르게 된다. 이때 도승지로 있던 채제공은 목숨을 걸고 영조에 대항하여 사도세자의 폐위를 반대하고 나섰던 것이다. 이후 채제공은 대사간, 대사헌, 경기도 관찰사를 지냈고, 1762년 모친상을 당해 잠시 관직에서 물러나 있을 때 사도세자가 참혹하게 죽고 말았던 것이다. 그런 채제공의 기개와 강직한 성품을 정조는 눈여겨보면서 세손시절을 보냈다. 정조는 집권하자마자 대신들의 집단적 반발에도 불구하고 채제공을 등용하여 창경궁 수궁대장, 형조판서, 홍문관제학, 의금부 판사, 공조판서, 병조판서 및 우의정 등의 자리를 맡겼다. 이후 채제공은 정조 때 5년 동안 독상(獨相)으로 활약했다. 영의정, 좌의정, 우의정이 삼상(三相)이 정사를 돌봄이 원칙이나 오직 한 정승만이 그 자리에 있었다는 뜻이다. 그것은 정조 통치 후반기에 친위체제를 강화하기 위한 방편이기도 했지만, 그만큼 조정에 중임을 맡길 만한 중량감 있는 인물이 드물었기 때문이다.

이렇듯 독상으로 활약한 인물은 세종 때 황희, 선조 때 노수신, 현종 때 김수흥 등이 있을 뿐이다. 게다가 조선왕조에서 영남 출신의 남인으로 정승을 맡은 사람은 노수신과 정탁, 유성룡, 유후조 등 손에 꼽을 정도였다. 채제공의 역량이 어떠했는지를 객관적으로 평가할 수 있는 대목이다. 노론이 조정을 장악했던 당시 남인이라는 미약한 세력을 기반으로 그토록 오랫동안 중책을 맡았다는 것은 정조의 전폭적인 지지와 신뢰도 있었지만 정적들과의 소통도 원만했다고 볼 수 있었다. 또한 그의 인품이 얼마나 훌륭했는지를 대변해주고 있다. 실제로 채제공은 노론과 소론, 남인 정파를 넘나들며 합리적인 조정과 화해를 통해 운신의 폭을 넓혔다. 그러면서 당시 개혁의 선봉에 섰던 실학자들의 후원자 겸 방패막이가 되어주었다. 하지만 채제공 자신은 당시 유학자들의 일반적인 경향인 대명의리론(對明義理論)에 속박되어 있어 청나라에 대한 반감을 노골적으로 드러내기도 하였다. 그가 1778년(정조2년) 59세 때 청나라에 사신으로 다녀오면서 236편의 시를 썼는데, 그의 시 곳곳에서 청나라에 대한 지독한 반감을 드러내 보였다.

우리 실학자들은 청나라의 선진화된 문물에 감탄하며 그것을 배우고 우리의 생활에 응용하려고 혈안이 되어있는데, 그는 고루한 대명의리론에 머물러 있어 그의 세계관이 아직 전근대적인데 머물러 있음을 보여주고 있다. 그럼에도 불구하고 그는 당시 선진문물을 견학하고 싶어 몸살을 앓던 박제가를 종사관으로 데려감으로써 실학의 발전에 커다란 기여를 하게 되었다. 게다가 그를 보좌한 서장관 심염조는 휘하에 청장관 이덕무를 대동하기까지 하면서 실학의 융성에 나름 도움을 주게 되었다. 정조는 재야의 소론과 남인 선비들을 다수 조정에 발탁했는데 그 중심에는 언제나 채제공이 있었다. 무엇보다도 탕평책의 핵심은 공평무사한 인재등용에 있었다. 정조는 확고한 결의를 가지고 탕평 정국을 안정적으로 이끌어 가면서 채제공을 정승의 반열에 올려놓았다. 정치의 중심이 된 그는 정조와 함께 개혁의 결의를 다지며 수시로 토론하고 연구하면서 사대부들의 횡포로 낙후된 조선의 현실을 뒤집어 요순의 태평성대를 만들고자 했다. 이에 채제공은 조선이 전통적으로 농업을 장려했지만 이제는 변화하는 시대 조류에 따라 상업을 활성화시켜야 한다는 실학자들의 견해를 받아들였다. 재화가 잘 유통되어야 국가재정과 서민경제가 발전하기 때문이다.

그리하여 채제공은 1791년(정조15년) '신해통공(辛亥通共)'을 실시하는 데 주도적인 역할을 했다. 그 결과 양반 지주들의 생산물을 취급하며 성장해온 특권상인들의 폐쇄적이고 독점적인 유통구조가 무너졌다. 그는 또 1792년(정조16년) 만인소를 통해 사도세자의 신원 회복을 요구하는 1만여 명의 영남 선비들의 거듭된 주장에 적극 동조했다. 이듬해인 1793년(정조17년)에 영의정에 오른 채제공은 사도세자 문제를 공식적으로 거론하고, 그의 죽음에 대한 잘잘못을 가려 사도세자를 재평가하여 새로운 정치 원칙을 정립하자는 '임오의리론(壬吾義理論)'을 주장함으로써 정국을 소용돌이로 몰아넣었다.

채제공은 "사도세자가 죄인이라면 전하 역시 죄인이 됩니다. 비록 선왕이 그렇게 했을지라도 잘못된 처분은 올바르게 돌려놓아야 합니다!"라며 주장하고 나섰다. 이에 노론 벽파는 정조가 죄인의 자식이라는 개념에서 한 발짝도 물러나지 않은 상황이었고, 정조 역시 재위 중에는 사도세자의 일을 거론하지 말라는 영조의 유훈을 저버릴 수 없는 처지였다. 채제공은 바로 이런 한계를 뛰어넘을 것을 주문한 것이다. 그러자 이 싸움에서 밀리면 조정에서 영원히 제거될 수 있다는 위기감에 빠진 노론 벽파는 '신임의리론(辛壬義理論)'을 내세우며 거세게 반발하였다. 그들은 "우리는 목숨을 걸고 영조대왕을 지켜냈습니다. 그분이 아니었다면 전하가 어떻게 권좌에 있을 수 있습니까? 사도세자는 불효했기 때문에 죽은 것이지 정파의 이해관계 때문에 그렇게 된 것이 아닙니다. 선왕의 유훈을 지키지 않으시렵니까? 이후 사도세자의 죽음을 영원히 거론하지 말라는 선왕에게 불효하시렵니까?"라며 정조의 아픈 부분을 공격하고 나섰다. 게다가 노론 벽파의 우두머리 격인 좌의정 김종수는 "한 하늘 아래에서 채제공과 자리를 함께 할 수 없습니다!"라며 거세게 반발했다. 이렇게 노론 벽파가 필사적으로 반발하자 정조는 한 발 양보하면서 영의정 채제공과 좌의정 김종수 둘 다 자리에서 물러나게 했다.

조선이란 명분으로 정치를 하는 나라라 왕이 불효한다는 등의 명분만 있다면 언제라도 반정이 일어날 수도 있었다. 그렇게 되면 사도세자의 한은 풀 수 있을지언정 평생의 목표인 개혁은 돌이킬 수 없는 파탄지경이 될 수도 있었다. 그로 인해 파생되는 정치적 혼란은 고스란히 백성들의 몫이 될 것이므로 정조는 일단 뒤로 물러났다. 정치 지도자로서 감정에 얽매이지 않고 사려 깊은 관용과 무서운 인내심을 보여준 대목이라 할 수 있다.

사도세자를 둘러싸고 벌이는 이들의 전쟁이 다소 진정되자 정조는 채제공을 변호하고 진실도 밝힐 겸 영조가 남긴 비밀문서인 '금등(金燈)'의 일부 구절을 공개했다. 그것은 영조가 사도세자를 죽이고 나서 몹시 후회하고 애통해 하며 쓴 글이었다. 영조는 사도세자가 죽은 후 '노론의 김상로가 5년 전부터 이 사건을 준비했으며…… 사도세자도 잘못이 없고 자신도 잘못이 없다'는 내용을 글로 남겨 놓은 것이 바로 금등이다. 영조가 직접 쓴 금등의 일부 구절을 승지가 대신들 앞에서 낭독하자 정조를 비롯한 모든 대신들의 통곡이 정전을 가득 메웠다. 충격적인 대반전이었다. 노론으로선 절체절명의 위기였다. 그러나 정조는 사도세자 죽음과 관련된 일을 더 이상 거론하지 않기로 했다.

금등이란 원래 쇠줄로 봉한 궤짝으로 '서경'중 한편의 이름이다. 주나라 무왕이 병들자 주공은 태왕, 문왕 등 조상들에게 "자신이 대신 죽을 테니 무왕의 목숨을 살려 달라"고 빌고는 그 기도문을 금등 안에 넣어 보관했다. 성왕이 즉위 한 뒤 관숙, 채숙 등이 주공이 조카 성곽의 자리를 노린다는 소문을 퍼뜨려 성왕이 주공을 의심했다. 그러나 금등을 꺼내 본 성왕이 비로소 주공에 대한 의심을 풀고 돌아오게 했다는 내용의 고사이다. 그리하여 이 금등은 자신이 목숨을 바쳐 다른 사람을 살리려는 뜻을 나타낼 때 주로 사용하는 말로 바뀌게 됐다. 영조는 사실 '사도세자가 평양 군대를 동원해 자신을 제거할 것'이라고 잘못 생각했는데, 비로소 세자에 대한 의심이 풀어진 것이었다. 예전에 자신이 아팠을 때 사도세자가 "자신이 대신 죽을 테니 부왕을 살려달라!"고 빌었던 사실도 새삼 기억해냈다. 그러하니 일순간 노론 일파의 꾐에 빠져 자기 아들을 죽인 것이 얼마나 비통했겠는가? 훗날 이 금등이 공개됐을 경우 정권을 장악한 노론에게 커다란 타격을 입힐 것이며 무서운 보복이 뒤따를 것을 영조는 걱정하고 있었던 것이다. 그리하여 영조는 정국의 혼란을 미연에 방지하겠다는 궁여지책으로 이를 자신의 첫 번째 왕비 정성왕후 서씨의 위패 아래 보관하게 했다. 이러한 사실을 영조와 채제공 그리고 정조 세 사람만 알고 있었다. 그런데 수원 화성 건설에 매진하며 정조와 채제공이 개혁에 전력투구할 때 사사건건 노론이 집요하게 방해하고 나서자 정조와 채제공은 그들을 향하여 이 금등을 꺼내든 것이었다.

특히 1793년(정조17년) 1월 수원이 화성 유수부로 승격되자 노론의 불안은 가중됐다. 이들은 화성에 장용영 외영이란 막강한 부대가 주둔하고 대규모 국영 농장과 상업 기반이 들어서는 것에 긴장을 늦추지 않았다. 만일 이곳에 성곽이라도 쌓아 올린다면 이 도시는 천하 그 어느 누구도 공격할 수 없는 도시가 될 것임을 깨달은 것이다. 만일 이곳을 기반으로 자신들을 제거하고자 공세를 펼친다면 속수무책으로 당할 수밖에 없는 지경이었다. 그래서 어떤 일이 있더라도 화성 유수부 축성만큼은 막아야 했다. 그러나 정조는 이 상황을 타개하기 위해 채제공을 화성 유수에서 영의정으로 승진시켜 그들을 대척하다가 반격이 거세지자 금등을 꺼내 들어 노론의 공세를 무력화시켰던 것이다. 그리하여 정조와 채제공은 화성 건설 등 개혁 정책을 계속 이끌어 갈 수 있었고 또한 왕권도 강화할 수 있었다.

정조는 노론의 거센 반격으로 영의정 자리에서 물러나 있었던 채제공을 몇 달 후 다시 불러들여 화성축성을 총괄하는 '화성 성역 총리대신'으로 임명했다. 화성 축성에 대한 노론의 반대는 사라졌으니 사도세자의 한을 알고 있는 두 사람이 화성을 건설하고자 한 것이었다. 이에 채제공은 노구를 이끌고 정조의 뜻을 받들어 수원을 근대적인 대도시로 만들기 위해 대상인들의 투자를 권장했고, 저수지를 만들어 농업을 활성화시켰으며, 사통팔달하는 교통의 중심지로 키우려 했다. 또 국가적으로는 인삼재배를 권장하고, 은화와 인삼의 통용을 주장하여 국내 물자유통과 공무역을 활성화시켰다. 이처럼 채제공은 정조의 탕평 정치의 요체인 백성을 위한 정치 즉 위민 정치를 현실에서 완성하기 위해 노력했다. 채제공의 획기적인 개혁 정책은 양반 사대부들의 입장에서 보면 기득권의 상실을 의미했다. 주로 서울과 경기지역의 귀족층으로 이루어진 노론의 실세들은 소론과 남인으로 지칭되는 개혁 세력들이 그야말로 그들의 정적이자 걸림돌이었다. 그들은 작은 흠집이라도 캐내서 채제공을 모함하기 일쑤였다. 그러나 정조는 그를 믿으며 꼿꼿하게 그를 지켜주었다. 정조는 채제공과 그 사이를 이간하는 글이 상자에 가득해도 결코 그를 의심하지 않았다. 채제공은 1798년(정조22년) 정계에서 은퇴하고 이듬해 1월 18일 80세를 일기로 세상을 떠났다.

북학파의 거장 박지원

박지원은 영조 때 과거에 응시했으나 낙방하여, 이후 과거에는 뜻을 두지 않고 오직 학문과 저술에만 몰두하였다. 그러다가 1786년(정조10년) 50세가 되어서야 정조에 의해 관리로 발탁되었다.

박지원은 1737년 한성 서쪽 반송방의 야동에서 태어났다. 그의 집안은 대대로 학자와 고관을 배출한 명문가였다. 5대조인 박미는 문예 서도의 대가로서 선조의 부마이기도 했다. 그리고 할아버지 박필균은 정2품의 지돈녕부사를 지냈다. 하지만 아버지 박사유는 그가 어릴 때 미처 관직에도 임용되지 못하고 요절하였으며, 어머니 역시 일찍 세상을 떴다. 그는 부모를 일찍 여읜 탓으로 할아버지에 의해 양육되었다. 조부 박필균은 노론 측 인사였지만 당쟁을 싫어했던 탓에 당론 시비에 휘말리는 일이 없었고 또한 청렴하여 축재에 관심이 없었으므로 가난하게 살았다. 이런 조부의 가르침을 받으며 그는 건강하고 영민한 청년으로 성장해 1752년 16세 때 이보천의 딸과 혼인했다. 이보천은 벼슬에는 나가지 않았지만 혜안과 인격을 겸비한 선비였다. 그는 박지원의 인물됨을 알아보고 교리로 있던 아우 이양천에게 부탁하여 그에게 학문을 가르치게 하였다. 그는 이양천에게 주로 '사기'를 비롯한 역사 서적을 배웠고, 문장 쓰는 법을 터득하여 많은 논설을 습작하였다. 그리고 처남 이재성과 지식을 공유하며 서로 충실한 조언자 역할을 하였다.

1760년 조부가 죽자 생활은 더욱 곤궁해졌고, 과거에도 낙방하여 집을 팔고 백탑 근처로 이사하였다. 그는 오로지 학문과 저술에만 몰두하여 세월을 보내다가 새로 이사 간 그곳에서 박제가, 이서구, 유득공 등과 학문적 교류를 가지게 되었다. 또한 이 시기에 당대 최고의 학자, 홍대용, 이덕무 등과 자주 토론하였고, 유득공, 이덕무 등과 어울려 서부 지방을 여행하기도 했다.

당시 정국은 홍국영이 세도를 잡고 있었고, 그 때문에 노론 벽파에 속했던 그의 생활은 더욱 어렵게 되어 생명의 위협까지 느끼는 상황까지 오게 되었다. 그는 위험을 피해 황해도 금천의 연암협에 은거하게 되었는데, 이때부터 그의 아호가 연암으로 불려 지게 되었다. 그는 그곳에 있는 동안 농사와 목축에 대한 장려책을 정리하였다. 그리고 1780년 처남 이재성의 집에 머물러 있다가 43세의 나이로 삼종형 박명원이 청나라에 사절로 갈 때 수행하여 압록강을 거쳐 북경, 열하를 여행하고 돌아왔다. 이때 보고 들은 내용을 정리한 것이 「열하일기」이다. 그가 자원하여 청을 다녀온 것은 홍대용의 영향 때문이었다. 홍대용이 그에게 중국 여행담을 들려주면서 그곳의 산업과 과학, 그리고 신학문에 대한 호기심을 자극시켰기 때문이다. 특히 그는 홍대용으로부터 지구의 자전설을 듣고는 충격을 받았다. 그는 새로운 우주의 신묘함과 보다 넓은 신지식 세계에 접하고 서양학문에 대한 관심과 이해의 폭을 넓히기 시작하였던 것이다. 당시 청나라에는 서양문물이 실제로 응용되고 활용되고 있었다. 그리하여 그는 청나라의 과학기술문화를 응용하여 생활을 풍요롭게 하고 나라를 부강시켜야 한다는 '이용후생(利用厚生)'의 생활을 주창하고 나섰다. 짧은 체류기간에 청나라에서 그가 보고 느끼고, 경험한 모든 것은 곧 그의 개혁적인 실학사상의 방향을 결정짓는 중요한 계기가 되었다.

곧 성리학에 바탕을 둔 기존 사회 체계의 한계성을 극복하고 현실 속에서 얻은 지식을 바탕으로 새로운 시대를 구현하려는 사상 체계가 실학(實學)이었다. 이수광, 유형원 등을 선두로 시작된 이 같은 실학은 이익, 안정복, 박세당, 홍대용을 거쳐 박지원, 정약용, 이덕무, 박제가에 이르러 집대성되고 19세기 말의 개화사상가들에 의해 재발견된다. 이들에게서 특징적으로 드러나는 것은 무엇보다도 조선 사회의 성리학적 질서와 다른 새로운 것을 추구했다는 점이다. 이들은 모두 새로운 사회 건설을 통한 새로운 시대를 염원하고 있었다.

그가 쓴 「열하일기」는 1780년 6월 24일 압록강을 건너는 장면에서 시작된다. 요동의 봉천과 산해관을 거쳐 북경으로 가고, 거기서 다시 청 황제의 피서지인 열하에 도착하였다가 북경으로 되돌아오는 8월 20일까지 약 두 달 동안의 여정을 날짜 별로 기록하고 있으며, 특별한 부분은 별도 항목을 마련하여 덧붙여놓았다. 이 책으로 인하여 그의 명성이 선비들의 입에 오르내리기도 하였으나 다른 한편으로는 호된 비판을 받기도 했다. 그의 사상을 집대성해 놓은 것이 「열하일기」인데, 그는 이 작품을 통해 당시 조선 사대부들의 사상의 고루함을 지적하는 가하면 소설 형식을 빌어서 허황된 명분에만 사로잡혀 있는 실력 없는 무리를 비웃고 있다. 그런가 하면 낙후된 조선왕조의 봉건적 의식 하에 있는 사회에 선진의식을 심어주고 사회의 건전한 기풍을 조성시켰다. 즉, 명분이야 어떻든 조선보다 탁월한 문화를 가진 청조의 문물, 특히 이용후생에 도움이 되는 실용적인 생활기술의 습득을 주장한 것이다. 따라서 그는 현실개혁의 의지를 바탕으로 조선왕조 사회를 선진화하여 이상 국가를 건설해야 끝까지 살아남을 수 있다는 과감한 논리를 제시하였다.

이러한 현실 개혁의 논리를 펴는 그를 정조는 그의 나이 50세에 과감히 관리로 등용하였다. 1786년(정조10년) 음서로 선공관 감역에 제수되었고, 1789년에는 평시서 주부, 1791년에는 한성부 판관, 이듬해에는 안의현감, 1797년에는 면천군수, 그리고 1800년 양양부사를 끝으로 관직에서 물러났다. 그리고 1805년 69세를 일기로 세상을 떴다. 그는 안의현감 시절에 북경여행을 토대로 실험적 작업을 시도했으며, 면천군수 재직 시에는 「과농소초」, 「한민명전의」, 「안설」 등을 저술했다. 「열하일기」와 더불어 이 책들 속에는 그의 현실 개혁에 대한 포부가 잘 나타나 있다. 북학 사상으로 불리는 그의 주장은 비록 적대적인 감정이 쌓여 있긴 하지만 청의 문명이 우리의 현실을 풍요롭게 한다면 과감하게 받아들여야 한다는 내용을 골자로 하고 있다. 또한 청이 조선에 대해 가지고 있는 인식의 잘못을 비판하면서 그 개선책을 제시하고 있으며, 역대 중국인들의 우리 민족에 대한 왜곡된 시각을 바로잡는 방법을 서술하기도 했다.

이 같은 그의 현실주의적 개혁사상은 노론 등에 의해 많은 비판을 받기도 했지만, 정조 때의 젊은 선비들에 의해 긍정적으로 수용되어 북학파를 형성하는 중심사상이 되었다. 그의 사상은 「연암문집」

에 수록되어 있는 「허생전」, 「민옹전」, 「광문자전」, 「양반전」, 「김신선전」, 「역학대도전」, 「봉산학자전」 등의 소설 속에 잘 용해되어 당대와 후대 학자들에게 막대한 영향을 끼치게 되었다. 이 소설들은 대개 시대상을 풍자하면서 새로운 시대에 접근하는 방법을 제시하고 있는데, 「양반전」에서는 조선 봉건 사회의 와해와 그 속에서 기득권을 주장하며 군림하는 사대부 계층이 처한 현실과 한계점을 잘 지적하고 있고, 「허생전」에서는 허위적 북벌론을 배격하면서 중상주의적 사상을 통해 이상향을 추구하고 있다. 특히 「허생전」에서 그는 천고의 기인(奇人)과 기사(奇事)를 재연출하여 현실을 직시한 해학과 풍자로 그 시대의 무질서, 부정, 부패, 폭로, 비리를 날카롭게 비판하고, '이상적인 선진 국가로 나아가기 위해서는 남녀 귀천의 구별이 없고 빈부 지역의 차이가 없는 평등 사회가 전제되어야 한다'는 파격적인 주장을 폈다. 그의 손자 박규수가 19세기 후반에 강화도 조약(1876년)에서 평등과 문호개방을 주장하고 실천한 것은 그의 조부 박지원의 영향 때문이었다. 이때의 집권파인 노론 일파는 박지원의 '선진조국건설론'에 내심 긍정하면서도 반대파라는 사실을 들어 공염불이라고 그의 주장을 일축해버리는 어리석음을 범했다. 여기에도 지도층의 현명한 판단은 아쉬운 것이어서 지도력의 한계와 무능을 탓할 수밖에 없었다.

이러한 그의 소설들은 그의 사상을 나타내는 이론의 근거이자 배타적으로 인식한 조선 사회의 현실과, 이상향으로 추구한 새로운 사회에 대한 염원을 표출한 것이었다. 따라서 당대 지배층의 사고방식과 많은 차이를 보일 수밖에 없었고, 그것은 그의 저작들이 오랫동안 불온서적으로 취급된 이유였다. 또한 그는 선각자로서 미래의 국제관계를 꿰뚫어 보며 러시아의 남침을 예견하고 있었다. 참으로 그의 통찰력은 놀랄 만한 것이었다. 그는 많은 저술들을 통해 무능하고 분열만 일삼는 지도층을 비판, 공격하여 주위로부터 눈총도 받았지만, 그는 죽는 순간까지도 국제 정세 판단과 외세의 도전에 대한 대처 의지를 민중에게 심어주었다. 그가 '항상 북극의 흉물 러시아의 남침을 경계하라'고 근엄하게 타이르고 있음은 옷깃을 여미게 하는 내용이었다. 먼 훗날 그의 예측은 놀랍게도 적중하였고, 그 시대를 대변하는 선각자들 즉 지성인들의 외침을 국가 지도자들은 잘 경청해야 한다는 교훈을 그를 통해 충분히 느낄 수 있었다.

그의 문집은 그가 죽은 지 1백 년이 지난 1900년에 간행되었다. 그의 손자 박규수가 우의정을 지낸 인물이었지만 불온하다는 이유로 「연암문집」은 그때까지 간행되지 못하다가, 20세기 벽두에 김만식을 비롯한 23인의 학자들에 의해 겨우 세상에 모습을 드러낼 수 있었다. 18,19세기는 경세치용(經世致用)과 이용후생을 외친 실학자들의 독특한 부국론으로 집약될 수 있는 일대 문예부흥기였다. 그 가운데 북학파의 일인자 연암 박지원의 이용후생 실학사상은 곧 해외교역을 통한 국부 이론으로 요약될 수 있다. 박지원의 생애는 한마디로 표현해서 후생과 잘사는 백성 만들기에 있었다. 그는 "이용후생의 실학사상을 노론의 일당전제화 사회에 적용해야 도시와 농촌의 소득격차를 줄이고, 그 구분을 없앨 수 있다"고 주장하며, 온 국민이 가난과 질병에서 벗어나 편안하게 사느냐 하는 것을 늘 염두에 둔, 시대를 앞서가는 선각자였다.

실학의 최고봉 정약용

정조와 정약용은 1783년(정조7년) 여름 처음으로 만났다. 그때 정조는 32세였고 정약용은 22세였다. 당시 정약용은 진사시에 급제한 뒤 성균관 유생의 신분으로 임금인 정조와 첫 대면을 가졌다. 정조는 적극적인 개혁 정치를 뒷받침할 인재를 손수 발굴하기 위해 규장각에서 초계문신제도를 실시하고 있었다. 정조는 직접 성균관 유생들을 시험하곤 했는데 그 과정에서 정약용의 탁월함을 알아봤다. 정약용은 정조가 원하는 답을 내면서 서로 마음이 통하기 시작했다. 조선 최고의 지도자와 조선 최고의 학자는 이렇게 교유하기 시작했다. 정조는 규장각에 있는 「팔자백선」, 「대전통편」, 「국조보감」, 「병학통」 등의 희귀본들을 정약용에게 상으로 주면서 대과를 통과하도록 격려했다. 대과를 무사히 통과하면 요직으로 등용하기 위해서였다. 그러나 노론이 장악하고 있는 조정에서 남인 출신의 정약용이 승승장구하는 것을 보고만 있을 리가 없었다. 이것은 정약용의 파란만장한 운명을 예고하는 것이었다. 천재적인 정약용이었지만 중요한 대과에서 거듭 네 번이나 낙방했다. 그렇지만 오랜 도전 끝에 1789년(정조13년) 3월에 실시된 대과에서 2등으로 급제했다. 이후 정약용은 초계문신으로 선발되어 규장각에서 치른 시험에서 다섯 차례나 장원을 차지했을 뿐만 아니라 혁신적이고 창의적인 정책을 발표해 정조의 기대에 화답하기 시작했다.

정약용은 1762년 6월 16일 경기도 광주군에서 정재원의 넷째 아들로 태어났다. 그의 아버지 정재원은 진주목사를 지내다가 그가 태어날 무렵 대다수의 남인들과 마찬가지로 당쟁으로 관직에서 물러나 향리에 묻혀 살고 있었다. 그러나 1776년 정조가 즉위하여 남인들이 다시 등용되자, 정재원도 호조좌랑에 임명되어 한성으로 올라가게 되었다. 정약용은 아홉 살이 되던 1770년에 어머니 윤씨를 여의었다. 그리고 1776년 정조가 등극하던 해에 승지 홍화보의 딸과 결혼했다. 한양에 올라온 그는 외가를 자주 찾았다. 그의 외할아버지 윤두서는 문인으로 명망이 높았고, 잘 알려진 화가이기도 했으며 장서가로도 유명했다. 정약용이 외가를 드나들었던 이유는 바로 윤두서가 소장했던 책들을 읽기 위해서였다. 그는 열정적인 독서를 통하여 고전을 섭렵하는 한편 친형 정약전과 그 친구들과의 교류를 통해 많은 지식을 쌓았다.

정약전의 친구 가운데 이승훈이 있었고, 또 이승훈의 소개로 이익의 종손 이가환을 알게 되었다. 이가환은 이익의 실학을 계승한 유능한 학자로 당시 젊은 유생들의 선망의 대상이었다. 그리하여 정약용은 그들과 교유하며 성호 이익의 글을 읽고 실학에 눈을 뜨게 되었다. 그는 곧 이벽을 통해 서학을 만나게 된다. 주자학이 최고의 학문으로 숭앙되던 시대에 실학이나 서학은 그야말로 혁명적인 학문이었다. 이들 선각자들은 혁명적인 경향을 띤 중국의 새로운 사상을 받아들여 정체되어 있던 조선사회를 변화시키고 비틀어진 현실을 바로잡으려 했다. 정약용 또한 그 변화의 바람을 유연하게 받아들여 조선을 개혁하려는 꿈을 갖게 되었다. 하지만 그들과의 교유는 오래 지속되지 못했다. 호조좌랑이던 아버지가 곧 다시 전라도 화순의 지방관으로 발령이 났고, 그도 역시 아버지를 따라 화순으로 내려가야 했기 때문이다.

1781년(정조5년) 스무 살 때 과거를 치렀지만 떨어졌고, 이듬해 다시 응시하여 초시와 회시에 합격하여 생원이 되었다. 그러다가 1783년(정조7년) 정약용과 정조는 처음으로 조우한다. 그 당시 정조는 즉위 초기의 난관을 헤치고 적극적인 개혁의 행보를 내딛고 있었다. 이때 정조는 규장각을 육성하면서 초계문신제도를 실시하여 개혁적인 인재를 발굴하기 위해 노력하고 있을 때였다.

정약용의 삶은 대체로 3기로 나눠 살펴볼 수 있다. 제1기는 정조의 총애를 한 몸에 받으며 벼슬살이를 하던 득의의 시절이고, 제2기는 정권에서 밀려나 귀양살이를 하던 시절이며, 제3기는 고향으로 돌아와 학문에 전념하던 시절이다. 정약용은 생원이 된 이후 1789년(정조

13년) 3월 정조 앞에서 치른 대과에서 합격하여 초계문신의 칭호를 얻었으며, 그 해에 종7품의 부사정을 거쳐 정7품의 가주서에 임명되었다. 한편 조선에서는 그 시기에 본격적으로 서학이라 불리는 천주교를 신봉하는 사람들이 등장했다. 주로 한양과 경기도 일대에 살던 젊은 남인계 학자들로 권철신, 이가환, 정약전, 정약용, 권일신, 이벽 등이었다. 그들은 여주군 금사면 앵자산에 있는 주어사와 광주군 퇴촌면 한강가에 있는 천진암에서 강학회를 열고 학문을 토론하며 천주교 교리를 배웠다. 강학회란 향교나 서원, 산사에서 스승을 모시고 강의와 토론을 병행하던 조선시대 선비들의 보편적인 학문 연구방식이었다. 그들이 모임장소를 천진암으로 선택한 것은 첫째, 지리적 이유였다. 정약용의 집과 가까웠고, 다른 사람들의 집 역시 가까웠다. 둘째, 모임의 취지나 성격으로 보아 다른 사람들의 구설에 오르고 싶지 않았기 때문이다.

그러다가 정약용은 1785년(정조9년) 명례방에 있는 김범우의 집에서 이가환, 정약전 등과 함께 천주교 집회에 참석했다가 발각되었던 것이다. 당시 조정에서는 천주교를 배격하려는 움직임이 구체화되고 있었다. 그런 판국에 정약용을 비롯한 측근 남인들이 연루되자 정조는 몹시 곤란한 처지가 되었다. 궁리 끝에 정조는 좌장 격인 이승훈에게 척사문을 쓰게 하여 사태를 가라 앉혔다. 그 후 정약용은 이승훈과 함께 과거를 핑계로 성균관 아래 반촌에 방을 얻어 서학에 더욱 몰두했다.

그런데 어느 날 친구 이기경이 놀러 왔다가 그들의 책을 훔쳐보고는 충격을 받았다. '조상에게 제사를 지내지 말라'는 등의 내용에 경악한 이기경은 즉시 조정에 고발했다. 이를 '반회사건(泮會事件)'이라고 한다. 이 사건을 계기로 천주교 금지령이 내려졌고 동시에 남인을 주 타깃으로 하여 천주교를 공격하는 공서파가 등장했다. 당시 노론 벽파는 정조가 채제공을 비롯해 이가환, 이승훈, 정약용 등 남인을 총애하자 커다란 불안감을 느끼고 있었다. 때문에 천주교 문제를 물고 늘어져 그들의 진출을 사전에 차단하려 했다. 사태의 심각성을 직감한 정조는 정쟁으로 확대되는 것을 막기 위해 국내에 반입된 관련 서적을 찾아 불태우게 했다. 이런 조치를 취했음에도 남인들에 대한 노론 벽파의 공세는 더욱 거세졌다. 1790년(정조14년) 정조는 조정을 진정시키기 위해 정약용을 해미에 유배시켰다. 해미는 훗날 천주교도들이 무참하게 학살되었던 곳이다. 그를 아끼는 정조의 일시적 조처였고, 얼마 지나지 않아 정약용은 곧 유배에서 풀려났다. 그 시절 자연과학 분야에 관심이 많았던 정약용은 선비들이 잡학이라 하여 천시하던 천문, 기상, 물리, 화학, 농학, 지리학 등 백성들의 삶과 직접 관련되는 분야에 적극적으로 뛰어들었다.

또한 명말·청초에 활약했던 고염무 등 중국 경세학자들의 저술과 서학 서적을 통해 민생을 회복시킬 방법을 찾았다. 당시 천연두로 수많은 아이들이 희생되고 있었는데, 정약용 역시 세 아이를 천연두로 잃고 말았다. 이를 퇴치할 수 있는 방법을 시급히 찾아야 했다. 그는 박제가와 함께 규장각에 틀어박혀 종두법을 연구했다. 그 결과 훗날 곡산 부사 시절에 「마과회통」이란 책을 만들어 종두법 등의 치료법을 소개하였다. 또한 그는 노안이 오는 이유를 발견했고, 가뭄을 예방하기 위한 아이디어를 찾아내기도 했다.

그러던 중 정조는 1789년(정조13년) 정약용에게 사도세자의 묘인 영우원을 수원으로 이전하는데 필요한 배다리를 가설하도록 명했다. 이에 정약용은 배다리 설계도를 만든 다음 본격적인 공사에 착수했다. 정약용이 설계한 배다리는 처음으로 뚝섬에 가설되어 사도세자의 묘인 영우원을 옮기는 데 일조했다. 정조는 그 경험을 바탕으로 이듬해인 1790년(정조14년) 주교사를 신설해 설계도를 보완하고 기술수준을 끌어올림으로써 1795년(정조19년) 을묘원행 때 공사시간을 대폭 단축할 수 있었다. 성공적으로 배다리를 준공해 주위 사람들을 놀라게 한 정약용은 1791년(정조15년) 정6품의 사간원 정언에 제수되고, 이듬해에는 홍문관 수찬에 임명되었다. 이때 그는 수원성 수축에 동원되어 설계를 도맡았으며, 거중기를 제작해 공사기간을 획기적으로 단축하였다.

1793년(정조17년) 수원성 수축 도중에 아버지 정재원이 임지인 진주에서 죽었다. 그는 이듬해 7월까지 상을 마치고 다시 정5품의 성균관 직강에 임명되었다. 1794년(정조18년) 10월에 왕의 특명을 받아 경기도 암행어사가 되어 연천 지방을 감찰했다. 그 무렵 경기도 관찰사 서용보의 문객 하나가 마재에서 문제를 일으켰다. 그는 풍수설을 내세우며 명륜당을 헐어내고 향교를 다른 곳으로 옮기에 한 다음 그 땅을 서용보에게 바쳤다. 또 한편에서는 서용보가 환곡을 통해 폭리를 취한다는 소문이 돌았다. 이에 정약용은 서용보와 문객의 죄상을 낱낱이 조사해 정조에게 보고했다. 정조는 곧 바로 서용보를 해직했다. 그렇지만 이때 해직당한 서용보는 앙심을 품고 혈안이 되어 여러 차례 그를 죽이기 위해 모략을 꾸미게 된다. 암행어사 임무를 마친 그는 그 이듬해 1795년(정조19년) 정3품의 병조참의에 오른다. 하지만 이때 청나라 신부 주문모 잠입사건이 발생해 충청도 금정의 찰방으로 좌천되었다. 그 후 규장각 교서로 돌아와 편찬과 교정 업무에 종사했고, 천주교 문제가 다시 정쟁의 핵심으로 떠올라 1792년(정조21년) 6월 재차 황해도 곡산 부사로 떠나야 했다. 그는 이때 곡산 부사 생활을 하며 뛰어난 목민관의 자질을 드러내어 곡산 군민들의 추앙을 받게 된다. 이때 전국적으로 천연두가 유행하자 서학에서 얻은 지식을 바탕으로 「마과회통」이라는 의학서를 저술하여 적절한 치료책을 담아 편찬하여 전국적으로 이 책을 보급하게 되었던 것이다.

1799년(정조23년) 그는 다시 중앙으로 돌아와 병조참지에 올랐다. 하지만 그가 요직을 제수 받는 것을 반대하는 정적들은 그를 천주교인으로 몰아갔다. 이 때문에 그는 해명서인 '자명소'를 제출했다. 그는 '자명소'에서 자신은 천주교에 관심을 가졌던 것이 아니라 서양의 학문, 특히 천문, 농정, 지리, 건축, 수리, 측량, 치료법 등의 과학적 지식을 얻기 위해 서학에 접근했다면서 이를 위해 서학에 능통한 천주교 신부와 신자를 만났다고 밝혔다. 그리고 사직서를 함께 제출했다. 정조는 애써 그를 달래어 조정에 머무르게 했지만 그의 사의는 완고하여 1800년(정조24년) 봄 처자를 거느리고 낙향했다. 그 후 정조의 재촉으로 일시 상경하였지만 정조가 그 해 6월에 별세하는 바람에 그는 다시 향리로 돌아왔다. 정조가 별세한 후 그의 제 2기 인생이 시작되었다. 조정은 노론 벽파가 완전히 장악하였고, 1801년 '신유사옥'이 일어나 정약전, 정약종을 비롯한 이가환, 이승훈 등이 투옥되어 이가환, 정약종, 이승훈 등이 죽고 서용보의 간언으로 정약용도 유배되었다.

1801년 유배지에 도착한 그는 오로지 독서와 창작에 몰두하였다. 그리고 그해 10월 '황사영 백서 사건'이 터져 다시 서울로 압송되어야 했다. 이 사건으로 홍낙임, 윤행임 등을 비롯해 수많은 천주교도들이 목숨을 잃었다. 이 때 홍희운, 이기경 등이 정약용을 죽이려 했다. 다행히 황해도 감사 정일환이 그를 변호해주어 가까스로 목숨을 건질 수 있었다. 이 사건으로 대부분의 서학 관련자들이 사형을 당했지만, 정약용과 그의 형 정약전은 공로가 참작되어 사형 대신 유배형을 받았다. 그리하여 정약전은 전라도 흑산도로, 정약용은 전라도 강진으로 떠났으며, 정약전은 유배지 흑산도에서 생을 마감하게 된다. 강진에 도착한 그는 1801년 11월부터 1805년 겨울까지 약 4년간 주막에서 거처했다. 이 기간 동안 그는 만덕사의 혜장선사와 인연을 맺는다. 1803년 봄 소풍 길에 만덕사의 혜장선사를 알게 되어 유교와 불교를 서로 교류할 기회를 갖는다. 이후 혜장선사의 주선으로 1805년 겨울 거처를 고성사로 옮기고, 다시 9개월 후에 목래 이학래의 집으로 들어갔다가 그 곳에서 1808년 봄 다산초당으로 옮길 때까지 약 1년 반 동안 머물렀다.

1808년 봄 정약용은 다산에 있는 한 정자를 얻게 되었는데, 그곳은 윤박이라는 선비의 별장이었다. 그곳에는 천여 권의 장서가 있어 그가 책을 집필하는 데 많은 도움이 되었다. 이 초당에 기거하면서 그는 자신의 아호를 '다산'이라고 붙였다. 그리고 자신이 머물던 곳을 '다산초당'이라고 하였다. 이로부터 11년 동안 다산 초당은 정약용 학문의 산실이 되었다. 이 곳에서 그는 「목민심서」, 「경세유포」 등을 비롯한 「시경강의보」, 「춘추고징」, 「논어고금주」, 「맹자요의」, 「대학공의」, 「중용자잠」 등 수많은 책들을 저술했다. 그러던 중 무려 18년 동안의 형극이었던 유배가 풀린 것은 다산 정약용이 57세 되던 1818년 9월 14일이었다. 유배가 풀려 고향에 돌아오면서 정약용은 다시 제3기 인생을 맞는다.

그는 고향 마재에서 살면서 75세의 나이로 죽을 때까지 학문에 대한 정열과 현실 개혁에 대한 의욕을 불태우면서 「흠흠신서」, 「상서고훈」 등을 비롯한 많은 책을 집필했다. 그의 저서는 「여유당집」 250권, 「다산총서」 246권과 나머지 책들을 포함하여 약 508권에 달했지만 지금은 대부분이 없어지고, 1934년에서 1938년에 걸쳐 '신조선사'에 의해 「여유당전서」가 출간되었다. 정약용이야말로 조선 최고의 학자라고 부르기에 충분한 인물이었다. 조선 최고의 지도자 정조와 조선 최고의 학자 정약용은 그들의 시대에서 열정과 통찰력을 발휘해 함께 개혁의 선봉에 섰던 것이다. 정약용과 정조의 관계는 어려운 시대에 투철한 의리와 개혁에 대한 명분을 함께 한 정치 모범 사례로 평가할 만하다.

신세계를 염원한 석학 박제가

정조가 규장각을 설치하여 실력 있는 인재들을 선발할 때 서얼 출신인 박제가도 가까스로 등용될 수 있었다. 박제가는 그동안 서얼 출신으로 인해 과거에 응시할 수 없었고, 다만 당대의 석학들인 이덕무, 유득공 등과 친분을 맺으면서 북학에 열을 올렸다. 그가 아홉 살 연상인 이덕무와 평생을 나누는 벗이 된 것은 그들 출신이 모두 서얼인데다 시와 북학에 대한 열정이 일치했기 때문이다. 그들은 인연을 맺은 뒤로 줄곧 함께 활동했다. 그리고 둘의 뜻이 북학에 있음을 깨닫고, 박지원을 찾아가 제자가 되었다. 또한 북학파의 시조로 일컬어지던 홍대용의 가르침도 구했다. 당시 북학을 추구하던 무리들은 한결 같이 북경을 방문하여 그곳의 선진문명을 직접 눈으로 보고 배우는 것을 소원하였다. 홍대용과 박지원 주위에 많은 청년들이 모인 것도 그런 이유에서였다. 박제가는 그 청년 무리들 속에서 서얼 출신인 유득공과 양반 출신인 이서구도 만났다. 그가 규장각에 배치되었을 때 이덕무, 유득공, 이서구 등과 「건연집」이라는 사가시집을 출간하여 청나라에까지 그 명성을 떨치게 된다.

정조는 당시 사회문제로 대두되고 있던 서얼 차별을 없애기 위해 '서얼허통절목'을 공표했고 이 덕택으로 박제가는 꿈에도 그리던 북경을 갈 수 있게 되었다. 1778년(정조2년) 당시 채제공이 그와 이덕무에게 기회를 주어 청나라 사은사 행렬에 합류할 수 있었다. 당시 채제공은 이들이 북학에 조예가 깊고 학문이 뛰어나다는 평가 때문에 방문단의 수행원으로 정했다. 3개월간 연경 일대 여행을 하면서 박제가는 대단한 열정을 보이며 청나라의 문명을 살피기 시작했다. 또한 홍대용의 소개로 이조원, 반정균 등의 청나라 학자들과 많은 대화를 나누며 그들의 안내를 받을 수 있었다. 꿈에도 그리던 문명의 이기들이 그의 눈앞에 펼쳐졌고, 그는 엄청난 충격과 감동으로 그것들을 접하며 체험한 모든 것들을 상세히 기록했다. 그리고 돌아와 3개월 만에 그 유명한 「북학의」를 집필 완료하였다. 그 주된 내용은 국가와 민중의 가난, 즉 궁핍을 해소하기 위함이었다. 이 책에서 그는 북학파의 사상을 가장 용기있게 대변하였으며, 저항과 개혁사상이 함께 담겨 있기도 했다. 그러나 정조는 이러한 박제가의 사상을 이해하고 받아주려고 노력했다. 이 책은 내외 두 편으로 구성되었는데 내편에는 수레, 배, 성, 벽, 궁실, 도로, 교량, 소, 말 등 생활에 필요한 기구와 시설 등이 서술되었고, 외편에는 전제, 농잠총론, 과거론, 관론,

녹제, 재정론, 장론 등의 정책과 제도가 서술되었다. 그는 이 책 속에서 청나라의 생활도구와 조선의 것을 비교하기도 했지만 국가정책과 제도에 대해 통렬한 비판을 가하기도 했다. 특히 과거제도의 한계를 지적하며 능력에 따른 관리등용제를 적극 주장하였다. 또한 경제문제에 관해서도 생산보다는 소비의 중요성을 피력하며 국제무역을 활성화해야 한다는 주장도 폈다. 당시로서는 선각자로서 혁명적이고 근대적인 주장으로 일부에서는 그를 지나친 이상주의자로 비판하기도 하였다. 그는 급진적 개혁가이고 사상가였다.

박제가는 승지를 지낸 박평의 서자로 1750년에 출생하였다. 그는 어린 시절을 한양의 남산골 아래서 보냈으며 11세에 부친을 잃은 후에는 어머니의 바느질 품삯이 생계의 중심이 되었으며 자주 이사를 다니는 떠돌이 신세이기도 하였다. 당시에 서자는 푸대접을 받는 봉건적 질곡 아래 불후한 일생을 보내야만 하는 숙명에 놓여 있었다. 활달한 성격으로 천부적인 소질을 타고 태어난 그는 서얼 출신임에도 불구하고 일찍부터 바른 자세로 고전을 섭렵했고, 남달리 시와 서예에 두각을 드러내어 소년시절에 쓴 글들이 명사의 서재에 장식될 정도였다. 박제가는 가정적으로 비록 불우하였다고는 하지만 스스로 드문 일이라고 자부할만큼 친구와 스승 복이 많았다. 그는 18세 때 평생의 학문적 동지인 이덕무, 박지원, 유득공 등과 사귀었고, 이들과 침식을 함께 하다시피 하면서 젊은 시절을 보냈다. 그리고 이때의 공부가 이들이 북학파라는 학풍을 지닌 새로운 학파로서 부상하게 되는 계기가 되었다. 그 후 「북학의」를 통해 북학의 개념을 정리한 그는 정조의 서얼차대(庶孽差待) 폐지책에 의해 1779년(정조3년) 이덕무, 유득공 등의 서얼 출신들과 함께 규장각의 검서관이 되었다. 그는 이로부터 13년간 규장각에 머물면서 그곳에 비장된 서적들을 탐독하는 한편, 정조를 비롯한 국내의 저명한 학자들과 교류하면서 수많은 책들을 교정하고 간행했다. 이 과정에서 그는 줄곧 정조에게 신분적 차별을 철폐하고, 백성의 생활을 향상시키며 국가의 미래를 위해 상공업을 장려해야 한다고 했으며, 이를 위해 청의 선진적 문물을 받아들여야 한다고 주청했다.

그는 1790년(정조14년) 건륭제의 팔순절에 정사 황인점을 따라 두 번째 청국 길에 올랐으며, 돌아오는 길에 왕명에 의해 연경에 파견되었다. 원자(순조)의 탄생을 축하한 청나라 황제의 호의에 보답하기 위해 검서관이던 그를 임시로 정3품 군기시정으로 임명하여 별자 사절로 보냈다. 도합 세 차례 청국을 왕래하면서 청의 학자와 문인들과 교류하였는데 특히 학계의 원로인 예부상서 기균과 담론한 것은 유명하다. 기균은 그를 만난 후 "조선에 저런 박식하고 고귀한 학자가 있었다니 놀라운 일이다!"라고 칭송할 정도였다. 이처럼 박제가의 인격과 식견, 그리고 학문의 경지는 중국에서 더욱 명성이 자자하였다고 한다.

하지만 박제가에 대한 정조의 배려가 클수록 특권의식에 길들여진 양반 세력들은 크게 반발했다. 그들은 북학파가 선진적인 청의 문물을 받아들여야 한다고 주장하면, 여지없이 명나라의 은혜를 망각하고 오랑캐 만주족을 존중하는 것은 명분에 맞지 않는 일이라고 묵살해 버렸다. 이에 박제가는 사대부들이 자신들의 이익을 위해 과거의 제도와 관습에 사로잡혀 안일한 행각을 벌이고 있다고 강력하게 비판하곤 했다. 결국 권력층과의 이러한 대립은 그의 말로를 파행으로 몰고 갔다.

1800년(정조24년) 실학의 후원자였던 정조가 죽자 정권을 장악한 노론 벽파는 천주교 금지를 명분으로 남인 일파를 완전히 숙청하고 청의 선진 문물을 받아들이고 천주교를 인정해야 한다고 주장하던 실학파 학자들을 대거 제거하였다. 박제가 역시 제거 대상의 주요 인물이었다. 노론 집권층은 '윤행임 반역사건(신유사옥)'을 조작해 그를 가담 인물로 지목했다. 그는 반역 혐의를 끝까지 부정하며 죽기를 무릅쓰고 가혹한 심문을 견뎌냈다. 그러다가 결국 두만강 변의 종성으로 유배되었다. 그리고 1804년 유배에서 풀려나 고향집으로 돌아왔으나 이듬해 지병으로 세상을 떠났다. 실학의 활용을 깨우쳐 준 박제가는 국가가 가난을 벗어나기 위해서는 무엇보다 먼저 수레를 이용해야 한다고 주장했다. 그 때는 우마차가 없었다. 수레 제작 기술은 후퇴하여 편리한 수레가 없었고, 특히 조선에는 산길, 고갯길이 많아 수레는 점차 자취를 감추었다. 수레가 없으므로 물자의 교류가 막혀 바닷가 근처에서는 미꾸라지가 거름으로 쓸 만큼 흔하지만 서울에서는 귀했으며, 보은의 대추, 함경도 육진의 마포, 관동의 꿀이 산지에서는 천하고 다른 곳에서는 귀하여 사회적 빈곤이 가중되어 갔다. 청나라에 왕래하면서 그곳에서 수레가 얼마나 큰 구실을 하고 있는 가를 목격한 지식인들이 '청나라에서 수레 만드는 기술을 도입하여 수레를 널리 이용하자!'고 생각한 것은 자연스러운 일이었다.

북학은 이와 같이 수양이 아니라 주로 경제상황의 개량에 있어서 청나라에서 기술을 도입하자는 이론인 것이었다. 이를테면 청나라 에서는 벽돌이 여러 가지로 이용되어 견고한 주택, 창고, 성벽이 마련되고 있었다. 그런데 우리는 무진장한 흙과 물과 나무를 쓸 줄 몰라 하나도 반듯한 집이 없는 형편이었다. 그래서 이를 통탄할 것이 아니라 청나라에서 기술을 배워 응용해야 한다고 역설하였다. 뿐만 아니라 각종 농기계, 수차 등을 수입하여 똑같이 만들고 이를 보급시켜 영농기술을 개혁하고 농업의 생산성을 늘릴 것을 주장하고 있는데, 이런 그의 주장은 독특한 상업관에 있었다.

대부분의 실학자들마저도 중농을 위해서는 상업을 억제해야 한 다는 의견 즉 농업과 상업의 관계를 대본과 말업(末業)으로 간주하고 화폐 유통의 억제를 주장하였다. 소비 억제, 소비 사회 금지론이 일색이던 당시에 박제가는 그와 반대로 상업의 효용과 필요성을 충분히 인식하고 적극적인 상업 장려와 그 기반이 되는 생산의 진흥을 역설하였다. 그는 "경제란 우물과 같은 것이니 줄곧 이용하지 않으면 말라 버린다!"고 강조했다. 또한 "생산된 것이 소비되어야 재생산이 가능하니 덮어 놓고 소비를 억제할 것이 아니라 생산 진흥에

치중해야 한다!"는 근대적인 주장도 하였다. 뿐만 아니라 그는 "농민, 수공업자의 생산 의욕마저 위축, 감소시켜 생산 자체를 마르게 하는 것은 놀고먹는 양반 수요의 과잉에 있다"고 주장했다. 놀고먹는 양반으로서 몸소 농사라도 하면 벌써 상민이 되었다고 교제를 끊고 혼인길, 벼슬길이 막히니 제도와 관습 자체가 양반을 파렴치한 상민 수탈 즉 토색으로 몰고 있었다. 이리하여 '양반도 농사지을 수 있도록 해야 되며 또는 상업에 종사하는 것을 묵인하여야 한다!'는 등의 뛰어난 논리가 나왔고, 실제로 양반들 일부는 하인을 내세워 장사를 하고 있었다. 이에 박제가는 "유식 양반들에게 자본과 점포를 나라에서 주선해 줄 것이며 국가적 장려로써 모든 상업에 종사하도록 하여 성공한 자는 표창하라!"고 강조하였다. 실로 이는 매우 선각적인 상업진흥론으로서 조선 봉건사회의 신분관념의 타파를 주장함으로써 신분적 질서의 기반을 뒤흔드는 가히 혁명적인 주장이라 아니할 수 없는 것이었다. 게다가 그는 해외무역을 할 것도 주장하였는데 이는 쇄국의 문을 열기에 앞선 98년 전(1778년) 일이었다.

국가가 빈곤에서 벗어나는 첩경은 청나라와 통하는 것이라는 점을 강조하였고 널리 서양제국과도 통상할 것을 우선적인 과제로 제시하였다. 그의 진보적인 식견은 서양 세력의 동양 진출의 물결에 따라 전해진 서구의 과학기술을 배우자는 것으로 나타났다. 그리하여 청나라 천문대에서 일하고 있는 서양인들이 모두 수학에 밝고 '이용후생'의 방도에 정통하고 있으니 이들을 초빙하여 청년들로 하여금 그

천문, 의약, 채광, 조선 등 과학기술을 배우게 하면 수년 내에 부국이 눈앞에 전개될 것이라고 주장했다.

　게다가 당시 이단으로 몰린 천주교에 대해서 "천주교는 불교와 별 차이가 없는 것이고 그 과학기술은 불교에 없는 장점이다!"라고 주장하면서 보수파의 견제를 무릅쓰고 나라를 위하여 소신을 강력히 표명했다. 또한 그의 진보적인 사상은 그의 독자적인 국방론에도 잘 나타나있다. "군비라는 것은 민중의 일상생활과 직결되어야만 비용은 안 들면서도 착실한 준비가 되는 것이다!"라고 밝힌 「북학의」의 '병론'에서 군비, 기술과 생산력은 표리일체 관계를 이룬다고 역설하고 있다. 이를테면 "수레가 병기는 아니지만 수송, 보급의 도구로 이용할 수 있는 것이고, 벽돌을 쓰면 견고한 성벽이 구축되는 것이다"라고 했다. 이와 같이 이들은 직접적인 군비는 아니지만 잘 활용하면 비용은 안 들고도 실속 있는 군비가 된다는 것을 그는 강조했던 것이다.

　당시의 기득권 세력들은 박제가를 두고 지나친 개혁론자라고 비난하였다. 그것은 그가 봉건사회를 부정하고 새로운 문물을 통해 조선 사회의 질서를 바꾸려고 했기 때문이다. 이와 같은 그의 개혁론은 집권세력들에 의해 철저히 묵살되었지만 정조는 언제나 그의 의견을 존중해 주었다. 당시의 많은 선각자들도 박제가와 같은 생각을 갖고 있었다. 박제가와 이들은 신분계급 철폐를 시대적 사명으로 여겼고, 새로운 세계관의 올바른 정립이야말로 앞으로 조선이 살아남을 수 있는 유일한 길이라고 설파했다. 비록 박제가는 정조의 갑작스런 죽음으로 자신의 꿈을 이루지 못했지만 그의 선각자로서의 소신은 구태의연한 봉건사회에 엄청난 변화와 개혁의 바람을 불러 일으켰다. 그러나 그가 꿈꿨던 신세계는 아직 오지 않고 있었다.

서얼 출신과 중인들의 등용

정조는 규장각을 설치하여 인재를 육성했고 그들을 중추세력으로 키워 자신의 구상을 실현하려고 했다. 정조는 즉위하던 해인 1776년의 9월에 규장각을 설치했다. 원래는 역대 임금이 쓴 글이나 책을 봉안하는 기능만 다루는 기관으로 출범했지만 처음부터 정조는 세종 때의 집현전을 염두에 두고 있었다.

규장각 각신은 총 6명으로 출범했지만 시간이 지날수록 서적의 수입, 편찬, 경연관 등의 업무가 늘어나면서 정조는 3년 후인 1779년(정조3년) 업무 보좌역인 검서관(檢書官)을 신설했다. 노론이 주축을 이루는 가운데 소론과 남인을 두루 포괄하는 대통합의 정치를 목표로 하고 있었던 정조가 신진인사들을 가까이에서 키우기 위해 생각해 낸 자리였다고 할 수 있다. 여기서 유명한 '4검서(四檢書)'가 탄생했다. 이덕무, 박제가, 유득공 및 서이수가 그들이었다.

이덕무(1741년-1793년)는 통덕랑(정5품) 이성호의 서자로 경사(經史)

에 두루 해박하였다. 이미 청년기에 4가(四家-이덕무, 박제가, 유득공, 이서구)의 공동시집 「건연집」(1779년)이 북경에서 간행되어 그의 명성이 청조에까지 알려졌다. 특히 한양 원각사 근처 박지원의 집을 중심으로 그를 비롯한 북학파 인물들이 수시로 만나 '이용후생'의 방법을 토론하며 북학사상을 전개하였다. 그러나 그는 현실적인 개혁 방책을 탐색하기보다는 고염무 등과 같은 명말, 청초의 고증학자들에 심취하여 고증학적 연구에 주로 관심을 쏟았다. 38세 때(1778년) 사은사인 심념조를 수행하여 청나라 연경에 들어가 저명한 청의 학자들과 교유하였다. 이듬해 박제가 등 서얼출신 학자들과 함께 규장각 검서관에 임명되었으며, 그 후 14년간 일하면서 정조가 주도하는 각종 도서편찬에 참여하여 「도서집성」, 「국조보감」, 「대전회통」 등 많은 서적의 정리와 교감에 종사하였다. 특히 그는 시문에 능하여 규장각 경시대회에서 여러 번 장원하였고 51세 때 사옹원의 주부(종6품)가 되었다. 훗날 문체반정이 일어나자 청국의 비슷한 문체를 썼다는 이유로 박지원, 박제가 등과 함께 정조에게 반성문 격인 자송문을 바치기도 했다.

유득공(1749년-1807년)은 진사 유흔의 서자로 서울에서 태어났다. 그는 영조 때 진사시에 합격했으나 서출이라는 이유로 문과에 응시하지 못했고 박지원 문하에서 비슷한 처지의 인재들과 교류하며 실학사상을 공부해 갔다. 30세 때인 1779년 검서관으로 뽑혀 당대 지식사회로부터 박제가, 이덕무, 서이수와 함께 '4검서'라는 명성을 얻었으며, 이후 제천, 포천, 양평 등지의 군수를 지냈고 중추부 첨지사(僉知事)까지 올랐다. 첨지사면 정3품 당상관 격이었다. 그는 북학파의 실학자였으나 우리 역사의 연구에 관심을 보였고 시인으로서 탁월한 능력을 발휘했다. 특히 그의 대표작 「발해고」는 그가 검서관으로 있으면서 궁중에 보관된 조선과 청나라 및 일본의 사료를 광범위하게 섭렵하여 그동안 매몰된 발해의 역사를 고증한 결실이다. 그는 통일신라가 삼국의 통일을 완성한 것으로 보지 않고 북조(北朝)의 발해와 남조(南朝)의 통일신라가 대치되는 것으로 보았다. 이른바 남북국 시대의 이분화 체제를 파악한 것이다. 따라서 그는 고려시대의 역사가들이 통일신라를 남조로, 발해를 북조로 하는 국사체계를 세우지 않음으로써 고구려의 옛 땅을 되찾을 수 있는 명분을 영원히 잃게 되었다고 강조하고 있다. 그러한 유득공의 역사적 견해는 체계적이면서 설득력이 있는 주장으로 시사하는 바가 크다. 이에 후손들은 그가 고증한 역사적 사실을 바탕으로 광활한 옛 영토를 회복해야 할 당위성을 가지고 살아가야 할 것이다.

또한 정조는 초야에 묻혀있는 인재를 발굴하여 과감하게 기용하기도 했다. 중인 신분으로 문학에 뛰어난 재주를 지닌 장혼을 당시 대제학 오재순의 추천으로 등용한 것이 그 예였다. 「택리지」라는 저서에서 이중환은 사·농·공·상의 네 부류를 신분으로 보지 않고 직업으로 보았다. 그리하여 과거에서 낙방해 벼슬을 하지 못한 선비는 농·공·상 가운데 하나의 직업을 선택해 일하며 살아야 한다고 강조했다. 그는 노비에서 지방 아전까지가 하인이고, 서얼과 잡색이 중인이며, 품관과 사대부를 양반이라고 규정했다. 여기에서 중인은 서얼과 장교, 역관, 산원, 의관 등의 전문 직업인들이었다. 중인들은 18세기 세계의 변화를 제일 먼저 꿰뚫어 본 집단이었다. 그들은 신분의 굴레에서 벗어나기 위해 활발히 움직였고, 송석원시사(松石園詩社)와 같은 문학단체를 만들어 양반들과 차별되는 독특한 문화를 즐겼다.

정조는 이런 중인들이 자신의 역량을 발휘할 수 있도록 규장각을 통해 적극적으로 인재를 발굴했다. 그 가운데 가장 눈에 띄는 인물이 장혼이었다. 그는 규장각 서리로 근무하면서 홍석주, 김조순, 김정희 등 당대의 문사들과 교유하며 수많은 책들을 교정했다. 또 은퇴한 뒤에는 서당 훈장을 하면서 과거의 경험을 토대로 목활자를 만들기도 하고 독창적인 조선의 교과서를 제작하기도 했다. 한양의 중인 장우벽은 날마다 인왕산에 올라가 커다란 바위에 자리를 잡고 노래를 불렀다. 그는 박식한 사람이었지만 양반의 세상에서는 아무 짝에도 쓸모가 없었다. 그러기에 모든 희망을 접은 채 세월을 보내고 있었던 것이다. 인왕산에 오르는 사람들은 장우벽이 노래 부르는 곳을 가대라고 부르며 혀를 찼다. 그의 아들 장혼은 천재였지만 서당에 보내지 않았다. 중인 신분에 학문이란 고통일 뿐이라는 것을 잘 알고 있었기 때문이다. 더군다나 아들은 여섯 살 때 개에 물려 다리를 절게 되었다. 그렇지만 장혼의 어머니 곽씨는 삯바느질을 하면서 책을 빌려와 어린 장혼을 가르쳤다. 총명했던 장혼은 금방 「천자문」을 떼고 사서

삼경을 줄줄 외웠다. 그는 걸어 다니는 경전과 같았다. 때문에 사람들은 모르는 글자가 있으면 제일 먼저 그를 찾았으며, 시사(詩社)에 나가면 그를 능가하는 사람이 없었다. 그러나 그의 아버지의 한탄처럼 세상에서는 그 놀라운 재주를 쓸 데가 없었다. 마침 정조는 옛 홍문관 터에 감인소를 설치한 다음 교정을 볼 만한 인재를 찾고 있었다. 그때 그의 재주를 눈여겨보고 있었던 대제학이 그를 정조에게 추천했다. 그렇게 해서 장혼은 1790년(정조14년) 규장각 사준(정9품)이 되었다. 사준이란 직책은 기술직 중인들이 맡는 말단 중에 말단 벼슬이었지만 그는 만족했다.

　규장각에는 당대의 내로라하는 인물들이 모여 있었다. 장혼은 그들과 격의 없이 토론하면서 비로소 학문하는 기쁨을 누렸다. 그의 주요 업무는 원고와 활자를 일일이 대조하여 바로잡는 일이었다. 그 과정에서 누락되거나 잘못 배열된 활자를 바로잡고, 간혹 비슷한 틀린 글자를 찾아내야 했다. 그런데 장혼의 눈을 거쳐 간행된 책에는 그와 같은 오류가 하나도 없었다. 이처럼 장혼의 열정과 정확성은 사람들의 혀를 내두르게 했다. 사람들은 장혼을 신안(神眼)이라고 칭송했다. 규장각은 일종의 왕실도서관이면서도 나라에서 필요로 하는 서적의 간행을 책임지고 있기도 했다. 때문에 학자 군주인 정조는 장혼이 맡은 일에 깊은 관심을 기울였다. 당시 규장각에서는 책 한 권을 만들고 나면 품계를 올려주는 것이 상례였다. 하지만 장혼은 늘 승진을 거부했다. 승진보다는 하고 싶은 일을 하고 있다는 점에서 그는 열정과 행복을 맛보고 있었던 것이다. 진정 그는 학자로서의 사명감을 지닌 위인이라 할 만하였다. 이후 장혼은 1816년까지 「이충무공전서」, 「규장전운」, 「홍재전서」 등 수많은 책의 교정을 보았다. 장혼은 학자이면서도 철저한 기능인이었다. 이처럼 뛰어난 장혼의 명성은 매우 높았다. 때문에 민간에서도 교정 의뢰가 밀려들었다. 당시 조정에서는 금속활자를 사용했지만 민간에서는 비용문제 때문에 목활자가 주종을 이루었다. 그런데 값비싼 금속활자를 제작해 자기 문중의 책을 인쇄한 다음 다른 문중에 임대해 주는 가문이 등장했다.

장혼의 능력을 제일 높이 평가하고 이런 일을 맡긴 인물은 순조의 생모이자 정조의 왕비 수빈 박씨의 오빠 돈암 박종경이었다. 그는 정순왕후가 수렴청정을 할 때부터 출세가도를 달렸다. 그는 새로운 권문세가로 등극한 가문의 명성을 드높이기 위해 5대 이하의 유고를 모아 「반남박씨오세유교」를 간행했고, 1816년에 금속활자를 직접 제작해 그의 아버지 문집인 「금석집」을 간행했다. 20만 개로 이루어진 활자는 그의 호를 따 '돈암인서체' 활자라는 이름을 붙였다. 이 활자로 인쇄된 책자는 대부분 장혼의 교정을 거쳤다. 규장각에서 물러난 이후 장혼은 인왕산 기슭에 서당을 짓고 아이들을 가르쳤다. 그 과정에서 아이들에게 알맞은 교과서를 만들어야겠다는 생각을 하게 되었다. 당시 아이들을 가르치기 위해 사용하던 「천자문」과 「통감절요」나 「소학」 등은 중국의 것으로 우리의 실정과 맞지 않았다. 그리하여 이율곡이 「격몽요결」과 같은 교과서를 만들어 쓴 것을 참조하여 장혼도 그 당시의 시대정신을 담은 교과서를 만들기로 했다. 따라서 장혼은 1803년 아이들이 쉽게 이해할 수 있는 글을 모은 「아희원람」을 편집한 다음 정리자체 철활자를 빌려 인쇄했다. 그런데 남의 활자를 임대해 쓰려니 비용이 만만치 않았다. 그래서 장혼은 사재를 털어 필서체 목활자를 만들었다. 그의 목활자는 크기는 작지만 정교하면서도 글자모양이 부드럽고 예쁘다는 평가를 받고 있다.

장혼은 1810년 이 목활자를 이용해 「몽유편」과 「근취편」, 「당률집영」 등 총 세권의 교과서를 만들었다. 그는 또 송석원시사의 중심인물로 활동하면서 천수경과 함께 위항시인 333명의 시 723수를 모아 「풍요속선」을 간행했고, 우리나라의 역사를 요약한 「동사촬요」 등 24종의 책을 간행했다. 이는 18세기에 인쇄문화가 얼마나 발달했는지를 보여주는 좋은 예라고 할 수 있겠다. 당시에는 방각본 소설이 유행할 정도로 민간의 문화수준이 높아졌고, 조정에서도 문화가 꽃필 수 있는 여건을 만들어 주었던 것이다. 이처럼 정조는 18세기에 뛰어난 중인 신분의 학자들을 과감하고도 광범위하게 등용하여 문화가 꽃피게 함으로써 문예부흥을 이끌었다. 이로써 조선은 찬란한 문화국가로 재탄생하고 있었다.

제5장

정조의 개혁적 도전과 성과

인재양성기관 규장각

규장각은 인재를 발굴, 육성하기 위하여 1776년(정조즉위년) 9월 창덕궁 북쪽 후원에 세워졌다. 정조가 규장각을 구상한 것은 세손 시절로 송나라 왕안석의 개혁정치를 연구하면서 당, 송, 명나라에서 황제의 권한을 강화하고 재상의 권한을 견제하기 위해 시행된 전각제도에 주목하면서부터였다. 특히 송나라 때 용도각, 집현전, 고문각 등 전각제도가 매우 발달했다. 학자들을 우대하고 자문을 구하기 위해 전각을 짓고 학사들을 초빙하여 우대했던 것이다. 명나라 때에도 몽골 습속을 몰아내고 한족의 문화를 부흥시키며 체제를 유지하기 위해 전각제도를 유용하게 시행했다. 이에 정조는 전각제도를 자신의 왕권강화 수단으로 활용하기로 마음먹었고, 그 결과 실현시킨 제도가 규장각 제도였다. 이것은 세종 때 새 나라의 제도를 정비하기 위해 마련되었던 집현전과 유사했지만 개혁을 추진하고 정치개혁 세력을 만들기 위한 장치라는 점에서 달랐다.

정조는 왕안석의 개혁정치, 명·청의 전각제도, 세종 때의 집현전 등 여러 장점을 조합해 규장각을 구상했다. 규장각은 원래 숙종이 역대 임금의 글을 모아 종정사에 보관하고 '규장각'이란 현판을 건데서 유래했다. 그때 규장각은 궁중의 책과 유물, 역대 왕들의 초상화와 인장 등 다양한 왕실 물품을 보관하는 왕립도서관 겸 박물관이었다. 그러나 정조가 규장각을 설치한 것은 단순한 왕립도서관이나 박물관 역할 때문이 아니었다. 그는 규장각을 통해 뛰어난 인재를 모아 외척과 환관들의 역모와 횡포를 누르고 개혁정치를 펼치고자 했다. 말하자면 규장각은 정조를 뒷받침할 개혁 세력을 양성하는 곳이었다. 정조는 규장각을 자신이 직접 관리하고 운영하면서 서서히 조직과 기능을 늘려갔다. 초기에는 책임자로 제학 2명, 부책임자인 직제학 2명, 직각 1명, 대교 1명 등 6명을 두고, 이들을 통칭하여 각신이라 불렀다. 조직으로는 소박한 구색이었다. 정조는 정파에 치우치지 않고 공평하게 인사를 단행했다. 처음부터 과감하게 탕평인사를 실시하였다. 그리하여 즉위년(1776년) 9월 초대 제학으로 노론의 황경언, 소론의 이복원, 직제학은 노론의 홍국영과 남인 유언호를 뽑았고, 그 후에 남인 채제공, 노론 김종수 등을 추가했다.

초대 규장각 관장 격인 황경언은 영조 때 과거에 급제한 인물로 고문에 밝고 문장이 뛰어나 높은 평가를 받았고, 대사성, 대사간, 대사헌 겸 양관 제학을 지냈다. 무난한 품성이었으나 한때 당쟁의 소용돌이에 휘말려 1761년(영조37년) 스승인 노론의 이론가 이재언이 문제를 일으키는 바람에 이에 연루되어 거제도 등지로 유배를 가기도 했다. 그렇지만 정조의 선택을 받고 이조판서, 중추부 판사 등을 지내며 정조의 학문적 자문역을 하면서 측근으로 활약하게 되었다. 이복원과 유언호는 세손 시절부터 정조를 지극정성으로 모셨던 신하다. 특히 유언호는 1761년(영조37년) 과거에 급제하여 주로 사간원과 홍문관의 직책을 역임했고, 1771년(영조47년) 영조가 산림세력을 당론의 온상이라 공격하여 이를 배척하는 「엄제방유곤록」을 만들자, 권진응 등과 함께 항의성 상소를 올렸다가 경상도 남해에 유배되기도 하였다. 게다가 1772년(영조48년)에는 홍봉한 중심의 척신 정치를 제거하는 것이 사림 정치의 이상을 실현하는 것이라 생각한 정치적 동지들의 모임인 '청명류사건'에 연루되어 흑산도로 유배되기도 하였다. 그러나 당시 세손이던 정조를 춘궁관의 신분으로서 성심껏 보좌하였으므로 정조 즉위 후에는 지극한 예우를 받았다. 전형적인 외유내강형의 인물이었던 그는 1780년(정조4년) 한성부 판윤을 거쳐 1787년(정조11년)에는 우의정에 올랐다. 그러나 이듬해에 영조를 비판한 남인 조덕린이 복권되자 이를 강도 높게 비판하다가 제주도로 유배되기도 했다. 3년 후 풀려난 그는 1795년(정조19년) 좌의정에 오르지만 이듬해 세상을 떠났다. 그는 순조2년 정조 묘에 배향되었다. 그만큼 정조를 위한 공이 컸다는 뜻이었다.

이때 홍국영의 역할 또한 컸다. 한때 한량으로 지낸 그는 뛰어난 인재들을 많이 알고 있었다. 특히 그들 가운데는 서얼 출신으로 높은 학식과 능력을 갖추었지만 벼슬길에 나서지 못하는 인물들이 많았다. 그는 정조에게 서얼 출신 인재들을 중용할 것을 건의했다. 그런데 규장각에는 그들을 임명할 마땅한 직제가 없었다. 그리하여 정조는 그들을 과감히 등용하기 위해 1779년(정조3년) 각신의 대열에 들지는 못하지만 중요한 임무를 맡은 '검서관(檢書官)'이라는 직제를 신설하였다. 그 자리에 이덕무, 유득공, 박제가, 서이수 등 4명이 임명되었는데 모두가 서얼 출신이었다.

1781년(정조5년)에 이르러 규장각은 조직과 기능을 완전하게 갖추었다. 규장각을 내각과 외곽으로 나누고 내각에는 기존의 각신 외에 실무책임자인 직각과 대교 1명씩을 전임으로 하고 그 아래 검서관 4명과 영첨 2명을 두고 직제학 이하 영첨까지를 각료라고 불렀다. 잡직으로는 서리를 비롯해 수직군사와 노비 등을 합해 70여 명 등을 채용했다. 총 105명에 이르는 이 인원은 홍문관의 정원 84명보다 훨씬 많았다. 규장각은 임금의 글인 어제, 임금의 초상화인 어진 등을 봉안하는 기능이 첫 번째였고, 각종 서적의 수집과 편찬도 도맡았다. 설립 초에 연경에서 5,000권의 장서 구입을 시작으로 청나라 강희제 때 중국 역대 저작을 정리한 1만권이 넘는 '고금도서집성(古今圖書集成)'을 비롯해 정조 시대에만 2만여 권이 수집되었고, 도합 7만여 권의 중국서적을 모았다. 또한 단순한 도서관 기능을 넘어 서적을 출판하기도 했다. 당시 규장각에서 편찬된 서적으로는 정조의 개인문집「홍재전서」, 왕의 일기를 국가의 공식기록으로 문서화한「일성록」, 혜경궁 홍씨의 회갑연을 기록한「원행을묘정리의궤」등과 함께 자신이 세손 시절 대리 청정을 둘러싸고 일어났던 권력투쟁을 정리한「명의록」, 선조부터 숙종대까지의 당쟁의 근원을 밝힌「황극편」, 천 백여 건의 재판 판례를 기록한「심리록」, 법전인「대전통편」등 이루 헤아릴 수 없을 정도였다.

이 서적들은 창덕궁 돈화문 옆에 있던 교서관에서 인쇄되었다. 이렇듯 수많은 자료가 살아 숨 쉬게 된 규장각은 자연스럽게 학문연구의 장소가 될 수 있었고, 정조의 인재양성기관으로 자리하게 되었다. 처음에는 역대 국왕들의 어제 저술과 친필을 보관 정리하기 위한 규장각을 설립했지만 정조의 본뜻은 세종을 본받아 인재양성기관으로 한 단계 끌어올리는 데 있었다. 소수의 친위세력으로 조정을 둘러싸고 있는 반대세력들을 제압해 가며 자신이 원하는 정치를 펼치려면 장기적으로 신진 친위세력들이 필요하다고 보았기 때문이다.

그 구체적인 방안으로 정조는 문과 급제를 통해 관리의 길에 들어선 젊은 세대의 문신들을 직접 평가하고 가까이 하기 위해 1781년(정조5년) 2월 '초계문신제'를 실시한다. '초계문신(抄啓文臣)'이란 의

정부 정승들이 추천해서 올린 문신들이라는 뜻이다. 정조 자신은 이를 세종 때부터 1년 정도 휴가를 주어 자유롭게 독서를 하도록 했던 '사가독서제'의 전통을 이어받은 것이라고 했다. 37세 이하의 당하관 중에서 의정부가 선발하여 본래 직무를 면제하고 사서삼경과 국정 현안 연구에 전념하게 하면서 한 달에 두 차례 구술고사와 한 차례 필답고사로 성적을 평가하였다. 이 과정에서 당파가 형성되는 것을 막기 위해 거의 대부분 정조가 친히 강론에 참여하거나 직접 시험을 보며 채점하기도 하였다. 기간은 대략 3년이었고 40세가 되면 졸업시켜 이때 익힌 바를 국정에 적용하도록 하였다. 초계문신은 1781년(정조5년)부터 1800년(정조24년)까지 10차에 걸쳐 모두 138인이 선발되었다. 문풍(文風) 진작을 위해 세종이 변계량의 의견을 받아들여 실시한 사가독서제(賜暇讀書制)는 비교적 자유로워 끝나고 나면 이이의 「동호문답」처럼 국정 현안에 대한 나름의 총론적 진단을 제출하는 정도의 조건이 있었을 뿐이었다. 그러나 초계문신의 경우 사실상 정조가 스승이 되어 사서삼경은 말할 것도 없고 국정현안 하나하나에 대한 자신의 생각을 심어주려 한 것이었다. 특히 정조는 학문을 바탕으로 하지 않는 지식이란 공허한 것이며, 철학이 없는 실천은 무의미하다고 강조했다. 그의 학문은 선진(先秦) 시대의 유학과 성리학을 기본으로 했다. 특히 주자의 성리학을 정학(正學)으로 떠받들면서 이를 조선에서 만개시켰던 우암 송시열을 추종했다. 정조는 태평성대였던 요순 삼대의 정치를 자신의 치세에 재현시켜 보고자

하는 꿈을 갖고 있었다. 그리하여 정조는 자신의 꿈을 관철하기 위해 세손 때부터 친위세력을 키우려고 마음먹고 있었던 것이다.

정조는 규장각에 노론, 소론, 남인 등의 정파에서 당색에 물들지 않은 청렴한 인재들을 골라 선발했다. 그 결과 남인 채제공 같은 인물은 정조의 굳은 신뢰를 바탕으로 훗날 재상이 되어 '오년독상(五年獨相)'이라는 칭호를 받는 거물로 성장하기에 이르게 된다. 규장각에서는 10차례에 걸쳐 초계문신을 발굴, 육성하였다.

1781년(정조5년) 제1차 초계문신으로는 서명선(영의정)이 직접 뽑았고 거기에는 서정수(이조판서), 이시수(좌의정), 홍이건, 이익운(예조판서, 남인), 이종섭, 이현묵, 이동직(관찰사), 박종대, 서용보(영의정), 이집두 (예조판서), 김재찬(영의정), 이조승, 이하석, 홍인호(관찰사), 조윤대(이조판서), 이노춘(예조참판) 등 16명이 포함되었다.

1783년(정조7년) 제2차 초계문신은 홍낙성(좌의정)이 직접 뽑았고 이현도, 정만시, 조제로, 이면긍(6조판서), 김계락(우참판), 김희조, 이곤수, 윤행임(예조판서), 함종인, 이청, 이익진(사헌부 지평), 심진현, 서형수(관찰사), 신복, 이유수, 강세륜 등 16명이 포함되었다.

1784년(정조8년) 제3차 초계문신은 다시 서명선(영의정)이 직접 뽑았고 정동관, 이서구(홍문관 교리), 한치웅(병조판서), 한상신, 이형달, 홍의호(봉조하), 한홍유 등 7명이 포함됐다.

1786년(정조10년) 제4차 초계문신은 김치인(영의정)이 직접 뽑았고 정만석(우의정), 송상렴, 김조순(순조의 장인), 홍낙정, 장석윤, 이상황 (영의정) 등 6명이 포함됐다.

여기서 주목해야 할 인물은 김조순이다. 김조순은 이이명, 조태채, 이건명과 함께 경종 초 연잉군(영조)의 왕세자 책봉을 관철시켰다가 김일경 등이 이끄는 소론에 의해 죽게 된 노론 4대신 중의 한 명인 김창집의 4대 손으로 노론의 적통을 잇는 인물이었다. 1785년(정조9년) 문과에 급제해 초계문신으로 선발됐으며 당쟁에 대해 비판적이었다.

1800년(정조24년) 승지로 있다가 딸이 정조의 아들 순조와 혼인을 하게 되었다. 순조가 즉위하자 병조판서와 이조판서 등 핵심요직에 제수되었으나 사양했다. 순조 2년에 총융사를 지냈고 같은 해 딸이 순조의 비(순원왕후 김씨)로 봉해지자 훈련대장, 호위대장 등을 지내며 안동 김씨 세도정치의 기초를 형성하게 된다. 특히 그는 노론 시파로서 순조 초 정권을 장악했던 심환지와 정순왕후의 노론 벽파를 제거하는데 결정적 기여를 하였다. 특히 행정에 밝아 백성의 고통을 덜어주는 데 효과적인 정책을 다양하게 내놓았으며 권력의 전면에 나서지 않아 비교적 좋은 평가를 받았다. 그러나 안동 김씨 일문이 요직을 독점하여 새로운 세도정치가 등장하여 한 가문의 영달을 위해 갖가지 전횡과 뇌물 수수를 일삼으니 공평한 인사의 기본인 과거제도가 문란해지고 매관매직이 이루어지는가 하면 정치 기강이 무

너지고 신분 질서의 급속한 와해와 함께 국가의 위기가 도래하기도
하였다.

　1787년(정조11년) 제5차 초계문신도 김치인(영의정)이 직접 뽑았는
데 유경, 윤영회 윤광안(판서), 이희관, 신서 등 5명이 뽑혔고,
　1789년(정조13년) 제6차 초계문신은 이성원(좌의정)이 직접 뽑았고,
서영보(이조판서), 정약용(동부승지), 심규로, 윤인기, 서유문(이조참판),
심상규(우의정), 이래면, 김희순(이조판서), 이기경(이조좌랑), 박윤수(좌
참찬), 김이규(우의정), 안정순, 이래현, 유한우 등 15명을 뽑았다. 눈에
띄는 인물은 단연 정약용이었다.
　1790년(정조14년) 제7차 초계문신은 '남인 정승' 채제공(좌의정)이
직접 선발했다. 조득영(우참찬), 윤시눌, 김경, 최벽, 신성모, 송지렴,
이희갑(병조판서), 정노영, 김이재(이조판서), 이명연, 서유거, 박종순,
한용택, 엄기, 정약전(병조좌랑), 홍수만, 김달순(우의정), 윤행직, 박종
경 등 19명을 뽑게 되었다.
　1792년(정조16년) 제8차 초계문신은 채제공(좌의정)이 이조원(한성
부 판윤), 김희화(공조판서), 이위달, 남공철(영의정, 정조의 스승 남유용의
아들), 한기유, 이운항, 권기, 임경진, 민치재 등 10명을 뽑았다.
　1794년(정조18년) 제9차 초계문신은 홍낙성(영의정)이 직접 선발했
고, 최광태, 오태증, 김근순(부제학), 권준, 이존수(좌의정), 조만원(형조
판서), 서준보(이조판서), 조석중, 이면승(이조판서), 유태좌, 홍낙준, 유

원명, 김조락, 윤치영, 구득로, 신현, 송면재(형조판서), 정취선, 강준흠(승지), 홍주명, 황기천, 이동만, 신봉조, 김희준, 김처암, 이영발, 홍석주(좌의정, 홍낙성의 손자) 등 역대로 가장 많은 27명을 뽑았고, 게다가 김이영, 김계온, 이상겸은 정조의 특명으로 추가되었다.

1800년(정조24년) 마지막으로 제10차 초계문신은 이병모(영의정)이 직접 선발했고 이영하, 여동식, 김매순(예조참판), 김기은, 신위(이조참판), 윤일달, 심영석, 조정화, 오연상(도승지), 김순, 조종영(우참찬), 윤정열, 조정석 등 13명을 뽑았고, 김석현이 특명으로 추가되었다.

이들 중 초창기에 뽑힌 이시수, 서정수, 서용보 등 일부는 정조 후기에 중책을 맡아 활약상을 보이지만 대부분은 순조 때 고위직에 올라 세도정치의 위세를 부리거나 희생양이 된다. 어쨌든 정조는 24년의 재위기간 동안 규장각을 효율적으로 운영하여 훌륭한 인재들을 배출하는데 심혈을 기울였다. 그리고 이들과 함께 정치개혁, 문예부흥, 상공업 진흥 등을 통한 부국강병을 추진하여 정치적 안정과 경제적 부흥을 이끌었다. 그리하여 나름 태평성대를 맞이했고 그의 시대를 찬란하게 이끌어 간 교파형 지도자로 그의 이름을 역사에 남길 수 있었다. 조선시대 세종만큼이나 개혁정치와 문예부흥을 이끈 위대한 지도자로 추앙받을 만 하다.

탕평과 의리를 통한 국가대통합

정조는 높은 학문적 기초와 숭고한 인격을 다진 후에 무예와 문예 그리고 과학기술에도 관심을 기울였고, 성리학은 물론이요 실학과 북학 그리고 불교 및 서학 등 당시 온갖 사상과 지혜를 섭렵하면서 사상적 탕평을 실현하려고 했으며, 노론 일색인 조정에 소론, 남인 및 서얼 등 기타 인재들을 과감하게 등용하여 정치적 탕평을 꾀하였다. 그리고 완성된 인격으로 공적인 의로움을 실현하기 위한 정치를 해야 한다고 주장하며 국가대통합을 추진하였다. 그 시대에 '의리'는 정치적으로 중요한 화두였으며 사회를 이끌어가는 명분이기도 하였다.

정조는 사회를 이끌어가는 철학을 성리학으로 정했다. 성리학을 정학(正學)으로 정한 것이다. 따라서 성리학은 조선의 이념이자 철학이 된 것이다. 정조 자신도 성리학을 국가의 통치이념으로 삼았고 성리학의 거두 송시열을 추종했다. 주로 집권 세력인 노론 일파가 성리학을 정치 이념으로 삼고 있다. 그러나 이 시기에 성리학에 바탕을 둔 사회체계의 한계성을 극복하고 현실 속에서 얻은 지식을 바탕으로 새로운 시대를 구현하려는 현실 개혁적 사상 체계가 대두되고 있었다. 이른바 실학(實學)이었다.

이수광, 유형원 등을 선구로 시작된 이 같은 실학은 이익, 안정복, 박세당, 홍대용을 거쳐 박지원, 정약용, 이덕무, 박제가에 이르러 집대성되고 19세기 말의 개화 사상가들에 의해 재발견되었다. 이들에게 특징적으로 드러나는 것은 무엇보다도 조선 사회의 성리학적 질서와 다른 새로운 것을 추구했다는 점이다. 즉 이들은 모두 새로운 사회 건설을 통한 새로운 시대를 염원했다. 정조는 학문적으로 육경 중심의 남인 학파와 친밀했고, 예론에서도 왕권의 우위를 주장하던 남인 학파 내지 남인 정파와 밀착될 소지를 충분히 안고 있었다. 그리고 실권을 주장하였던 노론 중에서도 젊은 자제들이 북학 사상을 형성하고 있었으므로 그들의 학자적 소양에도 호응하고 있었다.

정조가 중용(重用)했던 대표적인 인물은 남인 계열의 채제공을 비롯 실학자 정약용, 이가환 등과 북학파의 박제가, 유득공, 이덕무 등이었다. 이런 가운데 정약용은 서학인 천주교에 몰두하는 경향을 나타냈다. 정조는 이를 우려했으나 정약용은 그에게 자신은 허목에서 이익으로 이어지는 학통을 계승했다고 하면서, 북학이나 서학은 참고자료일 뿐이고 자신 학문의 바탕은 분명히 육경 고문이라고 주장했다. 따라서 정조는 정약용에게 정학인 성리학을 중심으로 창조적인 자기 세계를 개척해 나가는 것이 학문의 바른 길이라고 강조했다. 그렇지만 조선에서는 18세기 후반부터 본격적으로 서학인 천주교를 신봉하는 사람들이 등장했다. 주로 서울과 경기도 일대에 살던 젊은 남인계 학자들로 권철신·이가환·정약전·정약용·권일신·이벽 등이었다.

또한 정조는 당쟁이 극에 달해 있던 당시에 어느 당파의 정책이 '의리'에 어긋나는 것으로 결론지어지면 조정의 주도권을 빼앗기게 된다고 여겼다. 정조는 지식인이라면 학문이나 포부도 중요하지만 무엇보다 행동과 실천이 중요하다고 생각했다. 곧 '의리'란 실천함으로써 발휘되는 정의라고 생각했다. 즉 정조는 조정 중신들이 의리란 명분으로 다른 정파들을 함부로 재단하고 비방하는 세태를 탄식하였다. 특히 노론 벽파가 경종 때 소론의 위협으로부터 죽음을 무릅쓰고 연잉군(영조)을 지켜낸 '신임의리론'을 최고의 의리로 선양하면서 정조를 견제하고 있었다. 그들의 의리론은 정조 치세 중반에 영남 남인들이 '만인소'에서 주장했던 '임오의리론'과 창끝을 마주하고 있었다. 영남 남인들은 만인소에서 "우리는 과거 이인좌의 난이 일어났을 때 힘껏 맞서 싸웠는데 노론의 견제 때문에 차별 받고 있으니 억울합니다! 사실 임오년에 사도세자께서 돌아가신 것도 의리 때문입니다!"라고 주장했다. 이에 신임의리론을 내세운 노론 벽파들은 "남인이 주장하는 의리는 정계에 세력을 넓히려는 협잡에 불과합니다! 우리 의리가 진짜입니다!"라며 맞섰다. 이에 정조는 어느 편도 들지 않고 공평무사하게 처신하려고 노력했다. 정조는 심정적으로 만인소의 주장에 동조했지만, 자신을 제어하고 중용을 지키려고 노력했다.

정조는 조정의 중신들이 의리조차 제대로 알지 못한다고 탄식하면서도 중용과 절제의 미학으로 자신의 감정을 다스렸다. 그렇게 함으로써 정조는 양보와 타협의 건강한 사회를 만들어 갈 수 있었다. 누군가 반드시 함께 가야 할 상황이라면, 상대가 아무리 마음에 들지 않더라도 손을 내밀어야 하는 것이 정치다. 그게 아니라면 상대를 떨쳐낼 수 있는 합리적인 명분을 제시해야만 했다. 이런 무책임한 적대감은 어느 누구에게도 지지를 받을 수 없는 것이었다. 정의와 원칙이 강물 같이 흐르지는 않더라도 최소한의 도리를 보여주어야만 정치가들이 백성들로부터 신뢰를 얻을 수가 있다고 여겼다. 그리하여 정조는 조정의 중신들이 명분에 맞게 자신을 절제하면서 행동하여 의리를 제대로 알도록 충고했다. 즉 분수에 맞게 행동하고 공부하여 제대로 된 의리를 알고 처신하는 것이 명분에 부합하는 일이라고 강조했다.

유교국가인 조선에서 왕자가 세자로 책봉되면 세자시강원(世子侍講院)이란 곳에서 매일 강도 높은 제왕학 수업을 받아야 했다. 세자시강원의 관료들은 모두 문과에 합격한 참상관들로 높은 학식을 가진 인물들이었다. 세자는 그들과 함께 서연을 통해 자신의 학문적 성과를 검증받아야만 했고, 또한 왕이 되어서도 경연이란 제도로 강도 높은 정책 토론을 전개해나가야 했다. 경연은 중국 한나라와 당나라의 어전강의에서 비롯되었고, 북송시대에 체계화되어 명, 청대까지 이어졌으며 조선에서도 정례화 되었다. 경연관은 1품에서 9품에 이르는 관리 약 30명이었는데 강의는 주로 홍문관원이 맡았다. 교재는 사서오경과 역사, 성리학 서적이었다. 경연은 조강과 주강, 석강 등 하루 세 차례 치렀는데 왕은 매번 참석해야 했다. 특히 조강에는 왕을 비롯하여 의정부, 육조, 승정원, 홍문관, 사헌부, 사간원 등 권력의 핵심부가 한자리에 모였으므로 국가정책을 협의하는 자리가 되었다. 이와 같은 경연으로 인해 17세기, 18세기 조선에서는 숙종, 영조, 정조 등 높은 학문과 품격을 지닌 임금들이 탄생하기도 했다. 특히 정조는 스스로 학자 군주를 자처할 정도로 학문에 뛰어나 역사상 처음으로 문집을 남긴 왕이었다. 그의 문집인 「홍재전서」는 180권 100책 10갑의 방대한 분량으로 어느 학자의 업적과 견주어도 뒤지지 않았다.

정조는 세손 때부터 항상 암살 위협에 시달렸으므로 밤을 새워 책을 읽으며 자신을 지켜냈다. 또한 즉위한 뒤에는 변화와 개혁을 선도하고 인재들을 양성하기 위해 규장각을 설치한 다음 정책연구와 통치기반을 다졌다. 이후 학문이나 정치에 자신감을 얻은 정조는 경연을 통해 신하들로부터 교육받는 관행을 타파하고 왕이 주도적인 입장에서 학문을 가르치고 토론하는 체제로 바꾸었다. 그 과정에서 정조는 자신의 통치에 대한 여러 가지 구상과 논리를 만들어 냈다. 그 중에서도 완성된 인격을 갖추어 공적인 의로움을 실현해야 한다는 의리론을 비롯해 명검론, 언론, 진퇴론 등으로 자신의 정치 철학을 구체화시켰다.

정조는 사회를 공정하게 이끌어가기 위하여 그의 시대에 정치적 화두로 의리를 거듭 강조하곤 했다. 이는 서구적 마키아벨리즘과 반대되는 개념으로 그가 백성을 사랑한 성군으로 불리어지게 된 이유이기도 하다. 그는 권력 유지를 위하여 수단, 방법을 따지지 않는 냉혹한 지도자가 아니었다. 단 한 명이라고 억울한 죄인을 살리려고 노력한 따뜻한 지도자였다. 그렇지만 한편으로는 엄정히 법을 집행하여 공정하게 사회 통합을 시도한 지도자로 시대에 맞는 공적인 의리를 내세우고 강조하였다. 정조는 그가 처한 어려운 시대에서 복수를 넘어 사회통합을 이루기 위한 의리에 대해서 다음과 같이 피력하기도 했다.

"의리란 막중하고 막대한 것이어서 차마 하지 못하고, 감히 하지 못하며, 말하지 않는 것이 의리다. 하지만 때가 되면 말하지 않을 수 없는 것이 또한 의리이다!"

그러니까 함부로 의리 운운해서는 안 되지만, 때가 되면 반드시 짚고 넘어가야만 하는 것이 또 의리라는 것이다. 당시 노론 벽파의 영수였던 심환지가 신임의리론을 내세우며 은근히 정조를 압박하자, 이에 정조는 지도자의 절제된 감정으로 담대하게 심환지에게 화답한 것이었다. 참으로 냉혹한 서양의 정치와는 달리 찬란한 문화국가 조선의 정치는 이러한 것이었다. 어찌 이러한 지도자 정조를 성군이라 아니할 수 있겠는가?

따라서 탕평과 의리를 통해 국가 대통합을 추진한 정조는 근대국가에서나 볼 수 있는 교파형 지도자였다고 평가할 수 있겠다. 정조의 이런 위대한 리더십은 현대 국가에도 적용할 만한 훌륭한 가치를 지녔다고 할 수 있다.

근대적인 상업정책과 문화정책

정조는 상업정책과 문화정책에서 개혁 정신을 발휘하였다. 정조 시대의 조선은 상공업의 성장으로 이미 농업 일변도의 국가 운영의 시대는 지나간 시기였다. 농촌 또한 이앙법의 보급으로 인해 잉여농산물이 늘어나면서 시장에 상품이 넘쳐났다. 또 호미나 낫을 만드는 철 관련 수공업을 비롯해 각종 제조업이 발달하면서 전국에 장터가 1,000개 이상 생겨났다. 이에 발맞추어 화폐 사용이 대중화되자 상업의 발달은 필연적인 대세가 되었다. 여기에 한양의 인구증가도 한몫을 했다. 17세기 15만 명이던 서울 인구는 18세기에 30만 명으로 두 배로 늘었다. 이로 인해 '시전(市廛)'이라는 제한된 시장으로는 수많은 백성들의 다양한 수요를 충족시킬 수 없게 되었다.

이때 '도고(都賈)'로 불리는 거대상인들이 국가경제의 고삐를 잡고 있었고 대외무역도 활발했다. 한양은 대외무역의 중심지 일 뿐 아니라, 한강을 끼고 장사하는 이른바 경강산업의 발달로 상업도시화가 빨라졌다. 또한 지방인구의 유입으로 성 밖 곳곳에 신촌이 늘어남에 따라 서울의 행정구역이 넓어지고, 서울과 지방을 잇는 도로망도 확충되었다. 한강에 위치한 백리권 지역도 도시화가 촉진되면서 점차 하나의 생활권과 문화권으로 통합되어갔으며 점차 광역수도권이 형성되어 갔다. 또한 화폐경제의 발달에 따라 종래 강제적인 부역노동으로 이루어지던 각종 토목공사가, 인부를 고용하여 정당한 임금을 지불하는 제도로 바뀐 점도 주목할 만한 변화였다. 백성들이 이제는 더 이상 대가 없는 노동력을 국가에 바치려 하지 않으면서, 국가경영 방식도 자연히 강제성에서 벗어나 시장경제의 원칙을 수용하며 유연하게 대처해 나가기 시작했다.

이제 사람들은 불친절하고 값비싼 시전보다는 활기찬 '난전(亂廛)'을 선호하게 되었고, 시장경제의 축은 자연스럽게 난전 쪽으로 이동할 수밖에 없었다. 난전도 우후죽순처럼 생겨나 규제 일변도의 시장 정책으로는 도저히 제어할 수 없는 지경에 이르렀다. 이에 정조는 이러한 시대 흐름을 예리하고 자세히 관찰하여 상업의 발전을 위해 획기적인 조치를 취했다. 즉 상공업 발달의 긍정적인 측면을 과감하게 수용하기로 하고 종전에 시전 상인들에게 부여했던 난전 금지권, 즉 '금난전권'을 혁파했다. 이것이 정조가 1791년(정조15년) 시행한 신해통공(辛亥通共)정책이다. 통공이란 양쪽을 모두 통하게 한다는 뜻으로 곧 경제활동에서 특권 상인에 의한 독과점 행위를 폐지하는 조치였다. 생산자와 소비자 사이의 장벽을 없앰으로써 모두가 윈윈할 수 있는 상거래 분위기를 조성하겠다는 것이다. 이는 난전의 개인적인 상행위를 보장하는 것으로 시장을 독점상업체제에서 경쟁적인 시장경제 체제로 바꾼다는 것을 의미했다. 이러한 혁명적인 경제개혁 조치를 정조는 당시 독상으로 활약하고 있던 채제공에게 맡겼다. 이에 채제공은 시전 상인들의 횡포 때문에 백성의 고통이 심하고, 또한 이들의 횡포로 매점매석은 물론이고 난전 상인들에 대한 핍박이 거세지고 있다는 것을 알고 있었다. 따라서 그들이 관청과 권세가와 결탁하여 그 폐해가 막대하여 나라의 살림을 어렵게 몰고 가는 이유를 확실히 파악함으로써 금난전권 혁파를 단행한 것이었다. 그렇게 해서 신해년인 1791년(정조15년) 다음과 같이 신해통공 조치가 취해졌다.

첫째, 시전 상인들은 금난전권을 빙자해 소상인을 괴롭히지 못한다.

둘째, 수십 년 안에 생겨난 소소한 시전은 혁파한다.

셋째. 육의전 이외의 시전은 금난전권을 행사할 수 없다.

이러한 조치로 신해통공의 효과는 곧 나타났다. 이튿날 어물전의 물가가 하락했고, 5개월 후에는 장작 값이 옛날 수준으로 돌아갔던 것이다. 이처럼 값이 싸지자 백성들의 씀씀이가 늘어났고 시장이 활기를 띠기 시작했다.

한편 난전을 단속해 주머니를 불리던 부패한 군관들과 아전들은 점차 힘을 잃어가고 있었다. 이는 그들을 지원하던 권세가들, 곧 노론 세력들의 타격을 의미했다. 이리하여 난전은 급속히 성장했다. 난전의 급속한 성장은 조선 후기 사회 전체를 변화시켰고 상업을 비약적으로 발전시켰다. 특히 송파와 경강지역의 난전에 의해 상업의 발전이 시작되었는데, 당시 한강변은 전국의 생산물이 모여드는 상업의 요지였다. 그중에서 한양을 돌아 흐르는 광진, 광나루에서 양화진까지를 경강이라고 했다. 경강은 다시 남산 남쪽 일대에서 노량진까지를 한강, 노량진 서쪽에서 마포나루까지를 용산강, 마포나루 서쪽에서 양화진까지를 서강이라고 불렀는데, 그 세 곳의 교역이 제일 활발했다. 용산강은 경상도, 강원도, 충청도, 전라도 등지에서 조세로 바치는 곡물을 싣고 오는 세곡선의 종착지였고, 시탄과 목재, 소금 등이 주로 거래되었다. 훈련도감 군인들에게 월급으로 나누어주는 곡식의 창고인 별영청도 용산에 있었다. 마포나루는 한양 최대의 어시장으로 서해안과 한강 상류를 연결하면서 쌀과 채소, 새우젓, 절인 생선을 주로 취급했다. 또 서강의 양화진도 마포나루와 비슷한 품목을 거래했다. 그 외에 서빙고는 얼음 창고로 유명했고, 옥수동 쪽에 있던 두모포에서는 땔감과 목재, 고추, 마늘 등을 취급했다.

16세기 이후 경강변의 변화 원인은 무엇보다도 인구 증가에 있었다. 경강지역을 오가는 선박이 2,000여 척이 넘었고, 그에 따라 상인들 외에도 밤섬의 조선소들은 선박의 제작과 수리로 호황을 누렸다. 또 술집이 700여 개나 되어 술 빚는 데 쓰인 쌀이 1년에 수만 석이 넘었으며, 술 항아리가 1,000개를 넘는 술집도 있었다. 이러한 경강지역이 유통의 통로로 도약하면서 삼남과 영동의 길목인 송파장, 동북지역으로 가는 양주의 누원점, 포천의 송우점이 함께 번성하기 시작했다. 당시 송파는 남한산성과 가까운 군사적 요충지였으므로 조정에서는 의도적으로 백성들을 묶어두기 위해 장을 활성화시켰다. 때문에 송파장은 조선 최대의 장터로 성장했다. 날마다 미곡, 목재, 석재, 과일, 약재, 도자기, 목면, 마, 연호 등의 지방 토산물이 올라왔고, 한양의 생선, 소금, 고급 옷감 등이 전국으로 내려갔다.

이처럼 난전은 비약적으로 성장하여 조선의 상업을 발전시키는 데 중추적인 역할을 하였다. 이에 비하여 신해통공 정책의 시행으로 시전은 몰락의 길로 접어들었다. 시전이란 조선왕조가 개성에서 한양으로 천도하면서 국가지정 시장으로 건설된 것이다.

1412년(태종12년)부터 조성된 시장은 2년 뒤 종루에서 남대문, 종묘 앞에서 동대문에 이르는 2,500칸이 넘는 거대한 상가로 완성되었다. 이 시전거리에는 사람들이 아침부터 구름처럼 몰려들고 흩어졌으므로 운종가(雲從街)라고 불렀다. 운종가는 오늘날 서울의 명동처럼 한양 최대의 번화가로 자리 잡았다. 시전은 육의전이라고도 불렀는데 가게에서 비단, 면포, 명주, 종이, 모시, 어물 등 여섯 가지의 중요한 물품을 취급했기 때문이었다. 그 가운데 종각 부근의 선전에서는 중국 비단을 팔았고, 청진동 근처의 저포전에서는 모시, 지전에서는 종이를 팔았다. 보신각 뒤쪽에 있는 포전에서는 삼베 등을 취급했다. 이들은 나라에서 일정한 특권을 주는 대신 필요한 물품을 바쳐야 할 의무가 있었다. 시전을 관리하는 관청인 평시서에서 세금을 정해주면 시전의 대표인 대행수가 이를 거두어 바쳤다.

시전은 이렇게 나라에 쓰일 물품을 조달하는 창구의 역할을 담당했다. 이는 전란으로 인해 조정의 재정이 바닥났고, 종래의 중요한 세원인 토지세나 인두세가 잘 걷히지 않자 육의전에 전매권을 부여했기 때문이다. 그에 따라 시전은 한양에 들어오는 모든 상품에 대한 독점권을 갖게 되었고 따라서 한양에서 거래되는 모든 상품은 시전을 통해야 했다. 이를 어기면 난전이라 하여 처벌되었다. 시전의 대행수에게는 난전을 적발해 물건을 압수하고 난전 상인을 체포해 평시서나 형조로 넘기는 경찰기능까지 주어졌다. 그로 인해 지방 상인들은 한양에서 물건을 팔기 위해서 항상 시전의 비위를 맞추어야 했다. 시전 상인들은 물건을 팔아야만 하는 지방 상인들에게 싸게 매입하여 폭리를 취하곤 했다. 이와 같은 금난전권의 폐해를 조정에서도 잘 알고 있었으나 조정의 각 부에 필요한 물품을 제공했던 시전 상인들의 권리를 함부로 빼앗을 수 없었다. 그래서 값비싸고 긴요한 물건들만 난전을 못하게 하고 나머지는 자유롭게 거래할 수 있는 대책을 마련했지만 시전 상인들의 반발이 거셌고, 그들로부터 정치자금을 받아온 대신들의 반대 또한 만만치 않았다. 이미 관행이 되어버린 이러한 부정은 쉽게 근절되지 않았다. 따라서 정조는 신해통공을 통해 조선의 상업을 발전시키고 부패한 기득권층을 견제하며 왕권을 강화하는 등 세 마리의 토끼를 잡을 수 있었던 것이다. 이러한 정조의 상업정책으로 조선은 부강하고 근대화된 나라로 성장할 수 있었다.

한양을 중심으로 비약적으로 경제가 성장하자 새로운 상업문화가 등장했다. 새로운 변화의 물결을 타고 한양의 젊은 선비들은 청나라에서 구해온 사치품으로 집안을 장식하고, 대중소설인 이른바 패관소설을 읽었다. 이러한 상업문화는 경제성장이라는 빛과 아울러, 빈

부격차의 심화와 천박한 대중문화의 범람이라는 그림자를 함께 가져다주었다. 사치성 외래문화의 범람은 조선 고유의 미풍양속을 해치는 등 심각한 고민거리로 등장했고, 이러한 상업문화의 부정적인 영향에 가장 예민했던 농촌지역에서는 진보적인 실학운동이 일어났다. 이러한 부정적인 상업문화의 범람을 우려했던 정조는 이를 철저히 차단하는 정책을 폈다.

1792년(정조16년)에 벌인 이른바 '문체반정(文體反正)' 정책이 그 중의 하나였다. 이는 청나라 패관소설류와 사치품 등 선진 외래문화에 오염되어 가고 있는 선비들의 사대주의적 작태와 사회 풍조를 바로잡기 위해서였다. 정조가 성리학을 정학으로 정립하려는 이유도 청나라 대중문화에 대한 대안 제시가 필요했기 때문이다. 이에 정조는 정학으로 성리학을 내세워 문화적 반청운동의 구심체로서 도덕성이 높은 성리학의 정통성을 강조하고 나섰다. 그렇다고 정조는 성리학만이 절대적이고 유일한 학문이라고 고집하지는 않았다. 세상의 변화를 예의주시하고 있던 지도자 정조는 관용적인 자세를 견지하여 청나라에서 들어오는 고급문화, 이를테면 과학과 기술 그리고 수준 높은 학문은 과감하고도 즉각적으로 수용했다. 즉위 직후 5,022권에 달하는 「고금도서집성」을 사온 것이 그 예라 할 수 있다. 이 책은 청나라 강희제 때 고금의 도서를 집대성하여 편찬한 것으로, 서양 학문에 대한 서적도 들어있다. 「고금도서집성」이 조선 학계에 미친 영향은 매우 컸다. 특히 화성의 성곽 건설에 투입된 거중기 등의 건축공

구들이 「고금도서집성」에 들어있는 등옥함의 「기기도설」의 영향을 받았다는 사실은 잘 알려져 있다. 여기에다 정조는 청나라시대에 발달한 고증학을 수용하여 학문의 전문성을 높였다. 그리고 북학파들이 주장하는 이용후생의 중요성도 십분 이해하여 이를 거듭 강조했다. 그리하여 성리학을 통해 도덕성을 높이고, 남인들의 실학을 수용하며 왕권을 안정시켰다. 또 경제와 군사 면에서는 새로운 상업정책과 근대적 체계를 도입하는 등 유연하면서도 개혁적인 정책을 추구했다. 따라서 정조는 급변하는 시대적 흐름에 부응하면서 근대적인 상업정책과 문화정책을 과감히 시행하여 조선을 부강하고 근대화된 나라로 만드는데 전력투구하였다. 정조는 시대의 흐름을 간파하고 과감한 개혁정책을 추진한 용기 있는 지도자였던 것이다. 정조야말로 지도자의 중요한 덕목인 용기, 통찰력 및 추진력을 지닌 탁월한 정치 지도자였다.

신도시 화성건설

신도시 화성건설은 1794년(정조18년) 봄에 착수하여 34개월 만에 완성되었다. 원래 5년 전인 1789년(정조13년)부터 준비를 하였고 화성건설 기간을 10년으로 계획했으나 2년 반 뒤인 1796년(정조20년) 가을에 공사가 완료되었다. 강력한 왕권이 구축된 이 시기는 한양이 수도로 자리 잡은 지 400년이 되는 해이기도 했다. 준비를 시작한 1789년(정조13년) 7월 정조는 아버지 사도세자의 무덤을 양주 배봉산에서 수원 남쪽의 화산으로 옮기고, 묘소의 이름도 영우원에서 현룡원으로 고쳤다. 이는 왕실의 무궁한 융성을 기원하는 뜻이 담긴 것이다. 아버지 사도세자의 묘소 이장은 단순히 그 묘소자리가 명당이기 때문만이 아니었다. 묘소 북쪽의 팔달산 아래에 왕의 모든 꿈이 담긴 이상향을 건설한다는 웅장하고 원대한 계획이 있었다. 정조는 이미 화성건설을 염두에 두고 묘소를 옮겼던 것이다.

수원 중심에 자리 잡고 있는 팔달산 일대는 풍수지리상으로는 '용이 날아오르고 봉황이 춤을 춘다'는 명당으로 알려져 있으며, 정치. 경제, 군사, 문화적으로도 매우 중요한 곳이다. 충청, 경사, 전라도 즉 삼남지방으로 통하는 육로 및 해상교통의 요지일 뿐 아니라, 군사적으로는 한양을 지키는 남방의 요새지였다.

원래 화성(華城)이란 이름은 「장자(莊子)」의 천지편에 나오는 화인축성(華人祝城)의 고사에서 유래했다. 화(華)라는 지방에 봉해진 어떤 사람이 요나라 임금에게 수(壽)와 부(富) 그리고 다남(多男)을 기원하자, 요나라 임금은 이에 대해 "수(壽)는 욕됨이 많고, 부(富)는 일이 많으며, 다남(多男)은 걱정이 많아서 싫다. 이 세 가지는 덕(德)을 기르는 까닭이 아니다"라고 대답했다. 즉 화성이라는 도시는 백성의 입장에서는 왕실의 장수와 부귀와 번창을 기원하는 도시요, 왕의 입장에서는 요나라 임금처럼 덕(德)을 펴는 도시라는 두 의미를 함축하려 한 것이었다.

따라서 정조는 신도시 화성을 건설하려 한 이유는, 첫째는 개혁정치의 성공을 위해 아버지 사도세자를 비참하게 죽게 한 정치현실이 얽혀 있는 기존의 도시를 떠나 새로운 정치를 이상적으로 실현할 신도시를 건설하자는 것이었고, 둘째는 이 신도시에 군사적으로 난공불락의 성곽을 건설하여 한양을 호위하는 남방의 요새지를 구축하려 했던 것이라고 추측할 수 있다.

정조는 국정이 안정되고 정치적으로 자신감이 들자 개혁정치를 실현할 이상적인 신도시를 건설하고 나섰던 것이다. 건설 계획만 해도 600여 칸에 달하는 대규모 행궁과 6킬로미터에 달하는 성곽을 쌓아야하는 대역사였다. 이를 위해 정조는 그의 최고의 정치적 동지인 영의정 채제공에게 총괄책임을 맡겼고 현장 책임은 조심태에게 맡겼다.

조심태는 통제사 조경의 아들로 당색은 소론이었다. 무예에 출중한 그는 무과에 급제하여 여러 무관직을 두루 거친 다음, 1785년(정조9년) 충청도 병마절도사가 되었다. 같은 해 3도수군통제사로 승진한 뒤, 좌포도대장, 총융사에 이어 1789년에 수원부사로 임명되었다. 이때 수원이 매우 중시되어 현륭원을 옮겨오는 일, 도시 규모를 확대하는 일 등 어려운 임무가 많았으나 이를 모두 차질 없이 처리하여 큰 공적을 남기고, 1791년(정조15년) 훈련대장으로 직을 옮겼다. 그러나 한때 훈련도감의 야근 상태가 극히 해이되어 있다는 문책을 받고 책임자 직무유기라는 죄목으로 죽산에 유배되기도 했다. 그 뒤 총융사, 금위대장, 어영대장 등을 역임하며 정조의 총애를 받았고, 1794년(정조18년) 승격된 수원부 유수로 다시 등용되어 수원성 건설을 진두지휘했다.

화성공사가 끝난 1797년(정조21년) 이후 그는 공을 인정받아 한성부 판윤, 형조판서, 대호군, 장용대장을 지냈다. 원래 계획은 10년이었지만 치밀한 준비와 채제공, 조심태의 추진력, 정약용 등이 기술적 지원 등이 어우러져 화성은 당초 계획의 3분의 1기간인 34개월 만에 웅장한 모습을 드러냈다. 그리고 1796년(정조20년) 10월 16일 성대한 낙성연을 갖고 신도시의 탄생을 만천하에 알렸다. 정조는 화성을 경제적으로 자급자족하는 직할통치지역으로 만들었다. 그래서 화성을 탕목읍(원래 주나라 때 천자가 제후에게 목욕비를 충당하기 위해 내려준 직할지를 의미함)이라고도 불렀다. 화성을 탕목읍으로 삼은 것은 국왕 직속의 직할지로 삼아, 국가 재정의 도움을 받지 않는 자급자족지로 만들고, 독자적인 재원으로 현륭원 관리와 임금의 화성행차 및 화성경영에 필요한 모든 비용을 충당하기 위해서였다. 정조의 꿈은 신도시 화성의 주민들이 "집집마다 부유하고 사람 모두가 화목하고 즐거워하는" 낙원 도시를 만드는 것이었다. 자급자족하는 낙원도시는 다른 말로 이용후생의 도시이기도 했다. 정조는 이를 위해 왕의 사유재산인 내탕금을 투자하고, 이를 이용하여 화성의 도시 주변에 모범적인 수리시설과 농장(둔전)을 건설했다. 화성 북쪽에 만석거와 만안제, 서쪽에 축만제, 남쪽에 만년제가 그것이다. 이로써 화성은 우리나라 최고의 시범적인 농업도시로 성장했다. 몇 년 전까지 수원에 서울대학교 농과대학이 있었던 것도 그 유래를 캐보면, 정조의 화성건설에서 시작된 것이다.

그 밖에도 화성의 주민에게는 요역과 각종 세금을 면제하고, 주변 지방의 상인이나 장인들에게도 여러 혜택을 주어 화성에 모여 살게 함으로써 이곳의 상공업도 발전시켰다. 이로써 화성은 백성들이 살기 좋은 신흥도시로 성장했다. 신도시 화성을 건설하면서 정조는 백성을 사랑하는 마음에 있어 남달랐다. 화성축성보고서인 「화성성역의궤」를 보면, 왕이 공사에 참여한 기술자나 인부들의 원망을 사지 않기 위해 반나절까지 계산하여 최고의 품삯을 지불하고 있음을 볼 수 있다. 거중기를 비롯한 최신식 공구들을 제작하여 공사에 투입한 것도 백성들의 수고를 덜기 위한 배려에서였다. 왕의 애민정신은 공사보고서인 화성성역의궤를 편찬하면서, 공사에 참여한 수천 노동자의 이름과 주소, 근무일수, 품값을 일일이 기록한 데서도 찾을 수 있다. 공사비용을 국가재정에서 지출하지 않고 왕실의 내탕금으로 충당한 것도 백성의 세금을 축내지 않으려는 배려에서였다. 이렇게 정조는 위민정신을 발휘하여 백성들이 편안하고 화목하게 살 수 있도록 이상적인 신도시 화성을 건설하였던 것이다.

또한 정조는 이곳에 최신식 성곽을 건설하고 강력한 군사 시설을 구축하여 외세 침략에 적극적으로 대비하려 했다. 이는 수도 한양의 외곽방어 체제가 그 동안 동·서·북으로 치우친 결함을 바로 잡으려는 의미도 지닌다. 즉 이곳의 새로운 성곽은 한양을 호위하기 위한 남방의 요새지였다. 이미 왜란 당시 한양 남쪽의 방위상 허점이 드러나 17세기 실학자 반계 유형원이 수원성 구축의 필요성을 제기한 바 있는데, 정조는 바로 그 의견을 받아들인 것이다.

정조는 새로 건설될 예정인 화성에 1793년(정조17년) 친위부대인 장용영 외영을 설치하여 5,000명의 병마를 주둔시키고, 다시 1795년(정조19년)에서 1798년(정조22년)까지 그 주변 다섯 읍, 즉 용인, 안산, 진위, 시흥, 과천의 군대 1만 3,000여 명을 외영에 합속시켜 일종의 지역방어체제인 협수체제를 구축했다. 화성이라는 지방도시에 수도와 비슷한 5위 체제를 구성한 사실은 방위상으로는 화성 일대가 수도처럼 간주되고 있었고, 정치적으로는 정조가 강력한 군권을 장악하고 있다는 사실을 보여주는 것이기도 했다. 하지만 화성을 군사요새지로 만드는 것이 정조의 유일한 목표는 아니었다. 화성에 인구를 모으고 경제를 발전시켜 직할도시로 키우며, 행정상으로도 격상시켜 부수도(副首都)로서의 면모를 갖추게 하려는 목적도 함께 있었다. 그리하여 정조는 1793년(정조17년) 수원부(水原府)를 유수부(留守府)로 승격시키고 이름도 수원(水原)에서 화성(華城)으로 바꾸었던 것이다.

결국 정조는 강력한 왕권의 바탕 위에서 백성들이 살기 좋은 이상적인 신흥도시를 건설하려는 위대한 꿈을 가졌던 것이었고, 실제로 어느 정도는 성공적이었다고 판단할 수 있으며 지금까지도 그의 꿈이 후세들에게 전해져 개혁 정치의 열정이 도도하게 전해지고 있는 것이다. 마치 후세들에게 끊임없는 열정과 사명감을 지니고 새로운 시대에 도전하라고 외치고 있는 듯하다.

찬란한 르네상스 시대 부활

15세기에 세종이 집현전을 만들어 인재를 양성하고 한글을 창제하는 등 현란한 문치의 꽃을 피워 문화와 국력을 절정으로 끌어올린 지도자였다면, 정조는 350년 뒤인 18세기에 규장각이라는 학술기관을 만들어 인재를 육성하고 또한 뛰어난 문화정책으로 정치 안정과 부국강병을 실현한 지도자였다. 세종의 한글 창제의 업적을 제쳐두고 생각한다면 정조가 이룩한 기록문화 또한 찬란한 것이었다. 시간이 지날수록 정조는 조선에서 세종만큼 위대한 지도자로 부상하고 있다. 조선시대 전반기를 세종이 이끌었다면 후반기는 정조가 이끌었다고 해도 지나친 말은 아니다. 세종과 정조는 정신과 물질문화에서 다 같이 찬란한 업적을 쌓게 되어 이 두 시대를 우리 역사의 르네상스 시대라고 부르고 있다. 특히 세종과 정조는 애민정신, 즉 백성을 사랑하는 마음을 지닌 지도자였다. 세종의 애민정신이 위대한 한글을 창제했다면, 정조의 애민정신은 찬란한 기록문화를 남겼다. 기

◀ 수원 화성水原 華城   정조는 국정이 안정되고 정치적으로 자신감이 들자 개혁정치를 실현할 이상적인 신도시를 건설하고 나섰다. 건설 계획만 해도 거의 600여 칸에 달하는 대규모 행궁과 6킬로미터에 달하는 성곽을 쌓는 대역사였다. 정조가 신도시 화성을 건설한 이유는, 첫째 개혁정치의 성공을 위해 아버지 사도세자를 비참하게 죽게 한 정치현실이 얽혀 있는 기존의 도시를 떠나 새로운 정치를 이상적으로 실현할 신도시를 건설하자는 것이었고, 둘째 군사적으로 난공불락의 성곽을 건설하여 한양을 호위하는 남방의 요새를 구축하려 했던 것이라고 추측할 수 있다. 유네스코 세계문화유산에도 등재되었다.

▲ 장안문長安門   화성의 북문으로 건립된 중층누문(重層樓門). 이 문의 규모나 구조는 조선 초기에 세워진 서울 숭례문과 매우 비슷하다. 숭례문에 비해 옹성, 적대와 같은 방어 시설을 갖춘 것이 특색이다.

▲ 팔달문八達門 화성의 남문으로 보물 제402호이다. 북문인 장안문(長安門)과 같이 높은 석축에 홍예문을 내고 그 위의 누각은 중층(重層)으로 하고 있다.

▲ 창룡문蒼龍門 화성의 동문으로 1795년(정조 19년) 건립하였다.

▲ 공심돈空心墩과 화서문華西門 화성에는 서북공심돈, 남공심돈, 동북공심돈 등 세 곳의 공심돈이 있다. 공심돈은 화성 중에서 가장 높은 지역에 위치하고 있어 먼 곳을 관찰할 수 있고 적의 동태를 살피기 쉬운 지형에 세워져 있다. 그 옆이 화성의 서문인 화서문이다.

화성 서암문華城 西暗門 성내 깊숙 ▶
한 곳에 출입구를 내어 사람이나 가축이 통과하고 군수품을 조달하기 위해 설치된 암문. 화성에는 북암문(北暗門), 동암문(東暗門), 서암문(西暗門), 서남암문(西南暗門), 남암문(南暗門) 등 5개의 암문이 있었다.

▲ 화성장대華城將臺(서장대) 성의 안팎이 한눈에 들어와 성곽일대는 물론 산을 둘러싸고 있
는 백리 안쪽의 모든 동정을 살필 수가 있었다. 서장대 뒤 둥근 원형을 이루고 있는 것이
서노대이다.

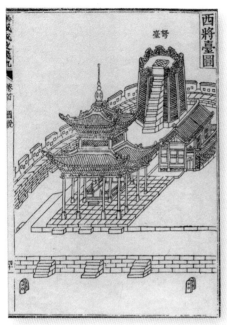

▲ 서장대 　 -화성성역의궤에서 발췌

동장대　연무대라고도 불린다. 높은 언덕에 위치하 ▶
고 있으며, 사방이 트여 있어 화성의 동쪽에서 성
안을 살펴보기에 좋은 군사요충지이며, 병사들의
훈련장으로 사용되었다.

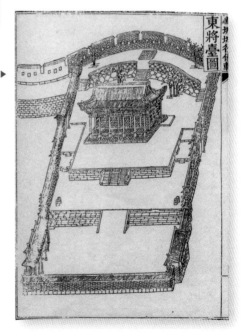

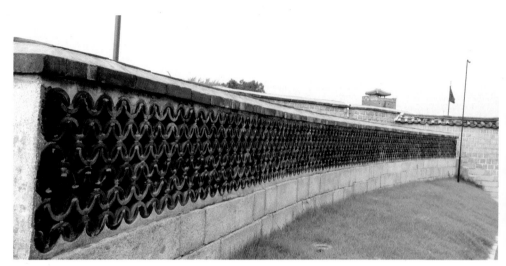

▲ 화성 영롱담玲瓏墻 동장대(연무대) 뒤편에 기와로 꽃문양을 새겨놓은 담장. 마치 구슬이 우리는 소리가 날듯한 꽃문양의 담이라는 뜻을 담고 있다.

◀ 지지대비遲遲臺碑 정조가 아버지 사도세자의 전배를 마치고 환궁하는 길에 이 고개를 넘으면서 멀리서나마 현릉원이 있는 화산을 바라볼 수 있으므로 이곳에 행차를 멈추게 하고 뒤돌아보면서 떠나기를 아쉬워하였다고 한다. 이때 정조의 행차가 느릿느릿 하였다 하여 이곳의 이름을 한자의 느릴 지(遲)자 두 자를 붙여 지지대라고 부르게 되었다고 한다.

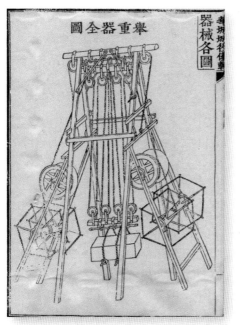

◀ 거중기舉重機와 ▼녹로轆轤 도르래의 원리를 이용하여 무거운 물건을 들어 올릴 때 쓰이던 기구들이다. 왼쪽의 거중기는 정약용이 고안한 기계로 1792년 수원 화성을 쌓는데 이용되었다.

-화성성역의궤에서 발췌

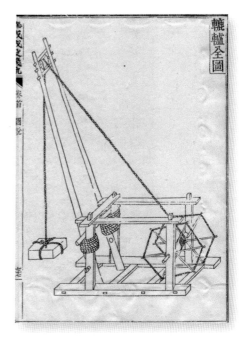

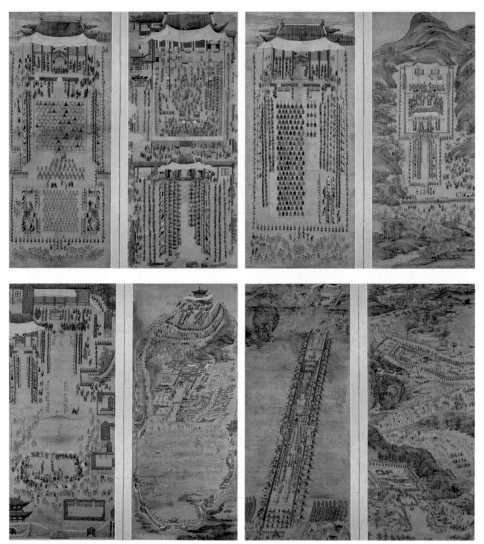

▲ 화성능행도華城陵行圖   정조가 1795년 윤 2월 9일에서 16일까지 8일 동안 화성에 있는 사도세자의 무덤인 현륭원에 행차했을 때 거행된 주요행사를 그린 8첩 병풍이다. 작자는 미상이나 당시 총감독을 맡았던 김홍도의 지휘 아래 제작되었을 거라 추정한다. −국립중앙박물관 소장

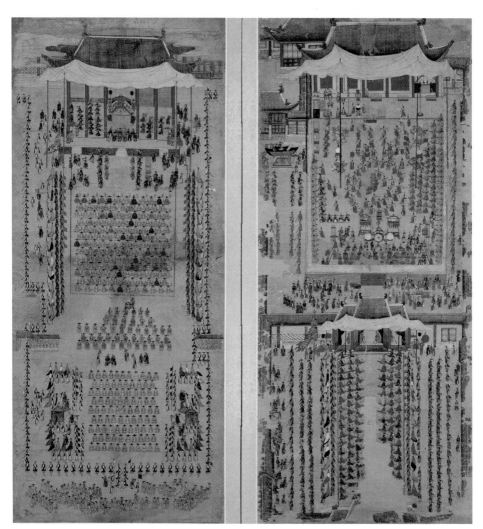

◀ 낙남헌 양로연도落南軒 養老宴圖　낙남헌에서 개최된 원로들의 잔치 장면
▶ 봉수당 진찬도奉壽堂 進饌圖　화성능행에서 가장 중요한 혜경궁 홍씨의 회갑잔치(진찬례) 장면

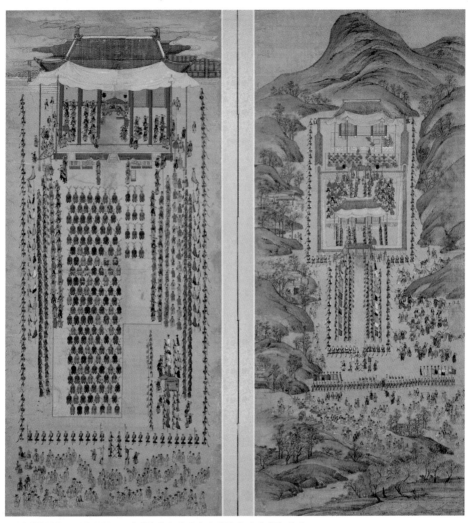

◀ 낙남헌 방방도洛南軒 放榜圖　낙남헌에서 치러진 유생들의 과거시험 장면
▶ 화성성묘 전배도華城聖廟 展拜圖　정조가 공자의 위패를 모신 대성전에서 참배하는 장면

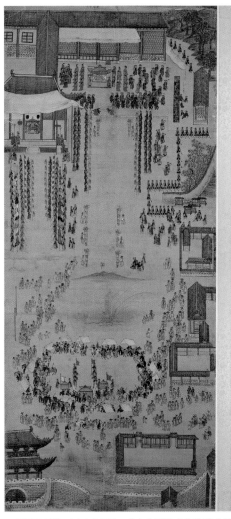

◀ 득중정 어사도得中亭 御射圖　어사대 득중정에서 열린 불꽃놀이 장면
▶ 서장대 야조도西將臺 夜操圖　서장대에서 개최된 군사훈련 장면

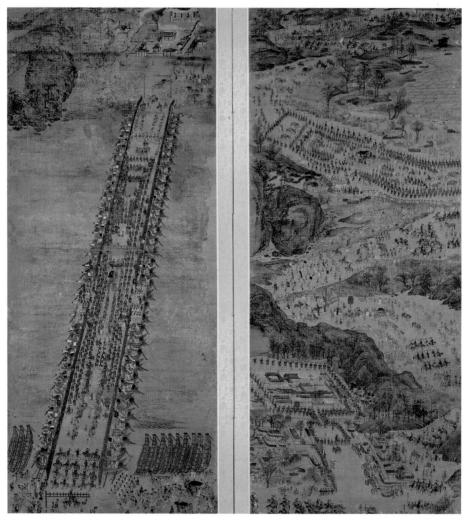

◀ 한강주교 환어도漢江舟橋 還御圖　노량진에 설치된 주교(배다리)로 한강을 건너 창덕궁으로 환어하는 어가행렬 장면
▶ 환어 행렬도還御 行列圖　윤 2월 15일 화성 행사를 마치고 하루 머물기 위해 시흥행궁으로 들어가는 어가행렬 장면

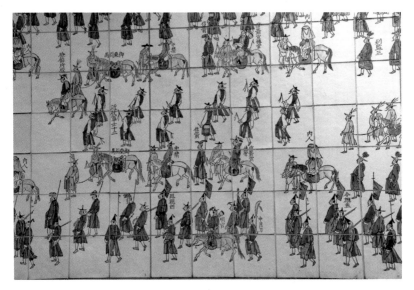

▲▼ 정조대왕 능행 반차도正祖大王 陵行班次圖　반차도는 정조가 1795년 사도세자의 회갑을 기념
하기 위해 화성에 다녀오면서 그 의전 행렬을 기록한 그림이다. 왕의 행차가 창덕궁을 떠나
광통교를 건너는 광경을 김홍도를 비롯한 당대의 유명화가들이 그렸다고 전해진다.

-청계천 벽화 촬영

▲ 화성 행궁華城 行宮 왕이 궁궐을 벗어나 머무는 행궁 중 가장 규모가 크고 아름다웠던 곳
으로, 수원 화성의 부속물이다. 화성을 축성한 후 1796년(정조 20년)에 팔달산 동쪽 기슭에
576칸 규모로 건립하였다. 효성이 지극한 정조가 사도세자의 능인 화산릉(華山陵)을 참배
하고 돌아가는 길에 이 행궁에서 쉬어갔다고 한다.

▲ 신풍루新豐樓 1790년에 세워진 화성행궁의 정문이다. 처음에는 진남루(鎭南樓)라 했으나 정조의 명으로 신풍루라고 이름을 바꾸었다. 1795년 혜경궁 홍씨의 회갑연인 진찬례가 거행되었을 때 신풍루 앞에서 백성들에게 쌀을 나누어주는 진휼 행사가 있었다고 한다.

▲ 봉수당奉壽堂 장남헌이라고도 한다. 정조가 혜경궁 홍씨(헌경왕후(獻敬王后))의 장수를 기원하며 지었으며, 1795년(정조 19년) 이곳에서 혜경궁 홍씨의 회갑연인 진찬례가 성대하게 거행되었다.

▲ 화령전華寧殿 1801년(순조 1년) 순조가 선왕인 정조의 지극한 효성을 기리기 위해 세웠다.

▲ 운한각雲漢閣 화령전 안에 있는 정전. 정조의 진영(眞影)을 봉안하고 해마다 제향을 드렸으며 '운한각'이라는 편액의 글씨는 순조의 친필이다.

록이란 정치의 투명성과 책임성을 보증하는 수단이었다. 그래서 통치행위가 정당치 못한 지도자일수록 기록을 두려워하고 멀리한다. 따라서 기록을 철저히 남긴다는 것은 그만큼 정치가 정당하고 자신이 있다는 뜻이었다. 특히 정조시대의 의궤(儀軌)는 기록문화의 꽃이라고 할 만하다.

그중에서도 화성(華城)이라는 신도시를 건설하고 만든 공사보고서「화성성역의궤(華成城役儀軌)」와 1795년(정조19년)에 어머니 혜경궁 홍씨와 아버지 사도세자의 회갑을 맞이하여 화성과 현륭원에 다녀와서 만든 8일간의 행차보고서「원행을묘정리의궤(圓行乙卯整理儀軌)」는 너무 상세하여 감탄할 만하였다. 이 두 의궤는 지도자 정조의 통치방향과 통치수준을 한눈에 보여주고 있다. 참으로 보기 힘든 철저하고 상세한 국정 보고서였다. 특히 놀랄만한 일은, 행사에 참여한 사람의 명단을 신분의 고하를 막론하고 모두 기록하고, 행사에 들어간 비용은 일일이 무슨 물품이 몇 개요, 그 단가가 몇 전이라고 기록하고, 행사에 참여한 미천한 신분의 노동자와 기술자의 이름과 주소, 복무일수, 실제 한 일, 품값 등을 이 잡듯이 기록한 것이다. 행사보고서에는 심지어 매일 아침, 저녁 그리고 간식으로 든 음식의 종류와 그릇의 수, 음식 재료의 종류와 양, 그리고 비용을 그릇 별로 기록해 놓았다. 즉 모든 국정이 철저한 실명제로 운영되었다는 증거였다.

'의궤'의 독특한 특징은 문자기록에만 그치지 않는다. 화원(그림 그리는 화가)을 시켜 주요 행사의 도구와 행사의 장면을 그리게 해 문자

기록과 시각자료를 합쳐놓았다. 정조시대의 생활사를 이해하는 데 이보다 더 좋은 연구 자료가 없다. 특히 그 시대를 대표하는 화원 김홍도가 그린 반차도는 행차의 장엄한 현장을 사실적으로 표현하는 등 당대 일류 화원으로서 뛰어난 그림솜씨를 보여주고 있다. 현재 복원된 서울 청계천에 이 반차도가 188미터에 이르는 방대한 도자벽화로 재현되어 서울 청계천의 명물로 사랑 받고 있다. 게다가 오늘날 서울시와 수원시에서는 이 반차도를 중심으로 실제 화성행차를 재현하는 행사도 열고 있다. 실로 정조 시대의 문화가 현대에 재현되며 그 문화의 영향을 받고 있는 것이다.

1,800여 명이 등장하는 웅장한 반차도에는 정조 시대의 위엄과 질서와 자신감 등이 넘쳐흐르면서, 동시에 단원 김홍도 특유의 낙천적이고 익살스런 얼굴들의 묘사가 더해져 현란하고 뛰어난 그림솜씨를 보여주고 있다. 그 당당하면서도 여유 만만한 얼굴들이 바로 우리 선조들의 모습이었다. 정조의 이러한 장엄한 행차를 따라가다 보면 많은 점을 느끼게 해주고 있다. 크게는 정조 시대를 중흥시킨 비범한 정치경륜을 읽을 수 있고, 작게는 어버이에 대한 정조의 지극한 효성에 뜨거운 감동을 느낄 수도 있다. 이렇듯 반차도는 18세기 정조 시대의 뛰어난 문화를 보여주는 상징이 되고 있다.

정조는 집권 초 정치적 도전을 끊임없이 받으면서도 지도자로서의 당당한 면모를 갖추고 아버지 사도세자의 위상을 세우면서, 탕평정책으로 사회적 대통합 등을 추진했다. 특히 무예와 문예 그리고 과학기술에도 관심과 조예가 깊었던 정조는 주자학을 정학으로 강조하면서도 남인들의 실학과 노론들의 북학, 남인들이 주축을 이룬 서학 그리고 불교 등 온갖 사상과 지혜를 수렴하면서 강력한 정치적 지도력을 구축해갔다. 규장각은 정조 시대 문화융성의 바탕이었다. 정조는 규장각을 더욱 확대하여 홍문관을 대신하는 학문의 상징적 존재로 부각시켜 홍문관, 승정원, 춘추관, 종부시 등의 기능을 점진적으로 부여하면서 정권의 핵심 기구로 키워나갔다. 이른바 우문지치(右文之治)라는 학문 중심의 정치와 발명과 발견을 통해 변화와 발전을 이룬다는 작성지화(作成之化)의 2대 명분을 앞세우고 인재를 양성하며 본격적인 문화정치를 추진하였다. 따라서 정주성리학에 바탕을 둔 사회 체계의 한계성을 극복하고 현실 속에서 얻은 지식을 바탕으로 새로운 시대를 구현하려는 사상이 나타났다.

이러한 일련의 현실 개혁적 사상 체계를 실학(實學)이라 불렀다. 정조의 개혁적 문화정책으로 실학은 꽃을 피우기 시작했다. 정조 시대에 박지원, 정약용, 이덕무, 박제가 등에 이르러 절정기를 이루게 된다. 이들은 무엇보다도 조선 사회의 정주성리학적 질서와 다른 새로운 것을 추구했으며, 이들 모두 새로운 사회 건설을 통한 새로운 시대를 염원했다. 특히 북경을 방문하여 그곳의 선진 문명을 직접 눈으로 보고 배운 이들은 북학파로 불렸으며 조선에 이를 보급하려고 많은 저서를 집필하였다. 그리고 이들은 봉건 사회를 부정하고 새로운 문물을 통해 조선사회의 질서를 바꾸려고 노력하였다. 이에 조정의 권신들은 이들 개혁가들을 이상주의자로 비판하였지만 정조는 이들의 의견을 수용하려고 노력했으며 이들의 의견에 동조하기까지 했다. 이때 이들은 신분 차별 타파는 시대적 사명이고, 새로운 세계관의 정립은 조선이 살아남을 수 있는 유일한 길이라고 판단하고 있었다. 아마도 그 시대 정치 지도자들이 이들의 개혁적인 주장을 적극적으로 수용했더라면 좀 더 일찍 근대 민주주의가 도입되어 한일합방 같은 민족적 치욕을 당하지 않았을 것이라고 상상해 본다. 또한 정조 시대에 천주교 즉 서학의 보급이 활발하여 사회적, 문화적으로 엄청난 변화가 일어나고 있었다. 개방적이고 평등한 정신문화가 폐쇄적이고 수직적인 봉건문화를 일깨우기 시작한 것이다. 근대 민주주의가 혁명가들의 희생 위에서 성장하듯이 천주교의 보급은 막대한 희생 위에서 이루어지고 있었다. 변화를 두려워하는 조정의 집권세력들은 정조를 심히 압박하여 천주교를 탄압하려 했지만 그는 최대한의 인내와 관용으로 천주교의 보급을 용인해 준 지도자였다.

조선에 서양문물이 전래되기 시작 한 것은 정조 시대보다 150여 년 앞선 인조 때였다. 인조의 아들 소현세자는 병자호란 때 인질로 심양에 끌려가 아담 샬을 비롯한 청나라 주재 서양인들과 접촉해 상당 수준의 서양에 대한 지식을 갖고 있었다. 이후 간간히 북경으로 가는 사신들을 통해 한문으로 번역된 기독교나 과학기술 관련 서적들이 조선에도 수입됐다. 정조도 어릴 때부터 청나라에서 들어온 세계지도 등을 즐겨 보며 조선이라는 나라가 대륙 한 귀퉁이에 있는 작은 나라라는 사실을 잘 알게 되었다. 당시 많은 조선의 선비들은 서양을 잘 알지 못했고 전통적 사상을 바탕으로 하면서 단편적인 서양의 지식들을 호기심 차원에서 받아들이고 있었다. 이런 중에도 이승훈은 주목할 만한 인물이었다.

이승훈은 그 당시 세계관의 중심이었던 성리학을 버리고 그 자리에 천주학(가톨릭)을 끌어들인 최초의 조선인이었다. 그는 남인 집안 출신으로 이가환의 생질이자 정약용의 매부였다. 25세 때인 1780년(정조4년) 진사시에 합격하였고 학문연구에 힘쓰던 중 서학, 그 중에서도 특히 수학과 과학에 흥미를 느끼게 되었다. 1783년(정조7년) 그의 부친인 이동욱이 서장관(조선시대 중국에 보내던 사신행차의 정관으로 기록관이라고도 한다)으로 북경에 사신으로 갈 때 군관으로 동행하였다. 이승훈은 이때 이벽의 권유에 따라 북경 천주당을 방문하여 서학에 관한 문답을 하다가 자원하여 천주교에 입교한 뒤 영세 받고 천주교 교리 서적과 과학서 등을 가지고 귀국하였다.

이벽이란 인물은 무신 이부만의 둘째 아들로 천진암이 있는 경기도 광주에서 성장했다. 그는 권일신과 함께 1779년(정조3년)부터 천진암 주어사에서 서학서(西學書)를 통해 천주학의 교리를 알게 되었다. 그리고 이곳에서 정기적으로 강독모임을 열었다. 그러다가 한양의 수포교 근처로 이사를 가면서 남인 계통의 소장학자인 이승훈·정약전·정약종 등과 친교를 맺으며 서학에 관심을 갖게 됐다. 그래서 이벽은 친구인 이승훈이 아버지를 따라 북경에 간다고 하자 천주교에 대한 본격적인 지식을 알아오도록 권했으며, 이승훈이 세례를 받고 오자 수표동 자기 집에서 권일신, 김범우 등과 함께 이승훈으로부터 세례를 받은 다음 본격적인 전교에 나선다. 이후 적극적인 이벽의 전교로 정약전, 정약용 형제들에게도 세례를 행하면서 입교한 교인들과 함께 1784년(정조8년) 명례방(오늘의 명동)의 중인 역관 김범우의 집에서 정기적으로 신앙집회를 갖는다. 그러다가 1785년(정조9년) 추초적발사건(가톨릭 교인들이 미사를 보다가 형조의 관원들에게 적발된 사건)이 일어나자 이승훈은 가족들의 권유로 한때 교회활동을 멀리하였다. 그러나 다음해 다시 적극적인 신앙생활을 하기로 결심하고 자생적인 조선교회라고 할 수 있는 가성직제를 조직하였으며, 1787년(정조11년)에 정약용 등과 같이 성균관 근처 반촌에서 천주교를 강술하였다. 1789년(정조13년)에는 평택현감으로 부임하여 한동안 교회활동을 멀리하다가 이듬해 조선교회의 밀사로 북경 주교를 만나고 온 윤유일을 통해 조상제사는 천주교에서 금하는 것을 알게 되었다. 이 시기에 서양 선교사에 의한 직접 선교도 아닌 자발적이면서도 간접적인 선교였음에도 불구하고 이승훈, 이벽, 권일신, 김범우 등의 권유를 통해 천주교에 발을 들여놓은 조선인 신자들의 신앙심은 대단했다. 천주교는 마치 요원의 불길처럼 번져갔다. 그것은 당시 조선에 대한 실망과 절망이 증대하는 데 영향을 받았기 때문이기도 하다. 그 대표적인 경우가 부유한 양반 가문 출신의 윤지충이었다.

윤지충은 전라도 진산(현재 충남 진산) 출신으로 25세 때인 1783년

(정조7년) 진사가 되었다. 이듬해 겨울 한양에 올라와 명례방 김범우의 집에서 처음으로 천주교 서적을 빌려 보았고, 3년 후 사촌인 정약용 형제들에게서 교리를 배워 입교하였다. 1789년(정조13년) 북경에 가서 견진성사를 받고 귀국했으나 천주교에 대한 박해가 심하여 시골에 숨어 신앙을 지켰다. 1791년(정조15년) 그의 어머니 권씨가 상을 당하자, 그는 천주교 교리를 지키기 위하여 제사를 지내지 않고 신주를 불살랐다. 이러한 사실은 곧 친척과 유림에게 알려져 맹렬한 비난을 받게 되었고 끝내는 관가에 고발당해 체포되었다. 이어 진산군수 신사원이 중앙조정에 그를 고발하였다. 이에 같은 천주교인으로 그를 따르던 외사촌 권상연이 윤지충을 비호하고 나서면서 이 문제는 정치적으로 확대되어, 조정은 서구 문화 수입을 공격하던 공서파(벽파)와 천주교를 신봉하거나 묵인하던 신서파로 갈라져 정면충돌하였다. 결국 조정의 대세가 벽파 쪽으로 기울어 윤지충과 권상연은 국문을 받고 전주감영에서 참수되어 순교하였다. 이 사건을 '신해박해' 또는 '진산사건'이라고 한다. 또한 이 사건은 정조 때 일어난 유일한 천주교 박해 사건이었다. 이러한 신해박해 사건으로 이승훈도 권일신과 함께 체포되어 관직을 삭탈 당했고, 또 4년 후에는 조선에 잠입한 중국인 신부 주문모가 체포되자 관련자로 지목 받아 예산으로 유배를 가기도 했다. 또한 당시 천주교 신자 중에 눈길을 끄는 두 여성이 있었다.

그 첫 번째는 강완숙이란 여성인데 그녀는 충청도 양반의 딸로 남성 못지않은 학식을 갖추었고 스스로 유교, 불교 및 도교의 서적과 서학 서적을 통독한 끝에 천주신앙을 이해하고 천주교인이 되었다. 위험을 무릅쓰고 투옥된 교인들을 돌보며 활발하게 전교활동을 펴 많은 사람들에게 천주 신앙을 전파하였다. 그 이후 보다 철저한 신앙 생활을 위하여 한양 후동으로 이사했다. 1796년(정조20년)에 '을묘실 포사건'(중국인 주문모 신부를 체포하려다 실패한 사건)으로 당국의 추적을 받게 된 주문모 신부를 자신의 집에 은신시키고 주신부의 사목활동을 뒷바라지 하는 한편 여회장의 직책을 맡아 전교와 신앙생활에 모범을 보였다. 당시의 사회사정으로 신앙을 위해 가정을 떠날 수밖에 없었던 여성 교우들을 자신의 집으로 받아들여 일종의 수도생활인 공동신앙 생활을 영도하였다. 이때 경희궁에서 유폐생활을 하고 있던 은언군 부인 송씨와 며느리 상계군 부인 신씨 등 왕족에게도 전교하였다.

또 한 여성은 이순이라는 사람이다. 그녀는 선조 때의 유학자 이수광의 7대 손인 이윤하의 장녀로 권철신, 권일신의 여동생인 모친 권씨를 따라 어려서부터 천주교를 신봉했다. 장성하면서 보다 철저한 교인이 되고자 동정을 지켜 신앙생활을 다할 것을 맹세했으나 당시 사회 분위기가 동정녀 생활은 어려웠으므로 주문모 신부의 허락을 얻어서, 당시 전주신앙공동체 즉 전주교회의 창설자인 동시에 지도자인 유항검의 장남 유중철과 동정부부가 되었다. 이러는 가운데 1795년(정조19년) 중국인 주문모 신부의 밀입국 사건 이후 조정은 노론 벽파 세력이 장악하게 된다. 이때 남인의 실학자로서 차기 정권의 주자로 떠오르고 있던 정약용이 정치적으로 수세에 몰려 한직으로 나가게 되고, 채제공 등의 중신들도 입지가 크게 약화되었다. 게다가 1799년(정조23년) 채제공이 죽자 남인 세력은 완전히 위축되었고, 이듬해 정조가 죽음으로써 남인은 거의 축출당하고 만다. 그나마 친위세력을 형성하고 있던 시파들 역시 일부 노론 출신의 외척 세력만 남고 대부분 정계에서 밀려나게 된다.

1800년(정조24년) 6월 28일 정조가 49세의 나이로 갑자기 타계하자 순조는 7월에 11세의 어린 나이로 즉위한다. 그러자 영조의 계비이며 대왕대비인 정순왕후가 수렴청정을 하게 되었다. 정순왕후는 사도세자의 죽음에 개입했던 노론 벽파의 실세 김구주의 누이로 노론 벽파의 이익을 위해서라면 물불을 안 가리는 인물이었다. 권력을 장악한 정순왕후는 우선 친정 6촌 오빠인 김관주를 이조참판에 앉히고 노론 벽파들을 대거 등용하였다. 권력을 잡은 김관주, 심환지 등은 정조의 탕평 정책을 보좌하였던 인물들을 대거 살육함으로써 벽파 정권을 수립했다. 그리고 왕대비 정순왕후는 즉시 순조 즉위를 공포하는 글에서 척사를 표방했다. 이는 곧 천주교에 대한 탄압을 예고하는 것이었다. 정순왕후가 천주교를 탄압하는 데에는 다음과 같은 두 가지 이유가 있었다.

그 첫 번째가 왕조체제를 유지하기 위함이었다. 군신간의 상하관계를 중시하는 조선의 지배 윤리인 유교 윤리를 근본적으로 부정하는 천주교의 위험성을 미연에 막는다는 것이었고, 두 번째는 천주교를 공부하거나 믿는 사람 중에 벽파의 반대파인 시파나 남인들이 많았기 때문이었다. 그러므로 천주교도를 잡아들이는 것은 곧 유교윤리를 받든다는 명분도 얻을 뿐더러, 반대파인 정적을 제거하는 이중의 효과를 얻을 수 있는 일이었기에 실권을 잡자마자 척사를 단행하였던 것이다. 순조 1년에 들어서자마자 정순왕후는 곧 천주교 금지령을 내리고, 천주교도를 잡아들이기 위해 '오가작통법(伍家作統法)'을 썼다. 이는 본래 다섯 가구를 한 통으로 묶어서 서로 상노, 절도같은 범법 행위가 일어나는지를 감시하고 규제하는 치안유지법이었다. 그 방법을 천주교도 색출에 동원하여 다섯 집끼리 서로 천주교도가 있는지 감시하고 고발하게 하였다. 그 중에 한 집에서라도 천주교신자가 나오면 다섯 집이 모두 화를 입게 되는 악명 높은 오가작통법을 써서 전국을 피바다로 몰아넣었다. 이 중에는 진짜 천주교 신자도 있었지만 애매하게 연루돼 죽은 이가 비일비재했다. 이때 전국적으로 수만 명이 연루돼 죽고 말았다.

1801년(순조1년) 신유년에 천주교도를 크게 학살한 사건을 신유사옥(辛酉邪獄)이라 했다. 당시 이 사건에 연루돼 잡혀 죽거나 귀양을간 시파나 남인계 인물로는 이가환, 권철신, 이승훈, 정약종, 정약전, 정약용 등이 있다. 특히 이승훈은 체포되어 서소문 밖 형장에서 참수를 당하였다. 명례방에 있는 그의 집에서 천주교 모임을 주도했던 김범우는 1785년 봄에 적발되어 충청도 단양으로 유배되었으나 이듬해 사망했고, 그 후 신유사옥 때 그를 따라 천주교에 입교했던 그의 동생 김현우·김이우도 순교했다. 또한 여성 신자인 강완숙도 투옥되었고 옥중에서도 수도에 힘쓰며 함께 투옥된 교인들을 격려하다가 7월에 서소문 밖에서 그의 아들 홍필주와 함께 처형되었다. 그리고 이때 전주의 시댁에서 거주하며 신앙생활에 힘쓰던 이순이도 시집 식구들과 함께 체포되어 한양으로 압송되었다. 취조를 받고 전주로 다시 이송되어 숲정이(전주해성중학교 일대)에서 참수 당했다.

하지만 정조는 그의 시대 후반기에 천주교가 요원의 불길처럼 확대되어도 국가의 중추를 이루는 사대부들이 정학인 성리학을 제대로 고수한다면 서학인 천주학은 스스로 소멸될 것이라는 자신감을 가지고 있었다. 조정의 중신들이 들고 일어나 서학에 대한 금지령을 내려야 한다고 강력하게 요구하였으나 정조는 이에 소극적이었다. 정조는 서학에 대해 관대하고 온건한 정책을 견지하고 있었다. 그러나 1791년(정조15년) 진산사건이 발생하였다. 이 해는 정조의 재위 기간 중에서도 가장 의욕적으로 개혁을 추진했던 때다. 2월에 금난전권을 철폐하는 신해통공을 단행했고 4월에는 서얼허통 조치를 취했다. 그리고 정조가 야심차게 밀어붙인 탕평정치도 제자리를 잡아가고 있었다. 그렇지만 한편으로는 노론과 남인, 벽파와 시파의 갈등이 고조되고 있었다. 이 중요한 시기에 진산사건 즉 신해박해로 인해 노론 벽파가 서서히 힘을 회복하면서 정치적 안정을 깨뜨리기 시작했다.

1795년(정조19년) 중국인 주문모 신부의 밀입국 사건이 또다시 발생하여 노론 벽파는 다시 기세를 떨치게 되었다. 이의 영향으로 정약용이 정치적으로 수세에 몰리게 되었고, 개혁 정치를 진두지휘하던 채제공이 1799년(정조23년) 죽게 되자 남인 세력은 몰락의 길로 접어들었다. 이듬해 1800년(정조24년) 정조가 죽음으로써 개혁 정치와 문화정치는 막을 내리게 되었다. 24년 동안의 정조의 찬란한 문화정치가 중추 세력의 교체로 허망하게 무너져 내린 것이다. 1801년(순조1년) 천주교 금지령과 함께 천주교도 등 수 만 명이 처형됨으로써 조선의 역사는 거꾸로 돌아가기 시작한 것이다. 참으로 통탄할 일이 아닐 수 없었다.

그렇지만 후대에 영향을 줄 수 있는 정조의 업적은 너무나 큰 것이었다. 우선 규장각을 중심으로 임진자, 정유자, 한구자, 생생자, 정리자, 춘추관자 등의 새로운 활자들이 만들어졌고, 영조 때부터 지속적으로 추진되어 오던 문물제도정비 작업이 완료되었다. 그 결과물들이 이때 편찬된 「속오례의」, 「증보동국문헌비고」, 「국조보감」, 「대전통편」, 「문원보불」, 「동문휘고」, 「규장전운」, 「오륜행실」 등의 책들이었다. 게다가 그의 문화 정치는 중인 이하의 평민들에게도 영향을 끼쳐 위항 문학을 낳기도 했다. 인왕산의 경아전을 중심으로 형성된 중인 이하 계급의 위항인(委港人)들이 귀족문학으로만 인식되던 한문학의 시단에 대거 참여하여 '옥계시사'라는 그들 독자의 시사를 결성하고 그들만의 공동시집인 「풍요속선」을 발간하는 등 대단한 문화적 발전을 도모했던 것이다. 정조 시대는 이처럼 양반, 중인, 서얼, 평민층 모두가 문화에 대한 관심을 갖게 된 문예 부흥 즉 르네상스 시대였다. 그러한 문예 부흥을 가능하게 했던 근본적인 동력은 병자호란 이후 청을 오랑캐로 인식하던 중국에 대한 사대주의 사상이 사라지고 민족주의가 고개를 들어 독자적인 문화를 이룩해 가는 과정에서 형성된 자긍심이었다. 이러한 경향은 18세기 문화의 전반에서 뚜렷하게 나타나는데, 이를 테면 그림에서는 '진경산수화'라는 국화풍, 글씨에서는 '동국진체'라는 국서풍이 유행했다.

이는 조선에 성리학의 토착화에 따른 조선 문화의 독자성의 발로이며, 이러한 축척 위에서 정조의 학자적 소양에서 기인하는 문화 정책의 추진과 선진문화인 건륭문화의 수입이 자극이 되어 조선 후기인 정조 시대는 찬란한 문화적 황금시대를 이룰 수 있었다. 현재까지도 정조의 문화적 업적은 지대한 영향을 끼치고 있다. 이는 15세기 세종시대의 르네상스가 18세기 정조시대에 부활한 것이었다. 현재 21세기에도 통일과 함께 곧 또 다른 르네상스가 부활할 것이라고 예상되고 있다.

노론 벽파의 저항

정조는 재위 24년 기간 중 전반기 10년여 기간은 각종 역모사건으로 거센 도전을 받았으나 그 후 10년여의 기간은 정권 안정과 문예 부흥을 이룬 시기였다. 그것은 끊임없는 정치적 도전을 받으면서도 개혁과 탕평으로 통합의 정치를 추구하고 애민정신으로 문화정치를 실현했기 때문이었다.

그러나 새로운 시대적 흐름으로 서학(천주학)이 물밀 듯 밀려들어와 성리학적 지배 질서를 뒤흔들기 시작하였다. 양반, 중인, 서얼 및 평민들도 한꺼번에 천주교의 개방과 평등의 정신을 과감하게 수용하면서 성리학적 기존 질서와 충돌하기 시작한 것이다. 사실상 혁명적 변화가 도도하게 일어나고 있었다. 구질서와 정면충돌하는 이런 혁명적 변화는 1791년(정조15년) 진산사건(신해박해)을 통해 일어나기 시작했다. 이 사건으로 서서히 정치 세력 간의 갈등이 고조되고 있었다. 즉 노론과 남인 그리고 소론 등으로 균형을 이룬 탕평정치가 금이 가고 있었다. 개혁정치와 탕평정치를 주도하던 채제공, 정약용 등의 세력이 천주교 탄압을 주장하던 노론 벽파 세력에게 급격하게 밀리면서 정치적 안정이 깨져가고 있었다. 이 당시 진산사건을 포함하여 해결해야 할 당면한 국정 현안 4가지를 담은 대사간 신기의 상소문을 간략히 살펴볼 필요가 있다. 초계문신 출신인 신기는 다음과 같이 상소를 올렸다.

첫째, 조정의 기강이 무너졌습니다. 탐관오리들이 전혀 법을 겁내지 않아 백성의 재물이 개인의 주머니 속으로 들어갑니다.

둘째, 양반들의 풍속이 무너지고 있습니다. 명문거족들은 공적인 모임이나 사적인 모임에서 남의 모범이 되는 행실이 없습니다. 어려움에 처한 사람을 서로 구제하려는 향약의 두터운 의리가 사라졌습니다.

셋째, 백성의 생계가 갈수록 궁핍해지고 있습니다. 부유한 자들은 베푸는 의리를 모르고 이웃과 친척들 간에 빌리고 빌려주는 길이 끊겼습니다.

넷째, 조정에 인품이 훌륭한 인재가 없습니다. 과거 시험과 문벌에 의존해서 벼슬을 제수하니 문장과 정사에서 그 인품과 벼슬이 서로 어울리는 인재들이 거의 없습니다."

정조시대 후반기로 접어들면서 천주교 등의 새로운 물결이 범람하고 탐관오리들이 발호하며 지방에서는 향약이 지켜지지 않고 백성들의 삶이 피폐해지는 등 갈등이 쌓이기 시작했다. 또한 정조에 의해 등용된 개혁적 인재들이 죽거나 서서히 정계에서 몰락하고 있었다. 이러한 상소가 정치적 위기를 보여주고 있었다. 이때의 진산사건으로 윤지충과 권상연은 노론 벽파의 필사적인 공세 때문에 사형에 처해졌고, 이들이 적극적으로 나서서 이승훈과 권일신도 국문할 것을 요구하여 이승훈은 평택현감에서 쫓겨났고, 권일신은 유배형을 당했다. 게다가 이 사건의 파장이 커지자 정조는 일단 그의 좌장인 채제공을 좌의정에서 파직시켰다. 외형적인 이유는 정승이 책임을 져야한다는 것이었지만 실은 윤지충, 권상연 문제로 정치적 위기에 처한 채제공을 구하기 위한 정조의 은밀한 배려였다. 그만큼 이 사건으로 인한 노론 벽파의 공세가 거셌다는 뜻이기도 하였다.

그리고 정조는 1796년(정조20년) 화성 축성을 완성한 뒤 1804년에 왕위를 세자에게 물려주고 신도시 화성을 중심으로 새로운 개혁 정책을 추진하고자 고민했다. 이런 측면에서 화성 유수부에 있는 장용영 외영의 군사체계를 더욱 확대하고 화성(수원)의 국영 농장을 확대하여 경제적 기반을 마련하는 일에 매달렸다. 그럼에도 불구하고 정조는 노론 벽파라고 하는 강고한 기득권 세력을 배제하고서는 정국을 운영하기가 어려웠다. 그 당시 정조는 소론과 남인의 연대만으로는 정국을 이끌어 갈 수 없었기에 정치적으로 대통합을 추진했다. 기득권의 모든 것을 희생시키기에는 정치적 희생이 너무 클 것을 염려했기 때문이다.

그런 대통합을 기반으로 하여 정조는 즉위 때부터 오랫동안 추진해 온 '노비제도 혁파 안'을 1800년(정조24년) 1월 노론, 소론, 남인의 동의를 받아 처리했다. 바야흐로 조선이라는 나라는 1801년부터 노비가 존재하지 않는 평등사회를 이루는 세계최초의 나라가 될 수 있었다. 정조는 1776년 즉위 이후 세 차례에 걸친 대 토론회를 거쳐 이 법안을 통과시켰다. 노비는 양반 사대부들의 엄청난 경제적 기반이었는데 이를 완전히 없애고자 하였으니 정조의 정치적 용기와 추진력은 대단하며 숭고한 것이었다. 어렵게 이 법안을 통과시킨 정조는 노론과의 화합을 도모하기 위해 세자를 노론 세력가인 안동 김씨 김조순 집안과 혼인을 추진했다. 당시 김조순은 규장각 초계문신 출신이라 정조의 정치적 소신을 이해하고 따르는 노론의 중심인물이었다. 정조는 이 당시 노비제도 혁파안을 통과시키는 과정에서 신하들을 설득하느라 엄청난 체력을 소모했고 지칠 대로 지쳐 있었다.

또한 정조는 그 당시 정치적으로 어려움이 커져가고 있었다. 1795년(정조19년) 화성 행궁에서 혜경궁 홍씨의 회갑연을 치른 뒤, 화성

건설을 통해 강력한 왕권을 행사하고 장기적으로 사도세자를 국왕
으로 추숭하는 것에 대한 반대 세력들의 저항이 거세졌기 때문이다.
기득권층인 노론 벽파 입장에서는 사도세자가 국왕으로 추존된다면
1762년 사도세자를 죽음으로 몰고 간 자신들이 오히려 역적으로 몰
릴 수 있었다. 그렇기 때문에 노론 벽파는 정조에게 필사적으로 저항
할 수밖에 없었고, 정조는 이러한 정치적 위기를 극복해야 했다. 이
러한 중차대한 시기에 천주교는 맹렬한 불길처럼 번져 정국을 위태
롭게 하였고 남인을 주축으로 한 개혁 주도 세력을 몰락의 길로 내
몰고 있었다. 게다가 설상가상으로 지도자 정조를 떠받치고 있던 훌
륭한 인재들이 대거 타계하고 있었다. 하늘의 운이 다한 것처럼 많은
인재들이 스러지며 정조의 곁을 떠나고 있었다.

공교롭게도 노론 벽파에 맞섰던 정조의 측근인 노론 시파의 인재
들이 연이어 세상을 떠났다. 1798년(정조22년), 1799년(정조23년) 사이
에 노론 시파와 남인의 중신들이 세상을 떠났다. 1798년(정조22년) 8
월 24일 김이소가, 12월 30일에는 홍낙성이 세상을 떴고, 이듬해 1
월 7일에는 노론 벽파를 이끌면서도 정조의 최측근이었던 김종수가
죽었다. 특히 김종수의 죽음은 정조에게 큰 충격이었다. 노론 벽파이
면서도 사도세자를 향한 자신의 깊은 뜻을 충분히 이해하고 있었던
인물이 김종수라고 생각했었기 때문이다. 반면 그를 이어 노론 벽파
를 이끌게 되는 심환지는 정순왕후의 측근인데다 부담스러운 인물
이었다. 심환지는 정조가 그의 인물됨을 높게 평가하여 등용한 인물

이지만 고지식하게 원칙만을 강조하며 사사건건 지나칠 정도로 그에게 맞서는 인물이었다. 그는 원만한 정치가라기보다는 권위와 원칙만을 내세우는 노련한 관리였다. 특히 그 해 1월은 정조로서는 인생무상의 감회를 절절히 느끼도록 해주었다. 김종수가 떠난 지 사흘 후 자신을 보필했던 서호수가 세상을 떠났고, 다시 여드레 후인 1월 18일 자신의 최측근이자 분신이라 할 수 있는 채제공이 세상을 떠났다. 그리고 9월에는 채제공과 함께 신도시 화성 건설에 매진했던 현장 책임자 조심태가 죽었다. 해가 바뀌어 1800년(정조24년) 1월에는 말없이 자신을 뒷받침해 주었던 김희가 죽었고, 3월 10일에는 궂은 일이라면 도맡아서 해주었던 정민시가 죽었다. 이미 최초의 정치 동지인 홍국영, 서명선, 김종수가 세상을 떠난 상태여서 그 후 정민시의 죽음은 정조의 가장 큰 의지 처였던 '동덕회'도 끝났다는 것을 의미했다. 정조는 정치적으로 큰 위기감을 느끼며 권력무상을 실감했다. 이제 주변은 물론 조정에서도 온통 노론 벽파 천지였다. 이렇게 가다가는 평생 추진해 온 임오의리가 다시 신임의리에 밀릴 게 뻔했다. 개혁을 완성해야 할 이 중요한 시기에 채제공을 비롯한 측근들이 타계하니 정조는 무척 상심이 컸다. 이런 어려운 상황에서 노론 벽파가 천주교, 화성행궁 등 사사건건 정조에게 강력하게 대항하자 정조는 노론 벽파의 세도를 바로잡기 위해, 그의 말을 따라야 한다는 솔교와, 습속을 바로잡아야 한다는 교속을 강조했다.

하지만 반대세력들의 힘도 만만치 않았다. 당시 신하들이 관직을 얻기 위해서 임금과 부모도 무시하고 세도 있는 대신들에게 아첨하는 세태가 전개되고 있었다. 점점 힘 있는 대신들에 의한 세도정치가 암암리에 부활되고 있었던 것이다. 이러한 일은 정조가 추진해 온 정치개혁에 역행하는 일이었다. 미풍양속이 무너지고 탐관오리가 발호하고 있었다. 참으로 정조는 어이없는 세상을 보고 있었다. 이제 몇 년 만 지나면 계획했던 모든 일이 마무리 될 수 있는 상황에서 노론 벽파의 조직적 반대가 그를 상실감으로 몰고 갔다. 자연스럽게 몸은 시치고 건강은 이상 징후를 보일 수밖에 없었다.

1800년(정조24년) 1월 정조는 즉위하면서부터 추진해 온 노비제도 혁파안을 통과시켰고, 또한 노론 벽파와의 화합을 위해 노론의 중심 인물인 김조순과 원자의 세자 책봉을 추진하면서 그의 집안과 혼인도 관철시키려고 노력하였다. 게다가 국혼을 추진한다는 내용을 사도세자에게 고해야 한다는 심정으로 추운 겨울 화성으로 행차를 떠났다. 이제 국혼을 치르고 몇 년 만 지나면 아버지 사도세자를 국왕으로 추존할 수 있게 되었다는 사실을 알리고 싶었던 것이다. 어쩌면 정조가 고난의 세월을 버텨온 힘은 아버지 사도세자를 국왕으로 추존하기 위해서였는지도 모른다.

그러므로 이 일은 정조에게 가장 중요한 일이었기에 몸이 아무리 지쳐있어도 화성행차를 포기할 수 없었다. 이때 지독한 감기에 시달리고 있던 그는 북풍한설을 맞으며 말을 타고 백리 길을 내려가 현륭원 재실에서 추운 밤을 지새니 몸은 어느덧 만신창이가 되었다. 스스로 몸을 움직일 힘조차 없는 상태에서 창덕궁으로 돌아온 그는 또다시 사도세자의 사당 경모궁에서 밤을 새우기까지 하였다. 원자의 세자 책봉과 국혼을 준비하느라 자신의 몸을 돌볼 겨를이 없었다.

세자 책봉을 끝내자마자 또 궁중에 갑자기 큰일이 발생했다. 어머니 혜경궁 홍씨의 종기가 무척 심해져서 몸을 가눌 수 없는 지경에 처한 것이다. 효자인 정조는 자신의 몸보다 어머니를 더 중히 여기며 어머니 간호를 의관들에게 맡기지 않고 몸소 돌보기 시작했다. 20여 일 가까이 밤을 새우며 어머니 혜경궁 홍씨를 간호하다 보니 정조의 체력은 더 떨어질 수밖에 없었다. 정조는 어머니 혜경궁 홍씨를 위해 약을 직접 바르느라 손이 부을 정도였다. 무쇠 같은 정조의 체력도 한계를 드러내기 시작했다. 이제 정조의 몸은 신하들과 대화하기 힘들 정도로 지쳐갔다. 그의 지극한 정성으로 2월 17일 혜경궁 홍씨는 좋아졌고 열흘 뒤 정조는 왕세자와 종묘를 배알하고 그날부터 직접 세자빈 간택에 나섰다.

그 당시 정조는 과로와 피로가 누적되어 주위의 신하들에게 "날은 저물고 갈 길은 멀구나!"라고 탄식할 정도였다. 정조는 점점 힘들어지는 정치적 상황을 정면으로 돌파하기 위해 5월 그믐날 경연 자리에서 자신이 이조판서로 임명한 이만수를 탄핵한 홍문관 교리 김이재를 귀양 보내는 조치를 취하면서 모든 대소신료들에게 자신에게 충성을 다할 것을 요구했다. 당시 우의정 이시수가 자신의 동생 이만수를 탄핵한 김이재에 대한 귀양 조치가 너무나 가혹한 것이란 상소를 올렸으나, 정조는 단순히 김이재만의 문제가 아닌 노론 벽파의 조직적 대항으로 판단했다. 실제로 노론 벽파는 정조에게 도전하고 있었다. 그 노론 벽파의 중심에는 사도세자가 억울하게 죽었다는 정조의 임오의리를 정면으로 반대하는 정순왕후와 심환지가 버티고 있었다. 그렇지만 정조는 측근인 좌의정 김종수조차 사도세자의 죽음은 당연한 것이라는 옛날 의리를 내세우자 당황하여 '금등'(영조가 간신들의 꾐에 빠져 잘못 판단하고 사도세자를 죽였다고 한탄한 글)을 공개하기까지 하며 설득하였으나, 이에 김종수가 불복하며 세속 정민으로 대항하자 정조는 읍참마속의 심정으로 그를 파직하고 의리와 명분을 강조하며 결연하게 정면 돌파를 선언하였던 것이다. 그런데 오히려 노론의 영수였던 김종수의 자리를 심환지가 차지하고 거세게 임오의리를 반대하고 나서자 정국이 위태로운 지경에 이르렀다. 이에 정조는 건강도 극도로 나빠진 상황에서 오월 그믐날 대소신료들에게 자신의 정치 철학과 백성을 위해 자신을 따라 정치를 해야 한다고 나섰던 것이다. 이것이 그 유명한 '오회연교(伍晦筵敎)'였다. 그리고 게다가 정조는 6월 12일 "의리를 천명하든지 자신의 잘못을 스스로 밝히든지 하라!"고 대소신료들에게 강력히 요구했다. 즉 정조 자신의 정책을 지지하고 따르든지, 아니면 자신의 정책이 잘못되었다고 공개적으로 주장하라는 것이었다. 정조는 지도자로서의 결연한 행동으로 자신의 소신을 소리 높여 강조하고 있었으나, 6월 12일의 정치적 발언이 슬프게도 그의 마지막 발언이 되고 말았다.

의문의 죽음

　과로가 누적된 상태에서 정조는 세자의 국혼을 확정짓자 그의 건강 상태는 극도로 나빠지기 시작했다. 더구나 오월 그믐날 대소신료들에게 자신의 정치적 소신과 백성의 뜻을 따라 정치를 해야 한다고 강력하게 하교하고 난 뒤부터 우울하고 속이 답답한 증세로 전혀 밥을 먹지 못했다. 이날의 오회연교에서 정조는 작심한 듯 24년 재위기간을 회고하고 앞으로 자신의 계획을 밝히는 하교를 내렸다. 이 오회연교는 대략 4가지 내용을 담고 있었다.

　첫째, 의리란 시대상황에 따라 다르다고 하면서 자신의 의리관에서 보면 영조를 따라 사도세자를 죽이는데 동참한 노론은 잘못이 크다고 역설하였으며, 둘째 의리탕평 정책으로 정국을 운영하겠다고 밝혔다. 셋째, 채제공, 윤시동, 김종수 세 정승을 정확히 8년씩 번갈아 등용했던 자신의 정국 운영 방식을 자세히 설명했고, 넷째, 자신의 정치 노선을 따르는 것이 충(忠)이고 이를 따르지 않는 것이 역(逆)이라며 노론 벽파를 압박했다.

　특히 정조는 신하들이 자기의 뜻에 부응하지 않고 심환지의 눈치를 살피며 그를 두려워하고 있다는 사실을 알고서 무척 분노하였고, 가슴 속 화기가 끓어오르고 있다고 주변에 토로하고 있었다. 이때 정조는 왕대비 정순왕후와 같이 연결되어 있는 심환지에 대해 몹시 분노하고 있었다. 정조 역시 숙종과 영조 그리고 사도세자가 지녔던 광증을 이어받고 있었다. 그것은 유전적 기질로써 급한 성격으로 인하여 발생하는 광증으로 화기가 불현듯 치솟는 화병 같은 증상이었다. 어쩌면 사도세자에게 나타난 조울증 증세였을지도 모른다.

정조는 1800년(정조24년) 6월 14일 처음으로 머리 부분의 종기에 관해 신하들에게 고통을 호소했다. 온몸이 화기로 가득해 종기가 여러 곳에서 발생하기 시작한 것이다. 정조는 "두통이 많이 있을 때 등쪽에서도 열기가 많이 올라오니 이는 다 가슴의 화기 때문이다. 대체로 이 증세는 가슴의 해묵은 화병 때문에 생긴 것인데, 요즘에 더욱 심해진 이유는 그것을 풀어버리지 못해 그런 것"이라며 대화하기도 힘들다며 고통을 호소했다. 당시 의관들에게 알리지 않았지만 정조의 등에는 수십일 전부터 종기와 유사한 것이 나 있었다. 이 종기는 옷이 닿는 곳에 있어 옷감에서 나오는 독성분이 상당히 침투해 있었다. 당시 의관이었던 백성일과 정윤교는 침을 사용하자는 정조의 주장을 받아들이지 않고 여지교를 통해 고름을 빨아내자고 건의했다. 정조는 등 쪽의 수십일 된 종기가 상당한 문제를 줄 수 있다고 생각했지만 두 의관은 전혀 다른 견해를 나타냈다. 정조를 안심시키기 위한 것이었는지 모르겠지만, 등의 종기는 별로 위험한 부위도 심각한 수준도 아니라며 웅담고를 붙이는 것으로 처방했다. 그러나 훗날 이 종기로 정조는 가장 위험한 순간까지 갔으니 이들의 처방에 어떤 의도가 있었다고 볼 수도 있다. 몇 년 후 심환지가 죽은 다음 집단 상소에 의해 이들과 심환지가 긴밀한 유대를 맺고 있었다는 사실이 밝혀지기도 했다. 즉 심환지가 이들의 중심에 있었던 것이다. 그리고 이때 의관의 처방 직후 내의원 제조인 서용보를 자리에서 물러나게 했다.

　서용보란 인물은 정조 때 형조, 예조판서를 지낸 서유녕의 아들로 그의 손자가 서재필이다. 1774년(영조50년) 문과에 급제한 뒤 여러 관직을 거쳐 1783년(정조7년) 규장각 직각이 되었다. 1792년(정조16년) 청나라에 사은부사로 다녀온 뒤 경기도 관찰사, 규장각 직제학, 이조와 형조 참판, 대사헌 등을 지냈고, 1799년(정조23년) 예조 판서에 올라 내의원 제조를 맡고 있었다. 서용보는 정조 사후인 1802년 좌의정이 되어 순조 초기의 정치에서 중요한 역할을 했고 1819년에는 영의정까지 오른다. 서용보는 정조 사후 정순왕후 측근으로 있으면서 정약용 형제를 유배 보내는데 결정적 역할을 한 인물이다. 정조는 중병에 걸린 시점에서 자신의 의도에 충실하지 않은 서용보가 내의원 제조로 있는 것이 탐탁하지 않았음은 당연한 것이었다. 정조는 곧 자신의 절대적 지지자인 소론 계열 우의정 이시수를 자신의 병을 관장하는 총책임자로 새롭게 임명했다. 이시수는 정조와의 면담을 통해 머리에도 종기가 있음을 새롭게 알게 됐고, 정조가 얼마나 큰 육체적 고통 속에서 조정을 다스려 왔는지를 알게 됐다. 그리고 서용보를 빼버린 내의원 제조에는 이병정을 새롭게 임명했다. 이병정은 충청도 관찰사 이창수의 아들로 1766년(영조42년) 문과에 급제해 여러 관직을 지낸 후 1795년(정조19년)과 순조 원년(1800년)에 한성부 판윤을 지냈고 이후 이조판서와 대제학을 역임했다. 이병정은 제조가 되기 13일전 이조판서로 임명됐다.

인사문제에 관한 한 철저했던 정조가 그에게 이조판서를 맡겼다는 것은 그만큼 신임이 컸다는 뜻이기도 하였다. 그러나 사관은 그에 대해 "빼어난 재주가 있고 문사가 넉넉하며 민첩했다. 그러나 세력을 쫓고 이(利)를 좋아해 가는 곳마다 탐욕스러웠으므로 사람들이 모두들 경멸했지만 그는 부끄러운 줄을 몰랐다"라고 그의 졸기에 긍정과 부정의 평을 함께 싣고 있다. 이병정의 인품과 처세를 살펴본 것은 좌의정 심환지와의 연결가능성을 추측해 보기 위한 것이다. 심환지 사후 그가 여러 인물들과 긴밀하게 관련된 사실이 밝혀졌기 때문이다. 한편 우의정 이시수는 정조에게서 오래된 화병 때문에 이러한 증세가 생겼고, 이를 제대로 풀지 못하여 여러 곳에서 종기가 발생했다는 사실을 알게 되었다. 참으로 가슴 아픈 이야기였다.

열한 살 때 아버지 사도세자가 처참하게 죽고 평생 고통 속에 인내하며 아비를 죽인 원수들과 얼굴을 맞대고 정치를 해왔으니 가슴에 한이 사라질 수 없었을 것이다. 더구나 자신이 추구하는 개혁 정치를 따라 주기는커녕 사사건건 끝까지 반대하고 있으니 그 속은 얼마나 고통스러웠겠는가! 그야말로 점점 온몸이 화기로 가득 차자 종기가 여러 곳으로 퍼져갔고, 이에 정조는 몸을 차갑게 하기 위해 백호탕을 들었다. 피고름이 저절로 흘러 속적삼에 스며들고 이부자리에까지 번졌는데, 잠깐 흘러나온 게 몇 되가 넘을 정도로 병세는 악화되었다. 책임자 이시수는 내의원 의관들이 정조의 상태를 호전시킬 수 없다고 판단하여 지방의 유명한 의원들을 불러 오기로 결정했다. 종기에서 고름이 줄어들기는 했지만 통증은 전혀 줄어들지 않았다. 몸을 움직일 수 없는 상황에서도 정조는 나랏일 걱정을 멈추지 않았다. 오죽했으면 꼼짝할 수 없는 상황에서 꿈에서 국사를 지시했다고 신하들에게 털어놓기까지 했을까.

정조가 종기로 극심한 고통을 호소하는 중에도 임오의리 등에 정면 도전하는 무리들에게 분노하며 과격한 어조로 대응하고 나서자, 우의정 이시수는 정조를 달래면서 "죄가 있는 자가 있다면 그가 지은 죄에 걸맞게 벌을 가하면 그뿐이며…… 병을 치료하시는 중에 과격하게 말씀을 하시면 몸조리에 해로울까 매우 안타까울 뿐입니다!"라고 말했다. 이처럼 신하들이 국사와 관련된 일을 생각에서 깨끗이 씻어 버리는 게 회복을 위해 가장 좋은 일이라고 말할 정도로 나랏일에 대한 정조의 집착은 대단했다. 우의정 이시수는 정조의 병을 치료하기 위해 장용영 장교였던 심연이 종기를 치료하기 위해 사용했던 연훈방을 제안했다. 더 이상 고약이 효능을 발휘하지 못했기 때문이다.

연훈방은 당시 직제학 서정수를 치료한 방법이기도 했다. 연훈방은 심연이 제조하여 직접 자신에게 처방해 효과를 본 치료방법으로 소량의 수은을 태우는 연기를 통해 치료를 시도하는 처방이었다. 신하들은 그 처방이 너무 강한 것이라 섣불리 시험하면 위험하다고 반대했으나 정조는 그 동안 어떤 약도 효과가 없었다고 하면서, 심연이 조제한 연훈방과 성전고라는 약을 한 번 시험해 볼 것을 고집했다. 확실히 연훈방은 효과가 있었다.

6월 24일 정조의 지시대로 연훈방과 성전고를 사용하니 종기에 가득했던 피고름이 하루 만인 6월 25일 엄청나게 흘러나왔다. 연훈방과 성전고의 효과 때문인지 밤에 잠깐 잠이 든 사이에 피고름이 몇 되나 흘러나왔던 것이다. 이에 정조는 연훈방과 성전고를 조제한 심연과 정윤교를 들어오도록 명했다. 이들은 종기의 뿌리가 다 녹았다며 "반갑고 다행스러운 마음은 무엇이라 형용할 수 없다"고 반색했다. 이에 정조도 "잠자리가 지난밤에 비해 조금 나았다"고 했으니 그들로서 기쁠 수밖에 없었다. 통증도 많이 가셨다고 하자 우의정 이시수는 "입맛이 좋아지는 대로 섭양을 잘 한다면 쾌차하시게 될 것"이라며 "앞으로 조정 일을 할 때도 너그러운 마음을 가지소서"라고 병세를 낙관했다. 심지어 정조는 일부 신하들을 불러 이부자리의 고름 나온 자리를 보여주기까지 했다. 그만큼 다 나았다고 믿었다. 신하들 입에서는 "경사스럽고 다행하기 그지없습니다"는 말이 나올 정도였다. 진찰 결과 모든 신하들은 정조를 괴롭힌 종기의 근이 이미 녹았다고 판단했다. 며칠만 조리하면 완전히 회복할 것이라고 판단한 신하들은 정조의 마지막 치료와 몸조리에 정성을 기울였다.

정조의 노력도 대단했다. 연훈방은 방문을 닫고 수은을 태워 그 연기를 쐬는 방식이라 숨도 쉬기 힘들 정도의 고통이 따랐다. 하지만 정조는 자신이 살아야만 새로운 세상을 만들 수 있다는 생각이 들어 온갖 고통을 감내하면서 힘든 치료를 견뎠다. 정조와 심연은 일단 종기는 나아가는 것으로 여겼고, 정조는 이제 열을 다스리는데 집중하기로 했다. 열도 조금 내렸고 몸을 움직이는 것도 나아졌다. 정조가 다시 한 번 연훈방을 시험해 보고 싶다고 하자 우의정 이시수가 말렸다. 이시수, 심연 등은 병세를 잡았다고 보고 원기를 보충하는 단계로 접어들어야 한다고 생각했다. 인삼이 들어간 경옥고를 먹게 된 것도 그런 판단에 따른 것이었다. 열흘 가까이 음식을 먹지 못한 정조는 조금씩 미음을 먹으며 기운을 회복하기 시작했다. 정조는 마침내 창문을 열어 맑은 공기를 마실 정도로 호전되었다. 이 상황에서 정조는 자신의 체질을 신하들에게 설명하며 가장 좋은 탕약을 만들어 줄 것을 지시했다. 정조는 영조와 혜경궁을 간호하기 위해 의학을 공부했고 이를 통해 「수민묘전」이란 의학서를 편찬할 정도로 의학에 조예가 깊었다. 따라서 정조는 자신의 몸 상태를 정확히 이해했고, 스스로 원기를 회복하는 처방을 의관들과 상의하고 지시했다.

정조는 방안에서 몸을 일으켜 조금씩 움직이기 시작하여 스스로 창경궁 영춘헌으로 거동할 정도로 상태가 호전됐다. 그리고 김조순을 승지로 새로 임명하고 신하들을 불러 접견하기 시작했다. 또한 이때 정조는 의욕적으로 정치 개혁을 완성하기 위하여 지방에 칩거하고 있던 정약용을 재촉하여 조정으로 복귀시켰다. 그렇기 때문에 정조 사후 정약용은 정조의 갑작스런 죽음을 독살이라고 주장하고 나섰던 것이다. 또한 이때 정조의 치료 기간 중 단 한 번도 찾아오지 않았던 정순왕후가 찾아왔다. 왕대비 정순왕후 김씨는 법적으로는 정조의 할머니이지만 정치적으로는 정적이었다. 영조 말년 권력을 누리던 그녀의 친정은 정조가 즉위하자마자 몰락의 길을 걷게 되어 정조에게 깊은 원한을 갖고 있었다.

1800년(정조24년) 그 해 세자의 나이 겨우 열한 살이었다. 따라서 정조가 세상을 떠날 경우 왕실의 가장 어른인 정순왕후가 섭정을 하게 되어 있었다. 특히 정순왕후는 노론을 위해서라면 물불을 가리지 않는 무서운 여인이었다. 그녀가 섭정을 하게 되면 친정과 노론 세력이 다시 살아날 수 있었다. 즉 정조가 죽어야 정순왕후와 노론의 영수 심환지가 권력을 잡을 수 있었다. 이런 정순왕후가 정조를 정성으로 독대하며 그를 살리기 위해 성향정기산을 올렸다고 믿기는 어려웠다. 또한 논란 많았던 연훈방을 제조한 심연이란 인물은 심환지의 친척이어서 남인들의 의심이 표적이 되었다. 연훈방을 정조에게 소개한 우의정 이시수도 조정의 집권 세력 노론의 영수인 심환지와 처방에 대해 긴밀하게 상의했을 것이다. 또한 우의정 이시수는 정조의 병을 관장하는 총책임자였고, 처방과 치료에 깊숙이 관여한 의관들은 심환지의 넓고 깊은 영향력 하에 있었다. 게다가 정조의 분노가 심환지 때문이라고 할 정도로 둘은 정치적으로 첨예하게 대립하고 있었으며 이 당시 심환지와 정순왕후는 긴밀한 관계 속에 노론을 이끌어 가고 있었다. 노론의 입장에서 보면 정조를 제거할 수 있는 절

호의 기회이기도 했다.

　그 시기에 나름 원기를 회복한 정조는 직접 영춘헌에 거동해 좌부승지 김조순을 접견했고 직제학 서정수와 직제학 서용보·이만수도 함께 불렀다. 그런데 정조 사후 노론 벽파에서 작성한 「정조실록」에는 "이때 상의 병세가 이미 위독한 상황에 이르렀다"고 적고 있는 것이다. 참으로 위독한 상황에 이른 정조가 손수 영춘헌까지 거동해 여러 신하들을 접견할 수 있었는지는 의문스런 점이었다. 또한 정조가 세상을 뜬 6월 28일의 정조실록에는 '주상이 무슨 분부가 있는 것 같아 자세히 들어보니 '수정전' 세 자였다.' 수정전은 왕대비가 거처하는 곳이다. 마침내 더 이상 말을 하지 못하므로 신하들이 큰 소리로 신들이 들어왔다고 아뢰었으나 상은 대답이 없었다고 기록하고 있다. 이 시기에 갑자기 등장한 정순왕후는 의약청의 관례를 무시하면서 내관을 보내 의견을 전하고 관여하기 시작했다. "이번 주상의 병세는 병술년(영조42년)의 증세와 비슷하니, 그 당시 드셨던 탕약을 자세히 조사하여 써야 할 일이나 그때 성향정기산을 복용하고 효과를 보았으니 의관으로 하여금 의논하여 올려 드리게 하시오"라고 의견을 전했다.

　당시 정순왕후가 의학에 얼마나 지식이 있었는지는 모르지만 우의정 이시수는 일말의 주저함도 없이 책임자의 자격으로 강명길에게 지시하여 성향정기산을 올리게 했다. 그 직후 정조의 어머니 혜경궁 홍씨가 내관에게 "동궁(후에 순조)이 주상의 안부가 궁금해 소리쳐

우니 함께 가려 하오. 그러니 모두 잠시 물러나 기다리도록 하시오"
라고 전달하도록 했다. 정순왕후나 혜경궁 홍씨가 나타나면 신하들
은 모두 문 밖으로 물러나야 했다. 외간 남녀가 얼굴을 마주할 수 없
는 법도 때문이기도 했다. 좌의정 심환지 등은 문 밖에서 기다리다가
잠시 후 문 밖 가까이 다가가 큰 소리로 외쳤다.

"신들이 이제 들어가겠습니다." 혜경궁 홍씨가 동궁과 함께 돌아
가자 심환지 등이 다시 들어왔고, 부제조 조윤대가 정순왕후가 말
한 성향정기산을 가지고 들어왔다. 도제조 이시수가 숟가락으로 탕
약을 떠 두세 숟갈을 입안에 넣었는데 넘어가기도 하고 밖으로 토해
내기도 했다. 이시수는 강명길에게 다시 진맥하게 했고, 진맥을 마친
강명길이 엎드려 말했다. "맥도로 보아 이미 가망이 없습니다." 이런
급박한 상황에서 다시 정순왕후가 등장했다. 내관을 통해 "주상의
병세는 풍 기운 같은데 대신이나 각신이 병세에 적절한 약을 의논하
지 못하고 어찌할 줄 모르니 무슨 일이오?"라는 의견을 전달했다. 이
에 좌의정 심환지는 "이제는 성상의 병세가 이미 위독한 지경에 이
르러 천지가 망극할 뿐 아니라 더 이상 아뢸 말이 없습니다"라고 화
답했다. 이때 도제조 이시수는 엉뚱하게도 수정전으로 달려가 왕대
비에게 경과를 보고했다. "인삼차에 청심원을 개어서 끓여 들여보냈
지만 이제는 아무 것도 드실 길이 만무합니다. 천지가 망극할 따름입
니다"라며 통곡하자 왕대비는 "내가 직접 받들어 올리고 싶으니 경
들은 잠시 물러가시오"라고 하였다. 이에 심환지 등 모든 신하들이

문 밖으로 물러나왔다. 이 때 방안에는 정조와 정순왕후 단 둘만 있었다. 위독한 정조 곁에 최대 정적 정순왕후 혼자만 있었던 것이다. 사실 관례상으로 의관과 사관이 곁에 있었어야 했다. 참으로 결정적인 시기에 우연히도 정적 정순왕후와 심환지가 정조의 곁을 지키고 있었던 것이다. 따라서 그때 정순왕후가 다른 신하들을 물리치고 혼자 정조의 병석을 지킨 것은 예법에 어긋나는 일이었던 것이다. 왕실 법도 상 어떠한 경우에도 사관은 반드시 국왕의 일을 기록하기 위하여 국왕 곁에 있어야 하는데도 정순왕후는 사관마저 전각 밖으로 내쫓았다. 그리고 얼마 후 그녀는 "전하가 승하하셨다"고 통곡하며 혼자 영춘헌 밖으로 뛰쳐나왔다. 이에 승지 이만수가 급히 정조의 침전으로 들어가니 정조는 무엇인가 외마디 소리를 지르는 듯 했다. 정조가 혼신의 힘을 다해 마지막으로 토한 말 '수정전!' 세 마디였다. 수정전은 바로 정순왕후의 처소였다. 혼미한 상태로 누워 있는 동안 정순왕후가 자신에게 어떤 조치를 취했음을 알려 주기 위함이었는지 모르겠다. 어쨌든 정조는 정순왕후가 홀로 약을 직접 받들어 올리는 중에 숨을 거두고 만 것이었다.

조선 역사상 처음이자 마지막으로 국왕이 죽는 순간에 여인 한 사람만 있었던 것이다. 이것이 바로 정조의 죽음에 대한 의문스런 점이다. 과연 정순왕후가 정조를 죽이기 위해 독약을 주었는지, 아니면 자신의 말대로 영조를 위해 처방했던 성향정기산을 주었는지 아무도 알 수 없다. 결과는 회복 중인 정조가 허망하게 죽었다는 사실이다. 당시 조정은 정조의 죽음이 종기로 인한 것이라고 인정하고 6일 뒤 열한 살의 어린 세자(후에 순조)가 대를 잇도록 했다. 더불어 왕대비 정순왕후는 4년 동안 어린 세자 대신 무서운 권력자로 수렴청정하면서 수만 명의 기독교 신도 및 그 관련자들을 무참히 처형했다. 그리고 정조의 모든 개혁 기반을 철저히 파괴했다. 그녀의 무서운 권력욕에 의하여 정조가 먼저 죽임을 당했을 수도 있었으리라!

갑작스럽게 정조가 승하하자 하늘도 땅도 울고, 온 나라 깊은 산중에 사는 이들도 국왕의 죽음을 슬퍼해 발을 구르고 땅에 뒹굴었다. 삼각산도 울고 양주와 장단의 잘 자라던 벼가 하얗게 죽었다. 평생을 백성을 위해 자신의 모든 것을 희생한 참다운 군주 정조가 마침내 세상과 이별한 것이다. 그가 염원하던 화성에서의 생활은 끝내 꿈으로 남겨 놓고, 자신을 사랑하는 어머니와 만백성을 남겨 두고, 그 뜨거웠던 여름날 온갖 분노와 고통 속에서 병마와 싸우다 허망하게 아버지 사도세자 곁으로 떠나고 말았다. 그 슬픈 날은 1800년 6월 28일이었다. 49세의 정조는 열정과 사명감을 지니고 국가의 개혁에 매진하였으나 그의 꿈을 완성하지는 못했다. 참으로 억울한 죽음이었다. 조선이 근대 국가로 나아갈 수 있는 시점에 갑작스럽게 맞이한 국가적 변고였다. 역사는 다시 조용한 봉건국가로 후퇴하고 있었다.

정순왕후의 집권

정조가 세상을 떠난 후 왕대비 정순왕후는 계획대로 수렴청정을 하게 된다. 그녀의 수렴청정은 몰락했던 친정의 부활로 나타났다. 정조 때 귀양 갔다가 사망한 김구주는 그녀의 친정 오빠였는데 이조판서로 추증되었고, 6촌 오빠인 김관주를 중요한 이조참판에 앉히고 노론 벽파들을 대거 등용했다. 권력의 핵심으로 부상한 김관주, 심환지 등은 정조의 탕평 정치를 보좌했던 인물들을 대거 살육하고 노론 벽파 정권을 수립했다. 또한 권력을 잡은 정순왕후는 노론 강경파와 함께 1801년 천주교를 탄압하는 '신유사옥'을 일으켰다.

정순왕후는 절대 왕조 체제를 유지하기 위해 유교 윤리를 근본적으로 부정하는 천주교의 위험성을 예방하고, 천주교 신봉 세력이 대부분 온건한 노론 시파나 남인들이 거의 대부분이어서 이들을 제거하기 위하여 천주교를 대대적으로 탄압하고 나섰다. 천주교 금지령을 내리고 천주교도와 이들을 숨겨주는 관련자들을 철저히 색출하기 위해 악랄한 오가작통법을 써서 수만 명을 처형하였다. 이가환, 권철신, 이승훈, 정약용 등 시파나 남인계 인물들이 죽거나 귀양을 갔으며, 이 악명 높은 신유사옥으로 정순왕후는 노론 벽파 중심의 조정을 세울 수 있었다. 그 후 정순왕후는 3년 반 동안 수렴청정하면서 정조가 이룩했던 개혁의 성과를 완전히 백지화시켜 버렸다. 개혁의 상징이었던 신도시 화성은 잊히고 장용영은 혁파되었다. 또한 정조는 천주교에 대해 대체적으로 관대한 입장을 지니고 있었는데 반해 정순왕후와 노론 벽파 세력은 집권하자마자 천주교에 대해 극단적인 탄압을 가했다. 당시 성리학에 도전하는 사상은 천주교였다.

1791년(정조15년)경 천주교를 둘러싼 견해 차이로 정파가 분열되는데 남인과 일부 노론 시파는 이를 받아들여 신서파를 형성했으며 집권당인 노론 벽파 대부분은 이를 공격하는 공서파를 형성했다. 정조는 강경한 노론 벽파 때문에 부모의 신주를 불태운 윤지충과 권상연을 처벌하였지만 전체적으로 천주교를 용인하는 편이었다. 그러나 권력을 장악한 정순왕후와 노론 벽파는 천주교를 국가 반역 집단으로 규정하여 전국을 피바다로 몰아넣었다. 특히 정조가 그의 꿈을 펼치려 했던 신도시 화성에는 황량한 바람만 맴돌았다. 정권을 잡은 정순왕후와 노론 벽파들은 신도시 화성 건설을 정조의 개인적인 사업 차원으로 폄하한 다음, 신도시 화성에 대한 모든 지원을 끊어버렸다. 그리고 그들은 "잘못 판단하여 저렇듯 치명적인 결과를 낳았다. 귀한 세금을 엉뚱한 곳에다 펑펑 쏟아 부은 탓에 백성들이 어려워지고 나라가 궁핍해졌다!"라며 정조를 비난했다. 게다가 그들은 신도시 화성에 주둔하고 있던 장용영의 군사력과 재정까지도 모조리 다른 곳으로 이관시켜버렸고, 사도세자 추증에 관련된 그때까지의 모든 정책도 백지화시켜 버렸다. 그들은 "선왕의 독단적인 개혁을 인정할 수 없다!"고 공격했다.

화성행궁과 현륭원에는 잡초가 무성해지고, 일찍이 정조가 눈물을 흘리며 씹어 삼켰던 송충이들이 송림에 들끓어도 아무도 돌보는 이가 없었다. 그렇게 위대한 조선을 꿈꾸며 시작했던 정조의 개혁은 물거품이 되었고 백성들의 뇌리에서 점차 잊혀 갔다. 정순왕후와 노론 세력들은 그렇게 찬란했던 정조의 치적을 무참히 지워버림으로써 조선의 희망까지도 지워버렸다. 그들은 절대 봉건국가를 건설하면서 자신들의 권력을 강화시켜 나갔다.

그들은 경기지방의 노론 문벌을 끌어들이기 위해 이미 정조에게 세자빈으로 간택되었던 김조순의 딸과 순조의 혼인을 받아들인 다음, 안동 김씨의 김조순, 김달순 그리고 반남 박씨의 박종경 등을 조정에 끌어들였다. 하지만 그것은 커다란 실수였다. 노론 벽파의 강력한 후원자인 정순왕후가 수렴청정을 마친 이듬해인 1805년(순조5년)에 파란만장했던 삶을 접은 것이다.

정순왕후는 15세의 어린 나이에 영조의 계비로 삶을 시작했다. 정순왕후 김씨는 오빠 김구주 등과 함께 노론 세력의 중심에 있었으나 정조가 즉위하면서 그녀의 친정은 몰락했고 가시밭길을 걷게 되었다. 그녀는 한 여인으로서 행복을 포기하고 정조에 대한 원한에 사무친 채 인생을 꾸려왔다. 그리하여 그녀는 노론 벽파의 집권을 위하여 온갖 수단을 동원한 권력의 화신으로 변해갔다. 참으로 그녀의 인생도 기구했고 위대한 조선의 희망도 거꾸로 돌아갔다. 설상가상으로 그녀가 죽자 노론 벽파에 대한 반남 박씨, 안동 김씨와 풍양 조씨 일파의 연합공격이 개시되었다. 그리고 김이영이 십육자흉언을 폭로함으로써 노론 벽파의 주역들은 역적이 되어 형장의 이슬로 사라졌다. 참으로 권력이란 순간이고 허망한 것이기도 하였다. 이렇듯 갑작스런 정조의 죽음은 조선의 몰락을 가져왔다. 그가 꾸었던 조선의 위대한 꿈이 사라져서 그런 것일까? 정순왕후가 죽고 노론이 몰락하자 일당 독재인 세도(世道) 정치가 다시 시작되었다. 세도(世道)는 본래 세상을 바르게 다스리는 도리라는 뜻으로서 중종(제11대) 때 조광조 등의 사림들이 표방했던 통치원리였다. 그것이 정조 초기 홍국영의 정치부터 변질되어 임금의 총애를 받는 신하나 외척들이 독단으로 정권을 휘두르는 것을 일컫는 말이 되었다.

정조 시대는 실학 사상가들에 의해 북학론적인 정책이 건의되고, 천주교와 서양 문명에 호의적인 진보적 지식인의 역할이 높아져갔기 때문에 보수적 정치 세력들은 상당한 위협을 느끼고 있었다. 이와 같은 내부로부터의 변화와 도전에 불안해진 보수 세력은 정조의 죽음과 어린 순조의 즉위를 계기로 정권을 완전히 장악하여 진보 세력인 실학 사상가 및 천주교에 대한 대대적 숙청과 탄압을 시작하게 된다. 특히 천주교는 가부장적 권위와 유교적인 의례를 거부했으며 사람은 모두 평등하다는 평등사상과 유일신사상을 주장하고 나섰으니, 그것은 유교 사회에 대한 중대한 도전이었다. 또한 권력에서 소외된 지식인 양반층과 수탈과 횡포에 시달리던 서민층이 천주교 신앙을 통해 결합되는 것도 지배 체제에 대한 중대한 위협이었다.

조선의 천주교는 숙종(제19대) 이후 거의 정치권에서 소외되어 있던 남인 소장 학자들을 중심으로 지식층에 전파되었다. 16세기에도 소현세자나 홍대용 등이 들여온 천주학 서적들에 대한 연구는 있었지만 종교로 받아들여 정식으로 신도가 생긴 것은 18세기에 들어서면서부터이다. 그 대표적인 천주교도는 이승훈이었으며, 다산 정약용 형제들과 이가환, 권철신 등 재야 남인 세력들 사이에서 천주교는 조심스럽게 퍼져나갔다. 정조 대에 급격하게 불어난 천주교도는 정조 후반기에는 천주교인이 1만여 명에 달하는 등 급격히 교세가 확장되었다. 실로 천주교는 무서운 기세로 번져 나갔다. 이러한 천주교의 확대에 보수 집권층은 큰 위협을 느끼고 있었던 것이다. 이런 가운데 노론이라는 당파에 의한 당쟁의 시대가 끝나고 집권자의 일족만이 정권을 독점하는 세도정권이 형성된다.

순조, 헌종, 철종에 걸친 60여 년간의 정권을 독점한 안동 김씨 세도정치는 순조의 장인인 김조순으로부터 시작한다. 정조가 죽고 1800년 11세의 어린 나이로 순조가 즉위하자 그때까지 당색을 잘 드러내지 않았던 김조순은 노론 시파계임에도 불구하고 노론 벽파계인 정순왕후의 수렴청정에 협조함으로써 그의 딸을 왕비(순원왕후)로 삼는데 성공한다. 정순왕후의 수렴청정 기간에는 그녀의 외척인 경주 김씨를 중심으로 노론 벽파가 정권을 잡는다. 그러나 순조가 15세가 되던 1804년 정순왕후가 수렴청정을 거두고 다음 해에 죽자 순조의 외척이 된 안동 김씨 일가가 정권을 잡는다. 이에 순조의 장인인 김조순은 중심으로 한 안동 김씨 일파는 노론 시파의 대가인 풍양 조씨, 남양 홍씨, 나주 박씨, 여흥 민씨, 동래 정씨 등과 제휴해서 권력을 유지해 나갔으며, 순조의 아들인 효명세자의 빈으로 조만영의 딸을 간택한다. 이 때문에 효명세자가 대리청정을 할 때 잠시 풍양 조씨 일문에게 권력이 이동되기도 했지만 효명세자가 일찍 죽고 그의 아들이 즉위하자 순조의 왕비이자 김조순의 딸인 순원왕후의 수렴청정이 시작되어 다시금 안동 김씨 일문이 정권을 잡게 된다. 또한 철종의 비까지 안동 김씨 일문에서 간택함으로써 안동 김씨의 외척 세도정권은 대원군이 등장하기까지 60여 년간 이어진다.

순조시대에는 김조순이 권력을 휘두르다가 헌종 시대에는 김조순의 아들 김좌근에게로 넘어가고, 그것이 철종 대에 와서는 김좌근의 양자 김병기에게로 넘어간다. 세도정권의 특징이라면 당쟁 시대와는 달리 견제 세력이 전혀 없다는 것이다. 그러므로 이것은 나이 어린 왕을 정권에서 배제시켜버리는 세도정권의 전횡을 가능하게 했으며, 그 결과 관료사회의 부패와 백성들에 대한 수탈 그리고 민생의 피폐가 나타났다. 이러한 독재 정권에 강력하게 맞선 것은 그 피해를 고스란히 보게 되는 농민층이었다. 막바지에 몰린 농민들의 불만은 순조 11년에 일어난 '홍경래의 난'을 비롯, 19세기 중엽 이후 전국적인 민란으로 폭발했다. 이러한 민란은 안동 김씨의 세도정권을 궁지에 몰아넣는 한편, 그에 불만을 품고 있던 조대비와 흥선 대원군 이하응의 밀약으로 고종의 즉위와 함께 안동 김씨의 세도정치가 막을 내리게 했다.

안동 김씨 세도정치의 횡포로 19세기 조선 사회는 급격한 몰락의
길로 들어섰다. 안동 김씨 세도정권으로 삼정이 문란해져 농토에서
유리된 농민들은 유민이 되거나 임금 노동자로 전락할 수밖에 없었
다. 반면에 일부 농민들은 농업 기술과 상업에 대한 지식을 이용하여
부농이나 지주가 되는 등 양극화 현상이 일어났다. 신분 질서가 급격
하게 와해되어가던 당시에 이렇게 성장한 부농들은 지방의 유지로
활동하면서 사회변동의 변수로 등장하게 되었다. 또한 상업에서도
봉건적인 특권 상인에게 도전하는 사상인(私商人)들이 등장하여 대
상인으로 성장하는 사례가 늘어났다. 홍경래의 난에서도 지도층 가
운데는 이렇게 성장한 부농층과 대상인이 다수 끼어있었다. 세도정
권에 의한 과거제도와 국가 기강의 문란, 삼정을 통한 관리들의 횡포
등에 대항하여, 몰락한 양반과 지식인 등이 사상적 기반을 마련하고,
새로 등장한 부농과 사상인들의 물력과 조직력 등을 결합하여 10여
년간의 준비 끝에 일어난 것이 홍경래의 난이었다.
　　평안도 출신의 홍경래는 본래 양반 출신으로 과거에서 수차례 떨
어지면서 그것이 서북인들에 대한 부당한 차별 대우에서 비롯된 것
임을 알고 과거를 포기했다. 당대의 제도적 모순에 눈을 뜨는 그는
지식인, 부농층, 그리고 사상인들과 함께 봉기를 일으켰다. 이 밖에
도 당시 세도정치에 대하여 불만이 깊었던 재상 출신 인사, 평안도
일대의 지역 실력자 및 지방 관속들, 그리고 유랑 지식인과 유민 계
층 등에 이르기까지 광범위하게 봉기 세력으로 참여했다. 그들이 격

문에서 요구한 세 가지는 첫째 서북인에 대한 차별 철폐, 둘째 안동 김씨 세도정권의 타도, 셋째 신인 정씨의 출현으로 그를 참임금으로 추대하겠다는 것이었다. 안동 김씨 세도정권의 폭정에 대한 항거였고 새로운 지도자의 출현을 염원하는 것이었다. '홍경래의 난'은 비록 성공하지는 못했지만, 이씨 왕조에 대한 전면적인 부정과 새로운 정치 체제를 표방함으로써 조선사회에 큰 타격을 가하며 나라의 붕괴를 가속화시켰다. 이렇듯 정조 사후 조선은 100년도 못 버티고 급속하게 몰락의 길을 길었다.

정조의 위대한 꿈

조선이 급속하게 몰락하게 된 원인은 정조와 같은 위대한 꿈을 가진 지도자가 없었기 때문이고, 또한 정치를 주도하는 세력들이 정치적 소신이나 철학 없이 정치를 잘못했기 때문이다. 15세기에 훈민정음을 창제한 세종만큼 평가를 받을 수 있는 정조는 정치적 소신과 철학을 겸비하고 위대한 조선을 만들려는 꿈을 가진 정치 지도자였다. 정조는 강력한 왕권을 구축하고 이를 바탕으로 찬란한 문화국가를 만들려는 꿈을 가지고 있었다. 정조는 위대한 조선을 만들기 위하여 먼저 목표를 설정하고 그에 도달하기 위하여 온갖 역모와 정쟁에 시달리면서도 불퇴전의 각오로 앞만 보고 나아갔다. 정조는 인재 육성 없이는 위대한 조선을 만들 수 없다고 생각했다. 그래서 규장각을 만들었다. 정조는 기존 관료들로는 잘못된 정치구조와 부패구조를 바꿀 수 없다고 생각하고 있었다. 신진관료들도 부패하기는 마찬가지였다. 노론세력이 장악한 과거제도는 이미 부패한 관료들의 치부 수단이 되어있었다. 그는 세손으로서 대리 청정하던 시기인 1755년(영조51년)의 과거에서 시험문제 유출사건을 적발했지만 비호세력이 너무 강력해 흐지부지 처리했던 경험을 가지고 있었다. 정조 즉위 초기에도 과거의 부정을 엄중히 처벌하라는 명을 내렸지만 쉽게 근절되지 않았다. 그리하여 정조는 처음부터 교육을 통해 참신한 관료를 직접 양성하려는 생각을 갖게 되었다. 이른바 규장각을 통한 새로운 인재의 발굴과 육성이었다. 정조는 왕안석의 개혁 정치, 명청의 전각 제도, 세종의 집현전 등 다양한 제도를 연구 및 보완하여, 그의 꿈을 펼칠 규장각을 설립했다. 규장각에서 선발한 채제공·정약용·이덕무·유득공·박제가·서이수 등의 개혁적인 인재들과 함께 개혁 정치를 추구해 나갔다. 이곳에서 19년 동안 선발된 138명의 초계문신은 정조 시대에 조정의 중추 세력으로 성장하여 조선을 이끌어 갔다. 그리하여 이들은 정조 집권기 24년 동안 정조의 위대한 꿈인 강력하고 부강한 조선을 만드는데 혁혁한 공을 세웠던 것이다.

이러한 규장각 소속 관리들에게는 생활에 대한 염려가 없도록 최고의 대우를 보장하였다. 그들은 최고의 대우가 보장된 대신 겸직이나 전임을 가리지 않고 한 달에 2~3일 그리고 일이 많을 때는 20~30

일찍 숙직을 했다. 또 그들은 수시로 시험을 치렀고, 1년에 두 차례 근무성적을 매겨 인사고과 자료로 삼았다. 특권에는 의무와 책임을 뒤따랐던 것이다. 특히 그곳에는 학벌이나 인맥은 존재하지 않았고 오로지 실력으로 자신을 증명해야 했다. 인사권이 당파와 문벌에 의해 좌우되고 과거시험에서 부정이 일상적이던 시대에 실력만으로 발탁된 각신들의 자부심은 대단한 것이었다. 그래서 평소에도 규장각 직함은 다른 벼슬에 우선해 내세웠고, 죽어서 명정이나 지방을 쓸 때도 규장각 관직만 올릴 정도였다. 이렇듯 규장각의 체계가 바로 잡히고, 출중한 인재들이 배출되자 정조는 자신감이 충만해졌고 정국은 안정을 이룩했다. 규장각의 운영이 본궤도에 오르자 정국은 안정되면서 문화정치가 꽃피기 시작했다.

이러한 정조의 문화정치는 중인 이하의 평민들에게도 광범위한 영향을 미쳤다. 즉 귀족문학인 한문학 외에도 위항인들이 참여하여 위항문학 등을 낳기도 했다. 바야흐로 정치가 안정되고 정조의 문화 정치가 번성해지자 양반, 중인, 서얼, 평민층 모두가 문화에 대한 관심이 최고조로 높아져서 문예부흥 즉 조선의 르네상스가 도래하게 되었다. 이는 정조가 조선의 위대한 꿈을 실현하기 위해 규장각을 성공적으로 운영했기 때문이다.

또한 정조는 신도시 화성(수원) 건설을 통해 그만의 위대한 꿈을 실현하려 했다. 정조는 재위 20년을 맞이할 무렵부터 정치도 안정되고 자신감도 생겨 화성이라는 신도시 건설과 어머니의 회갑을 기념하는 장엄한 화성행차를 구상했다. 그리하여 자신의 위상을 대내외에 과시하고 그 여세를 몰아 중앙 조정에 잠복한 저항세력을 제압하려고 했다. 또한 군사적으로 이곳에 난공불락의 최신식 성곽을 세워 한양을 호위하는 남방의 요새지를 구축하려 했다. 그리고 수원을 화성으로 바꾸어 경제적으로 자급자족하고 그리하여 집집마다 부유하고 서로 화목한 낙원도시를 만들려고 했다. 이것이 정조의 위대한 꿈이었다.

화성 신도시 건설은 외면적으로는 현실정치에서 탕평정치를 실현하려는 본보기로 추진되었고, 내면적으로는 정조 자신의 꿈을 이루려 의도가 담겨있었다. 화성 신도시 건설에는 정조의 측근들만이 아니라 노론, 소론, 남인을 망라한 모든 신료의 지혜가 어우러졌고 백성들의 전폭적인 지지와 참여 속에 진행되었다. 한양에서는 남인 정승 채제공이 사업 전체를 총괄했고, 화성에서는 소론의 조심태가 사업을 감독했으며, 비변사의 노론 서유린과 소론 정민시 등이 재정을 지원했다. 또 남인 정약용과 소론의 서유구, 노론의 홍원섭 등 실학자들이 창안한 신기술이 적용되었다. 김종수와 심환지 같은 노론 벽파의 주요 인물들도 화성행궁의 상량문을 지음으로써 화성 건설에 성의를 보탰다. 이처럼 신도시 화성에는 정조의 탕평과 화합의 정신이 녹아 있었다. 이와 같은 제반 여건 외에도 신도시 화성 건설 계획은 당시의 변화하는 시대 여건에 잘 맞아떨어지는 적절한 구상이었다. 18세기 조선사회는 엄청난 변화를 겪고 있었다. 농업기술의 발달로 잉여농산물이 늘어나고 대동법으로 인해 화폐의 유통이 활발해지면서 상업이 비약적으로 발달하고 있었다. 그와 함께 전국적으로 시장이 확대되었다.

한편 대지주의 등장으로 농토를 잃은 농민들은 살길을 찾아 너나 할 것 없이 도시로 모여들었다. 누구나 장사를 할 수 있게 한 신해통공 정책으로 사람들은 저마다 꿈을 달성하기 위해 한양으로 몰려들었다. 한양에서 이러한 상황이 벌어지고 있어서 신도시 화성의 입지는 탄력을 받을 수 있었다. 팔달산 아래는 삼면이 넓게 개방되어 있고 지형이 평탄하며 서울과 지방을 잇는 교통의 요지였다. 이렇게 신도시 화성은 경제도시로서의 요건이 잘 들어맞았기 때문에 후에 지속적으로 발전해 지금 수원이라는 큰 도시로 발전할 수 있었다.

정조는 화성을 유수부로 승격시키고 부사의 직위도 정2품 유수로 격상시켰다. 개성이나 강화, 광주 등 중요한 행정, 군사도시와 격을 같게 한 것이다. 그런 다음 좌의정으로 정1품인 채제공을 정2품인 신도시 화성 유수로 임명했다. 그만큼 화성은 정조에게 꿈을 실현해 줄 도시였기 때문이다. 즉 정조는 신도시 화성을 왕권의 배후 도시로 키우고자 했고, 이곳에 자신의 강력한 왕권을 뒷받침해주는 규장각과 장용영 등을 확대시키려고 했다. 정조는 신도시 화성을 상업도시로 확대 발전시켜 재정을 충당하려고 했다. 재정이 안정되어야만 지속적인 개혁을 추진할 수 있었기 때문이다.

또한 신도시 화성은 군사요충지이고 현륭원이 지척에 있었다. 더

군다나 신도시가 들 가운데 있으므로 성을 쌓고 참호를 파야만 전쟁 시에 대처할 수 있었다. 그리하여 정조는 이곳에 난공불락의 최신식 성곽을 건설하기로 했다. 이미 임진왜란 당시 서울 남쪽의 국방상 허점이 드러나 17세기 실학자 유형원이 수원성 구축의 필요성을 제기한 바 있는데 정조는 그 의견을 받아들인 것이다.

정조는 축성 준비를 서두르며 정약용을 적임자로 임명했다. 정약용은 그동안 조선에 지어졌던 여러 성을 살펴보고 중국 성곽의 강점을 연구하는 한편 서양의 과학기술 서적을 탐독하면서 아이디어를 짰다. 그리하여 2년 뒤인 1792년(정조16년)에 「성설(城說)」이란 연구보고서를 정조에게 올렸다. 그렇게 해서 수원성 축성의 여덟 가지 방안을 담은 정약용의 성설은 「어제성화주략」이라는 책으로 간행되어 화성 축성의 기본방안으로 채택되었고, 「화성성역의궤」에도 실렸다. 정약용은 정조의 신뢰를 바탕으로 유성룡의 저술과 중국 병서들을 참조하여 「옹성도설」, 「누조도감」, 「현안도설」, 「포루도설」 등 성곽축조의 세부적인 설계논문을 완성했다. 「옹성도설」은 성문 앞에 세우는 항아리 모양의 둥근 벽에 대한 설명이고, 「현안도설」은 성에 접근해 오는 적을 감시, 공격할 수 있는 가늘고 긴 수직의 홈을 만드는 방법에 대한 설명이다. 또 「누조도감」은 적이 성문에 불을 지르는 것을 방지하기 위해 성문 위에 오성지라는 다섯 구멍을 내고 그 뒤에 물을 저장한 큰 통을 만드는 방법을 말하며, 「포루도설」은 성벽에 치성을 만들고 그 위에 여러 시설을 설치하는 방법이다. 치성 위에 대포를 장착해 포루, 성책을 설치하면 적루가 된다. 정약용은 또 좌우 감시대인 적대, 군사가 머무는 건물을 세운 포루, 큰 활인 궁노를 쏠 수 있는 노대 등을 고안해냈다. 이렇듯 정약용의 여러 구상에 만족한 정조는 규장각에 있던 「기기도설」이란 책을 내밀며 공사기간을 단축할 방법을 찾으라고 주문했다. 공사기간을 단축한다는 것은 경제적으로 많은 비용을 절감한다는 것을 의미했다. 이에 정약용은 「기기도설」에 있는 도르래의 원리를 이용해 거중기라는 기계를 발명한 다음 「기중도설」이라는 논문을 썼다. 거중기는 무거운 돌을 들어 올리는 장치로, 큰 나무틀 위아래로 4개의 도르래를 매달고 물레의 일종인 녹로를 양끝에 달아 들어 올리는 힘을 대폭 늘렸다. 또 유형거라는 새로운 형태의 수레를 고안해 재료 운송을 쉽게 했다. 이리하여 화성 축성에는 당시 31세였던 정약용의 뛰어난 지혜가 빛을 발했다. 이전에 축성이나 전쟁 경험이 없었음에도 그는 정조의 기대에 부응하여 완벽에 가까운 설계를 해냈던 것이다.

　특히 화성은 들판에 떠 있는 상업도시로 유사시에 다른 성민들처럼 산성으로 대피하는 것이 아니라 끝까지 사수해야만 한다. 정약용은 이를 감안해 성의 규모를 줄이는 대신 방어시설을 완비함으로써 난공불락의 철옹성을 실현시켰다. 또한 정조는 화성을 완벽한 자립형 신도시로 건설하고 싶었기 때문에 단순히 성곽을 쌓고 행궁을 증축하는 것으로 만족할 수 없었다. 자립형 신도시를 만들기 위해 척박한 땅을 개간하기 위해 물길을 잘 정비해야 했다. 정조는 농업용수를 확보하는 길이 급선무라 생각하고 조심태에게 저수지를 만들도록 명했다. 그리하여 1796년(정조20년) 5월에 만석거를, 1798년(정조22년)에 만년제와 축만제를 조성했다. 만석거는 현재의 일왕 저수지이고 축만제는 서호로 개칭되었다. 그리하여 신도시 화성은 농업기반을 완전히 갖춘 자립형 도시로 바뀌었다. 또한 정조는 도시기능을 활성화시키기 위해 화성행궁 바로 앞에 십자로를 만들어 물류이동을 손쉽게 해 그 주변을 상업지대로 만들었다. 신도시 화성과 한양을 오가는 통로가 활짝 열리니 상업이 활성화되고 생활환경이 좋아졌다. 그로 인해 많은 사람들이 밀려들어왔다. 자연스런 인구증가 정책을 쓴 것이었다. 그래서 신도시 화성은 안정을 찾아갔다. 정조는 신도시 화성 건설이 현륭원과 화성 행궁을 위해서라고 했지만 실제는 나름 그의 꿈이 숨어 있었다. 정조는 신도시 화성은 능이나 행궁을 지키는 도시가 아니라 한나라 유방을 탄생시킨 패현처럼 화성에서 천하를 호령하는 위대한 군주로 거듭나는 웅대한 꿈을 실현하고 싶었던 것이다. 정조가 갑작스런 죽음을 맞이하지 않았다면 가능한 일이었다. 또한 정조의 위대한 꿈은 '8일간의 화성행차'에서 벌인 일련의 행사들에 잘 나타나 있다.

8일 간의 화성행차

1795년(정조 19년)에 정조는 어머니 혜경궁 홍씨와 아버지 사도세자의 회갑을 맞이하여 8일 동안 신도시 화성과 현륭원을 다녀오는 장엄한 행사를 가졌다. 이 행사는 조선시대 최대의 행차로 '을묘년 원행'이라고도 한다. 이 행사는 당시 기록한 「원행을묘정리의궤」에 소상히 나타나 있으며 수준 높은 정조의 통치방향과 통치수준을 보여주고 있다. 이 행차는 대외적으로는 신도시 화성과 현륭원을 다녀오며 혜경궁 홍씨에 대한 회갑연을 치르는 행사였지만, 실제로는 백성의 단합을 꾀하여 강력한 왕권국가를 구축하려는 그의 꿈과 그 힘을 대내외에 과시하며 개혁에 박차를 가하려는 위대한 꿈이 숨어 있었다. 이 장엄한 행사 때문에 정적인 노론벽파들은 숨을 죽여야 했다. 정조의 현륭원 참배와 부모님 회갑잔치라는 명분과 장엄한 행차라는 위세 때문에 정적들도 그와 함께 할 수밖에 없었던 것이다. 무려 1,700여 명의 장엄한 행차는 정조의 강력한 왕권을 보여주고 있으며 정국운영에 대한 정조의 자신감이 드러나 있다. 이러한 행진장면이 그려진 「반차도」는 도화서의 당대 일류 화원인 김홍도 등에 의하여 그려진 작품인데, 장엄한 분위기 속에서도 낙천적이고 자유분방하고 익살스런 표정들이 가득하다. 최근 복원된 청계천 담벼락에도 「반차도」의 일부가 그려져 있다.

조선왕조를 통틀어 가장 장엄하게 치러진 1795년(정조19년)의 화성

행차는 1년 동안의 인적, 물적 준비가 필요했다. 이때 윤 2월 9일 정조는 화성을 향해 출발했다. 행차 날짜를 윤 2월로 정한 것은 농사철을 피하기 위해서였다. 행사주관기구로 '정리소'라는 기구를 장용영에 설치했다. 총 경비를 국민의 세금과는 관계없이 정부의 환곡을 이용한 이자수입으로 마련했다. 정조는 행사 비용을 지출함에 있어 사치와 낭비를 엄격하게 막도록 했으며, 만약 경비가 남으면 백성과 나라를 위해 쓸 것을 명했다.

정조의 화성행차는 부모님의 회갑을 기념하는 행사인 만큼 왕실의 기쁨을 온 나라 백성들과 함께 나누려는 뜻이 있었고, 게다가 행차의 목적지인 화성과 그 인근 지역 주민들의 사기를 높여주기 위한 여러 조치가 강구되었다. 지역주민들에게 가장 적극적인 사기진작책으로 화성행차 중 과거 응시 기회를 넓혀주기로 했다. 문과는 정예인사를 뽑아야 하지만, 무과는 웬만한 실력이면 발탁해도 무방했다. 그래서 정조는 문과별시를 화성에서 치르기로 했고, 무과의 문호는 더욱 열어놓고 응시자가 많도록 권장했다. 또한 행차가 시작되던 윤 2월 9일에는 어가가 지나가는 지역에 있는 종실의 무덤과 선현을 모신 서원과 사우에 관리를 보내 제사하도록 명했다.

첫째날 정조는 창덕궁 영춘헌에 나와, "먼저 자전(할머니)을 알현해야 한다"고 말하고 말을 타고 '수정전'에 가서 할머니께 인사를 드렸다. 할머니 정순왕후는 할아버지 영조의 계비로 나이는 51세였다. 어머니 혜경궁 홍씨보다도 10세가 아래인 셈이다. 할머니는 사도세자의 죽음에 관여한 처지이기 때문에 정조와는 사이가 좋지 않았지만, 행차를 떠나기에 앞서 인사를 드리는 것이 도리였다. 정조는 할머니와 자신의 왕비(효의왕후 김씨)를 궁에 남기고 어머니와 두 누이만을 대동하고 궁을 나섰다. 오전 6시 45분경 정조는 돈화문까지 나와서 어머니를 기다렸다. 어머니 혜경궁 홍씨는 궁 안에서 가마를 타고 영춘문 등 10여 개의 문을 거쳐 돈화문으로 나왔다. 정조는 돈화문 앞에서 어머니와 인사를 나눈 뒤 말을 타고 출발했다.

「원행을묘정리의궤」에 들어있는 '반차도'에 의하면, 어가를 따라간 인원은 영의정 채제공을 비롯해 1,779명에 달하고 말은 799필이었다. 그러나 거동길에 동원된 실제인원은 대략 6,000여 명이나 되었다. 이들은 현지에 먼저 내려가 있거나. 혹은 통과 지점에서 대기하면서 근무하는 자가 많았다. 이 중에서 정조의 친위부대인 장용영의 군사들이 3,000여 명을 차지했다. 수백 개의 현란한 깃발들이 나부끼고, 115명의 기마악대가 각종 악기를 힘차게 연주하면서 행진하는 모습은 상상만 해도 장관이었다. 그 행렬의 길이가 어림잡아도 1킬로미터 정도는 되었다. 장엄한 행렬은 창덕궁 정문인 돈화문에서 출발하여 종루 앞길(보신각 앞길)과 대광통 돌다리(청계천 광통교), 동현(명동)등을 거쳐 숭례문(남대문)으로 이어지는 길을 거쳤다. 그리고 청파교를 거쳐 노량으로 방향을 틀었다. 어가행렬이 용산을 거쳐 노량 배다리에 이르렀다. 이때 인도에는 구경 나온 백성들로 가득했다.

인파가 한꺼번에 몰리자 경호군사들이 사람들을 밀쳐내느라 진땀을 흘렸다. 정조는 이들을 막지 말라고 명했다. 어가는 한강에 있는 배다리를 건너 용양봉저정에 도착했다.

1791년(정조15년)에 완공된 용양봉저정은 '용이 뛰놀고 봉황이 높이 나는 정자'라는 뜻으로, 지금 상도터널 북쪽 입구의 동편 언덕에 있는데, 일제 강점기 일본인이 대부분의 집을 헐고 목욕탕 등 유락시설들을 지었다. 지금은 집 한 채만이 외롭게 남아있다. 그 곳에서 정조는 혜경궁과 함께 점심 수라를 들었다. 다시 어가는 장승백이를 지나 시흥행궁을 다다랐다. 시흥행궁은 이번 행차를 위해 새로 지은 것이었다. 어가는 첫날밤을 시흥행궁에서 보내기로 했다. 현재 시흥행궁은 없어지고 그 부근의 수백 년 된 은행나무 몇 그루가 보호수로 지정되어 있다. 정조는 저녁 수라상을 직접 살펴본 뒤 어머니에게 올렸고, 가는 곳마다 이 일을 되풀이했다.

둘째 날 어가는 20리 거리의 사근참행궁을 향하여 떠났다. 지금의 시흥대로를 타고 안양을 향하여 발길을 재촉했다. 어가행렬은 만안교를 따라 남으로 전진했다. 곧 청천평에 이르렀고, 원동천을 지나니 곧 사근평이 나타났다. 현재의 의왕시 왕곡동 부근이다. 그 곳에 있는 사근참행궁에서 잠시 쉬고 있는데 비가 내리기 시작했다. 이곳에서 오전 간식과 점심을 들었다. 정조는 "새로 지은 사근참행궁이 밤을 지내는 데 어려움이 있으니, 백관과 군사들이 비를 맞을 것이 걱정되지만, 이곳에서 화성이 얼마 되지 않으니 오늘 도착할 수 있다"고 말하고 발길을 재촉했다. 화성행궁까지는 20리였지만 비를 무릅쓰고 행진은 다시 시작되었다. 잠시 후 어가는 일용고개를 거친 지 얼마 안 되어 미륵현에 이르렀다. 비 때문에 땅이 질고 미끄러웠다. 고개를 넘어서 괴목정교를 지나니 노송지대가 일행을 맞이했다. 노송지대를 지난 어가는 장안문에서 5리쯤 떨어진 진목정에 이르렀다. 진목정에 이르자 총리대신 채제공이 기다리고 있었다. 진목정에서 잠깐 휴식을 취한 어가는 곧 화성 장안문에 다다랐다. 화성 유수 조심태가 여러 장수들과 함께 영접했다. 이윽고 대가는 행궁의 정문인 신풍루와 좌익문, 중앙문을 거쳐 화성행궁의 중심인 봉수당에 도착했다. 정조는 말에서 내려 혜경궁 홍씨를 장락당에 모셨다. 한양에서 화성 현륭원까지의 거리는 약 110여 리(약 45킬로미터)가 되었다. 화성 입성이 끝난 정조는 처소인 유여택에 여장을 푼 다음 신하들에게 "오늘 비에 젖은 것은 미안하지만 큰 문제는 없었다. 매사 언제나 순탄하기를 바라서는 안 된다. 어제는 날씨가 화창하고 따뜻했고, 내일은 경사스러운 행사가 많다. 농사가 곧 시작될 시기에 비가 와서 논밭이 젖었으니 농부들에게는 경사스러운 일이다. 내일부터 행사가 많으니 긴장을 풀지 말아야 할 것이다"라고 지시를 내렸다.

셋째 날 이 날은 화성에서 여러 행사가 시작되는 첫 날이었다. 향교의 대성전(공자를 모신 사당)참배, 문무과 별시의 시행, 회갑잔치의 예행연습 이렇게 세 가지 행사가 예정되어 있었다. 화성에서의 첫 행사를 향교 참배로 정한 것은 학문을 사랑하는 정조의 유학 진흥의 의지를 보여준다. 향교의 대성전에는 공자에서 주희에 이르는 21명의 중국 성현과 설총에서 박세채에 이르는 15명의 조선 유학자들의 위패가 모셔져있다. 대성전은 문선왕묘 혹은 성묘, 문묘라고도 부른다. 묘시에 행궁에서 나온 정조는 동부승지 이조원에게 다음 행사인 문무과 별시 준비를 철저히 할 것을 지시하고 말에 올랐다. 중양문, 좌익문, 신풍루를 거쳐 화성의 남문인 팔달문으로 나왔다.

화성향교는 여기서 서남방으로 약 2킬로미터 떨어진 팔달산 남쪽 기슭(수원시 권선구 교동)에 있었다. 향교 문 밖에서 말에서 내린 정조는 명륜당을 거쳐 대성전에 들어가 참배했다. 함께 참석한 백관도, 유생도 규정에 따라 예를 올렸다. 그리고 정조는 공자를 비롯한 성현의 위패가 모셔진 묘 안으로 들어가 내부를 살펴보고 나서 수리할 것을 지시했다. 참배를 마친 정조는 두 번째 행사인 문무과 별시를 참관하기 위해서 행궁의 오른편에 있는 낙남헌으로 향했다. 이 시험은 화성 및 인근의 광주, 과천, 시흥 지역의 선비들과 무사들을 등용하여 사기를 높여주기 위한 조치였다. 시험에 앞서 일정한 의식이 치러진 뒤 정조는 심환지와 이병정을 불러 시험문제를 쓰게 했다.

이어서 정조는 무과를 치르기 위해 응시자를 하나씩 불러 활을 쏘게 했다. 이렇게 해서 최종합격자가 가려졌다. 문과에서는 화성에서 2명, 광주, 시흥, 과천에서 각각 1명씩을 뽑으라고 명하여 모두 5명이 합격했다. 무과에서는 모두 56명을 선발했는데 아버지의 신분이 양인으로 되어있는 자도 있었다. 이 가운데는 장용영 병사들의 합격률이 매우 높아 이들의 사기를 북돋아 줄려는 정조의 배려가 있었던 듯하다. 이로써 오전 행사를 마무리한 정조는 오후에는 봉수당에서 이날의 마지막 행사인 회갑잔치 예행연습인 '진찬습의'를 점검했다. 정조는 봉수당에 나가서 "모레 있을 회갑잔치는 처음 있는 성대한 일로 기생이 격식을 잘 맞출까 걱정이 된다. 한양의 기생들이야 상호 노감에서 격식을 제대로 배웠지만 화성부의 기생은 서부를 것이니 미리 손발을 잘 맞춰보기 바란다"라고 명을 내렸다. 이날의 예행연습에는 어머니 혜경궁 홍씨와 내외빈으로 초청된 본가의 친척들도 참석했다. 회갑연에서 춤을 출 기생들은 궁궐의 여종과 의녀들이었다. 이들과 화성부의 기생들이 함께 행사에 참가할 예정이어서 혹시 실수하지 않을까 염려했던 것이다. 그러나 이 날의 예행연습은 무난히 치러졌다.

넷째 날 정조는 오전에 아버지 사도세자의 묘소인 현륭원에 전배하고 오후와 야간에는 화성에서 두 차례 군사훈련을 하도록 예정되어 있었다. 새벽 5시경에 정조는 혜경궁을 모시고 현륭원으로 향했다. 행차는 팔달문을 나와 남쪽에 있는 상류천, 하류천, 황교 등을 지나 유첨현을 거쳐 유근교에 다다랐다. 지금의 화성군 태안읍 안녕리 원소 앞 부근이다. 유근교에서 말에서 내린 정조는 걸어서 만년제를 거쳐 현륭원에 이르렀다. 정조는 먼저 혜경궁을 모시고 재실로 들어 갔다. 정조는 앞서 약방제조이자 병조판서인 심환지에게 부탁해 다려놓은 삼령차(인삼차)를 혜경궁에게 드리면서 마음을 안정시켰다. 이윽고 혜경궁이 장내로 들어가자 비통함이 절도를 넘어서서 울음소리가 창 밖에까지 들려왔다. 28세에 뒤주에 갇혀 비참한 최후를 마친 남편이 자기와 동갑이면서도 회갑을 보지 못하고 묻혀있으니 어찌 비통하지 않겠는가! 혜경궁의 통곡소리를 들은 정조는 그녀의 용태가 걱정되어 몹시 조급해하고 당황해했다. 곁에 있던 정리사들이 정조에게 "전하께서 슬픈 감회를 억누르기 어려울 것이오나 자궁(혜경궁)의 마음을 더욱 비통하게 하여 혹시라도 병환이라도 나시면 어찌하려고 하옵니까? 더욱이 시간도 이미 많이 지났으니, 바라옵건대 자궁을 위로해주시고 행궁으로 돌아가도록 명을 내려주십시오!" 하고 간청했다. 이에 정조는 "자궁께서 십분 자제하시겠다고 말씀하셨는데 여기에 오시더니 비통한 마음이 저절로 폭발하신 것이다! 나또한 그러한데, 자궁의 마음이야 어떠하시겠느냐?"고 했다. 정조는 어머니께 차 한 잔을 드리며 위로한 다음 데리고 나왔다. 어머니의 비통한 통곡 때문에 정조 자신은 아버지 사도세자에게 인사도 제대로 드리지 못했다.

정조는 현륭원의 관원들과 용주사 승려들에게 상을 내리고 현륭원을 떠났다. 다음 일정은 장용영에서 행하는 주·야간 두 차례의 군사훈련 참관이었다. 화성을 건설한 목적의 하나가 난공불락의 요사를 만들려는 데 있었고, 또 이곳에 5,000명의 장용영 외영 군사들이 주둔하고 있었던 만큼 화성을 방문하면서 군사훈련을 실시하는 것은 지극히 당연했다. 더욱이 정조의 친위부대인 이들은 강한 충성심만 큼이나 기강이 잡혀 있었다. 따라서 정조가 이들을 직접 훈련시킨다는 것은 조정의 반대세력에게는 엄청난 시위 효과가 있었다. 갑주를 갖추고 낙남헌에서 나온 정조는 팔달산 정상에 있는 서장대에 자리를 잡았다. 병조판서 심환지, 화성 유수 조심태 등 여러 대신들이 뒤를 따랐다.

이윽고 정조의 지시가 떨어지자 서장대에서 대포를 쏘는 것으로 훈련은 일사분란하게 진행되었다. 북과 나팔과 명금이 울리고 함성과 포성이 하늘을 진동시키면서 맹렬한 공격과 방어전이 전개되었다. 무기로는 낭기, 조총, 신포, 삼안총 등이 동원되었다. 여기에 참여한 군사들은 3,700여 명이었다. 이날 밤에도 역시 같은 장소에서 야간 군사훈련이 실시되었다. 야간훈련에는 성벽을 따라 횃불이 어둠을 밝혔고 안에서는 집집마다 대문에 등불이 걸려 아름다운 정경을 연출했다. 야간훈련도 서장대에서 대포를 쏘는 것으로 시작됐다. 청룡기가 휘날리자 동문에서 대포를 쏘고 나팔이 울렸다. 주작기가 휘날리면 남문, 백호기가 휘날리면 서문, 현무기가 휘날리면 북문에서 각각 대포를 쏘았다. 그에 따라 군사들은 번개처럼 진법대로 움직였다. 훈련이 기대한 것처럼 잘 끝나자 흐뭇해진 정조는 수백 명의 장병들에게 포상을 하여 군사들의 사기를 높여주었다. 이에 장용영 군사들은 용기백배하여 만세를 힘차게 외쳤다.

다섯째 날 이날은 이번 행차의 절정으로 을묘원행의 첫 번째 명분인 어머니 혜경궁 홍씨의 진찬례(회갑연)가 열리는 날이다. 그동안의 행사가 화성의 선비와 무인들을 격려하는 행사였다면 오늘은 왕실을 위한 행사였다. 회갑잔치는 봉수당에서 이른 아침부터 열렸다. 혜경궁이 앉을 자리에는 연꽃무늬방석이 깔리고 그 뒤에는 십장생 병풍이 둘러쳐졌다. 임금의 자리에는 표피방석이 깔리고 뒤에는 진채병풍이 펼쳐졌다. 혜경궁은 예복을 갖추고 자리에 앉고 임금은 융복을 입고 절하는 자리로 갔다. 혜경궁과 정조가 등장할 때 여민락이 연주되고 자리에 앉자 노연(향불)이 피어오르고 음악이 멈추었다. 다음에는 혜경궁에게 휘건(일종의 냅킨)을 바치는 의식이 이어졌다. 그 다음에는 음식과 꽃을 올리는 의식이 진행되었다. 여민락이 연주되는 가운데 봉수당 마당에는 이미 종친과 대신, 왕실의 일가들, 의식을 진행할 여관과 여집사, 여령들이 대기하고 있었다. 이 때 임금 이하 모든 참가자들이 부복(고개를 숙이고 엎드림)했다가 일어났다. 그 다음은 술잔을 올리는 의식이 이어졌다. 이윽고 정조가 술잔을 올리며 "어머니! 천세만세 이 자식과 함께해주십시오!"라고 하자 혜경궁은 정조에게 "전하와 더불어 경사를 함께합니다!"라면서 술을 마셨다.

혜경궁은 몹시 흡족한 표정이었다. 이에 정조는 머리를 숙여 인사를 드린 다음 소리 높여 외쳤다. "천세!", "천천세!"라고 외치자 모든 참가자들이 함께 따라했다. 이렇게 모든 사람이 혜경궁의 만수무강을 기원했다. 이어 음식과 술이 들어오고 곧 기생과 무녀들이 마당 한가운데 나와 화려한 춤을 추기 시작했다. 이날 잔치는 혜경궁이 자리를 뜨고 날이 저문 뒤에도 계속되었는데 해가 저문 뒤 행궁 건물 사면에 홍사초롱을 걸고 좌정한 사람들마다 놋쇠로 만든 촛대를 나누어 들고 있어 대낮같이 휘황찬란했다. 정조는 흔쾌한 기분으로 영의정 홍낙성 등 문무백관들과 술을 마신 다음 승지와 사관, 각신들을 불러 술을 권했다. 그런 다음 정조는 축시를 지어 혜경궁에게 바치고 신하들도 화답하는 축시를 쓰도록 했다.

    - 우리 동방에 처음으로 경사 있어
      회갑일에 만세의 축수 올리네
      이날 자궁께서 탄강하시었기에
      구름처럼 모여 축하를 펼치도다
      장락전에서는 손자들과 벗을 삼고
      노래자의 효행은 피리소리에 담겼네
      화 땅 구경하고 넘치는 축복 속에
      깊은 은혜가 팔방에 미치는 구나 -

여섯째 날 이날의 행사는 새벽에 신풍루에서 주민들에게 쌀을 나누어주고 오전에 낙남헌에서 양로연을 열도록 되어있었다. 즉 정조는 어머니 회갑의 기쁨을 화성부 주민들과 함께 갖기를 원했고, 또 자신의 인정이 화성을 중심으로 전국 방방곡곡에 미치기를 기대했다. 화성주민들에게 쌀을 나누어주는 행사는 미리 대상자를 선발하는 등 치밀하게 준비되어 있었다. 쌀을 받는 대상자는 화성부 사람으로 사민(四民), 즉 홀아비, 과부, 고아, 독자를 말하며 그 수가 539명이었고, 또한 진민(賑民), 즉 가난한 사람들 4,813명이었다. 정조는 행궁의 정문인 신풍루에서 직접 쌀을 나눠주었고 주변 세 군데에는 승지들을 보내 정조를 대신해 쌀을 나눠주도록 하였다. 정조는 이 행사가 혜경궁의 은전임을 애써 강조했다. 당시 화성부의 인구가 6만이었는데 그 중 10분의 1 정도가 혜택을 받았으니 결코 형식적인 행사는 아니었다. 어머니의 회갑연을 궁중의 잔치로 끝내는 것이 아니라 화성 주민 전체의 잔치로 승화시키는 한편, 백성들에 대한 자신의 애정을 보여주려는 뜻이었다. 그리고는 정조는 선전관에게 "죽 한 그릇을 가지고 오라! 내가 직접 죽이 어떤지를 보겠노라!"고 말했다. 즉 죽이 맛이 없을까 하는 염려에서였다. 정조는 그렇게 행사를 점검한 다음 양로연이 열리는 낙남헌으로 향했다.

초대받은 노인들은 한양에서부터 따라온 영의정 홍낙성을 비롯해 관료 15명과 화성의 노인 384명이었는데 대부분 토호나 양반들이었지만 양민도 13명이나 끼어있었다. 이윽고 임금이 자리를 잡자 노인 관료들은 지팡이를 짚고 계단 위에 오르고 나머지 노인들은 자손들의 부축을 받고 계단 밑에 열을 지어 앉았다. 정조는 노란 비단손수건을 지팡이 머리에 매게 하고 비단 한 단씩을 나누어 주었다. 이어 음악과 함께 음식이 나오면서 떠들썩한 잔치 한 마당이 벌어졌다. 노인들은 어머니를 향한 정조의 효심을 칭찬하며 즐거운 기분으로 술과 음식을 들었다. 이때 홍낙성과 채제공, 김이소 등이 차례로 임금 정조에게 술을 올렸다. 정조는 이조원에게 「어제시」를 써서 내려주고 홍낙성에게 명하여 낙남헌에 걸도록 했다. 그리고 연회에 참여한 여러 노인들이 화답하는 시를 쓰게 했다. 정조는 행궁 밖에 운집해 있는 구경꾼들 모두에게 충분히 술과 음식을 대접하라고 명했다. 채제공은 "아름다운 깃발을 보고 멀리서 찾아온 노인들이 말할 수 없이 많습니다. 저 울타리처럼 둘러서있는 사람들의 태반이 노인들입니다"라고 말하자 정조는 "상서로운 일에는 사람이 많을수록 좋다. 어제 먹고 남은 음식을 나누어주어 자궁의 덕을 만끽하도록 하라!"고 명을 내렸다. 그렇게 해서 이날 차려진 음식상이 무려 425개였다. 그러자 운집한 백성들은 정조와 혜경궁의 만수무강을 기원하며 "천세! 천천세!"를 외쳐댔다.

양로연을 마지막으로 화성에서의 공식행사는 모두 끝났다. 정조는 화성의 각계각층 주민들을 골고루 불러 이들을 위로했던 것이다. 그의 애틋한 '애민정신'의 발로이며 가히 '성인(聖人)의 통치'라 할 만하였다. 게다가 화성 백성들의 요역과 세금도 면제해주었다. 이제 정조는 자신의 시간을 갖기로 하고 자신이 설계한 화성의 성곽을 좀 더 자세히 살펴보기로 했다. 성곽건물 중에서 경관이 가장 빼어난 정자인 방화수류정으로 갔다. 꽃을 찾아 버들잎이 나부낀다는 정자, 그이름만큼이나 정자는 아름다웠다. 수원 성곽의 동북각주로서 깎아지른 암벽 위에 우뚝 서있는 이 정자는 장안문 및 화홍문과 인접하여 화성 동북지방 방어의 요해처로 건설되었다. 하지만 평상시 이곳은 시정을 자아내는 절경을 연출하고 있다. 아래를 내려다보니 멀리 우람한 광교산에서 흘러드는 물소리가 청량하고 신선한 바람이 정자를 싸고돌며 지친 정신을 일깨운다. 학문이 뛰어나고 화초그림으로도 유명한 정조가 화성을 찾으면서 이곳을 외면할 리가 없었다. 어느 겨를에 이만수와 이익운, 조심태, 윤행임, 남공철 등이 곁에 따라붙었다. 정조는 그들과 함께 장안문루와 몇 군데를 더 돌아보고는 화성 축조의 현장책임자였던 조심태를 치하했다.

"성곽의 행태와 완성도가 정말 뛰어나구려. 수고 많았소!"

행궁으로 돌아온 정조는 활을 쏘기 위해 낙남헌 뒤에 있는 득중정으로 갔다. 활쏘기는 정조가 어렸을 때부터 심신수련의 일환으로 즐겨한 스포츠였다. 정조는 무예도 뛰어났지만, 특히 그에게 활쏘기는 단순한 무예가 아니고 정신을 집중시키는 수양방법이었다. 이때 함께한 사람은 홍낙성, 심이지, 서유방, 이시수, 조심태, 서용보, 이만수 등이었다. 이날 정조는 유엽전과 소포, 장혁 등 세 종류의 화살을 쏘았다. 그 결과 유엽전은 30발 중에 24발, 소포는 25발 중에 24발, 장혁은 5발 중에 3발을 명중시켰다. 실로 대단한 실력이었다. 팔순의 원로인 영의정 홍낙성도 소포 3발을 맞추었다. 이에 정조는 "경은 팔순의 원로로서 소포를 세 개나 맞춘 것은 매우 드문 일이다!"라고 하면서 격려했다. 또한 정조는 "활쏘기는 비록 육예(중국 주나라 때 교육과목으로 예절, 음악, 활쏘기, 말타기, 서예, 수학을 말함)중 하나라고 하지만, 역시 기(技)에 가깝다. 그래서 포기하고 연습하지 않은지 이미 4년이 지났다. 오늘의 명중은 우연일 뿐이다"라면서 겸손함을 보였다.

성조는 저녁 수라를 마치고 난 뒤 다시 득중정에서 횃불을 밝히고 활을 쏘았다. 그리고 불꽃놀이의 일종인 매화포(땅에 묻은 화약)을 터뜨리며 놀았다. 득중정에서 활쏘기를 끝으로 화성에서의 모든 행사는 끝났다. 아쉬운 듯 정조는 신하들을 돌아보며 중얼거렸다. "원행을 나온 지 며칠 되지 않았는데 정해진 일정이 끝났구려!"이번 행차에 정조는 참으로 많은 일을 했고 많은 모습을 신하나 백성들에게 보여주었다. 하지만 영명한 지혜와 뜨거운 애민정신 및 불굴의 추진력을 지닌, 열정적인 그가 5년 뒤에 세상을 떠나게 되리라고 누가 상상할 수 있었겠는가?

일곱째 날 아침 일찍 어가는 화성을 떠나 시흥으로 향했다. 한양으로 돌아가는 길은 내려올 때 여정과 같았다. 이날은 사근평참에서 점심을 들고 시흥행궁에서 밤을 지내기로 했다. 장안문 밖으로 나가니 화성 백성들이 모두 나와 정조 일행을 배웅했다. 이번 별시에 합격한 사람들도 화동들과 함께 나와 있었다. 이어 행차는 미륵현(지지대 고개)에 도착했다. 오늘날 수원시와 의왕시의 경계선에 해당하는 이 고개는 당시로서는 꽤 높았다. 이 고개를 넘으면 화성은 물론 현륭원이 보이지 않는다. 정조는 여기서 신하들에게 "이 미륵 고개에 오면 떠나기 싫어 거둥을 멈추고 한참동안 남쪽을 바라보게 된다. 나도 모르게 말에서 방황한다. 이번에 고개 위를 보니 둥글게 생긴 돌 자리가 있다. 그 자리를 '지지'라고 이름 지으라. 그리고 앞으로는 미륵현 밑에 '지지대'라는 세 글자를 넣어 표석을 세우라"고 하였다. 그래서 이때부터 이 고개를 '지지대고개'로 불렀고, 지금도 이곳에 그 유래를 적은 비각이 서있다. 점심 무렵 사근참행궁에 다다른 정조는 광주부윤 서미수, 시흥현령 홍경후, 과천현감 김이유를 들게 한 다음 고을의 어려운 문제와 백성들의 근심거리를 물었다. 즉 백성들이 고통스러워하는 일이 무엇인가를 현지 수령과 암행한 신하들을 통해서 알아보기 위함이었다. 허리 굽혀 민생을 살피고자 하는 위민적인 지도자의 모습을 볼 수 있다. 그곳에서 점심을 마치고 출발한 정조는 저녁 무렵 시흥행궁에 도착했다. 한양으로 돌아가는 길은 화성에 갈 때보다 속도가 매우 더뎠다. 화성을 떠나는 발걸음이 지지대고개를 넘을 때 정조의 마음을 방황케 하였기 때문이리라!

여덟째 날 이날은 '화성행차'의 마지막 날로 아침에 시흥행궁을 떠나 노량 용양봉저장에서 점심을 들고, 한강의 배다리를 건너서 저녁에 창덕궁으로 돌아오도록 예정되어 있었다. 정조는 환궁하기 전에 거리에서 백성들을 직접 만나 문득 그들의 목소리를 듣고 싶었다. 이에 정조는 지방 수령들에게 "그대들은 경내의 백성들을 데리고 넓은 길가에 나와 기다려라!"고 명했다. 즉 백성들의 목소리를 직접 들은 기회를 갖기 위함이었다. 행렬이 문성동 앞길에 이르자 시흥현령 홍경후가 백성들을 데리고 길옆에서 어가를 맞이했다.

이에 정조는 잠시 쉬면서 말하길 "어가가 지나는 곳에서는 반드시 시혜를 베푸는 법이다. 더욱이 오늘은 자궁을 모시고 두 번째 시흥에서 밤을 보냈다. 만사가 평안한 가운데 돌아오니 경사스러운 일이로다. 어찌 백성들에게 인색할 것인가? 반드시 묘역을 경감해 주고 폐해를 제거하고 자궁의 은혜를 널리 퍼지게 하여 백성들의 소망에 부응할 것이다. 말하고 싶은 것이 있으면 숨기지 말고 말하라!"고 했다. 그러자 백성들은 "다행히 성스럽고 밝은 세상을 만나 입는 것, 먹는 것 하나하나가 임금의 은혜가 아닌 것이 없습니다. 별다른 문제가 없습니다!"라고 했다. 그러나 정조는 그 말을 그대로 믿으려 하지 않았다. 정조는 다시 다그쳤다. "은택이 아래로 미치지 못함을 늘 안타까워하고 있다. 더욱이 구중궁궐의 깊은 곳에 있어 백성들의 어려움을 자세히 알지 못한다. 그래서 지척으로 그대들을 불러서 하고 싶을 말을 하게 하는 것이다. 듣고 싶어도 들을 수 없는 여러 폐단을 직접 들어서 백성들이 행차를 바라보는 그 뜻에 보답하려 한다. 말할 수 있는 기회를 만났는데도 무엇이 두려워서 말하지 않는가?" 하면서 정조는 그의 안타까운 심정을 토로했다.

이때 승지 이익운이 임금의 말씀을 여러 백성들에게 두루 알리고, 여론을 충분히 듣고 난 다음 임금에게 아뢰었다. "백성들은 실제 절실하게 고통스러운 폐해는 없습니다. 다만 호역에 두 번이나 징발되어 폐단이 없지는 않았습니다." 이에 정조는 비변사 당상 이시수에게 명하여 그의 뜻을 백성들에게 널리 알리게 했다. "다른 때는 비상한 은택을 두루 펴기가 어려웠지만, 금년에는 특별히 배려하겠다. 지난해 가을의 환곡을 연기한다고 하였지만, 이를 모두 탕감하겠다. 호역은 비변사가 방백 및 수령과 의논하여 폐단을 줄이고 일을 줄이는 방법을 강구하게 할 것이다. 또 해마다 정월에 임금이 행차할 때마다 백성들이 연로의 눈을 치우고 길을 닦는 수고로움이 적지 않다. 그래서 금년부터는 원행일자를 봄과 가을의 농한기로 정했다. 이 또한 백성을 위한 고심에서 나왔다. 앞으로 행차가 지날 때마다 민정을 자세히 살펴볼 것이다. 폐단을 시정할 일이 있는지를 잘 파악하고 있어야 할 것이다!" 이러한 임금의 말을 듣고 백성들은 송축하면서 물러났다. 그런데 이때 한 노인이 큰 소리로 외쳤다. "전하, 좋은 날이니 먹을 것 좀 주십시오!" 정조는 승지 이익운에게 명하여 그의 나이를 알아보라고 일렀다. 그는 61세라고 했다. 정조는 "비록 그 사람의 행동이 무례하기는 하지만 환갑이라니 그냥 돌아가라고 할 수 있겠는가! 그의 소원대로 남은 쌀을 조금 나누어주도록 하라!"라고 명하였다. 그렇게 조치하고 다시 북쪽으로 나아가는데 멀리 관악산이 보였다.

정조가 갑자기 이시수를 돌아보며 물었다.

"연주대가 어디쯤인가?"

"저기 제일 뾰족한 정상에 있습니다."

"주군을 그리워한다는 뜻이니 좀 애처롭구나." 정조는 태조 이성계가 한양에 도읍을 정할 때 관악산의 화기를 막으려고 연주대를 지은 다음 기도를 올렸다는 사실을 알고 있었다. 또 양녕과 효령대군이 머물렀고, 세조가 백일기도를 한 연주대의 이름을 되새기며 등 뒤에 두고 온 화성의 현륭원을 떠올렸던 것이다.

이윽고 어가는 만안현(상도동 고개)을 거쳐서 노량행궁에 도착했다. 정조는 혜경궁을 용양봉저장으로 맞아들이고 점심을 올렸다. 점심 수라를 든 다음 배다리를 관리한 주교도청 이홍운을 불러 혜경궁이 하사한 비단을 상으로 내렸다. 또한 노량별장에게도 음식을 하사했다. 그리고 배다리 건설의 총 책임자인 주교 당상 서용보를 불러 내일 당장 다리를 분해하여 선주들에게 돌려주라고 명했다. 그리고 20여 일 동안 기다리며 애를 태운 선주들에게 상을 내렸다. 용양봉저장에서 출발한 어가는 천천히 배다리를 통해 한강을 건너 한양으로 향했다. 드디어 정조는 숭례문을 통과하여 돈화문, 진선문, 숙장문, 건양문, 동룡문, 경화문, 집례문, 승지문, 보정문, 만팔문, 천오문, 영춘문을 거쳐 창경궁 내전으로 돌아왔다. 그렇게 8일간의 장엄한 화성 행차는 드디어 막을 내렸다. 정조는 어머니 혜경궁과 함께 그가 간직했던 위대한 꿈을 실현한 것 같았다.

정조는 이러한 행사로 만백성을 단합시키는 계기를 마련하고 더 큰 목표를 향하여 개혁정치를 실천해 나갔다. 정조는 이듬해 1796년 (정조20년) 1월에 현륭원을 다시 참배하고, 10월에는 신도시 화성 건설을 완료하였으며, 그 다음해 1797년(정조21년)부터는 1월과 8월 두 차례에 걸쳐 현륭원을 방문하는 것인 관행이 되었다. 화성의 수리시설 건설은 그 후에도 계속되어 1798년(정조22년) 만년제를 현륭원 입구에 축조하고, 1799년(정조23년)에는 지금의 서호인 축만제와 서둔을 완성했다. 이로써 화성은 더욱 안정된 재정기반을 갖춘 자급자족 도시로 성장해 갔다.

정조는 신도시 화성에서 개혁과 통합으로 강력한 왕권을 구축하고 부강한 근대국가를 만들려고 하였다. 과감하게 선진문명을 받아들이면서 우리 문화를 바탕으로 한 주체적 근대국가를 세우려고 하였던 것이다. 이것이 정조의 위대한 꿈이었다. 정조의 치세 24년 중 전반기 10여 년은 거센 역모사건들로 인한 불안한 정치 혼란 시대였지만 후반기는 개혁정치와 탕평정치로 국가적 대통합을 이뤄낸 중흥의 시기였다. 정조의 치세가 충분히 이어졌다면 부강한 근대민주국가로 성장하여 한일합방 같은 역사적 치욕은 없었을지도 모른다. 정조가 갑작스럽게 의문의 죽음을 당하자마자 문예부흥으로 부활한 위대한 조선이 세도정치 등 정치적 부패로 인하여 100년 만에 망하고 말았으니 어찌 한탄스러운 일이 아닌가?

한 집안도 훌륭한 인물이 배출되면 흥하듯이 국가도 위대한 지도자가 없이는 흥할 수 없다는 것이 정조가 준 큰 교훈이라 할 수 있다. 특히 링컨 같은 위대한 지도자가 '노예해방'이라는 숭고한 가치를 1863년에 이뤄냈지만, 정조는 1800년에 '노비철폐'와 '신분제도 혁파'를 이뤄냈고, 문화국가와 근대국가를 향해 달려간 지도자였다.

아마도 정조가 보여준 역사적 교훈을 되살려 볼 때 현재의 불안한 정치를 과감하게 타파하고 개혁과 통합의 바탕 위에서 통일을 이루는 지도자가 르네상스를 부활시켜 21세기의 위대한 지도자로 등극할 것이다! 조선역사상 정조는 통찰력과 추진력이 뛰어났으며 관용과 인내심이 탁월한 정치 지도자였다. 또한 서양의 비정한 마키아벨리즘을 초월하여 탕평과 의리로써 정치를 성공적으로 이끌어간 정치 지도자였다. 정조의 후예들인 우리는 위대한 그의 리더십을 부활시켜 현재의 절망적인 정치 상황을 지혜롭게 극복해 나가야 할 것이다! 또한 위대한 지도자 정조 같은 인물을 키워야하는 것이 우리 세대의 몫이고, 우리 세대가 배워야 할 역사적 교훈이 아니겠는가? 백성의 나라, 위대한 조선을 꿈꾼 그는 여전히 우리 곁에 남아있다.

정조의 화성행차, 한영우, 효형출판, 2007

조선왕조 오백년사, 이혜경, 청솔출판사, 1996

영원한 제국, 이인화, 도서출판 세계사, 1993

조선 왕을 말하다(2권), 이덕일, (주)위즈덤하우스, 2010

정조, 조선의 혼이 지다, 이한우, (주)해냄출판사, 2007

정조의 생각, 김문식, (주)글항아리, 2011

정조대왕의 꿈, 유봉학, 신구문화사, 2001

정조의 화성건설, 최홍규, 일지사, 2001

지금은, 정조를 읽어야 할 시간, 김해영, 최병윤, 안티쿠스, 2013

정조 치세 어록, 안대회, 도서출판 푸르메, 2011

한 권으로 읽는 조선왕조 실록, 박영규, 도서출판 들녘, 1996

통합의 정치가 이산, 송기출, 국학자료원, 2012

혜경궁 홍씨와 왕실 사람들, 정은임, 채륜, 2010

정조의 경학과 주자학(하권), 김문식, 문헌과 해석사, 2000

조선국왕전, 이성무, 청아출판사, 2012

백성편에서 쓴 조선왕조실록(하권), 백지원, (주)진명출판사, 2009

정조대왕과 친인척(1,2), 지두환, 도서출판 역사문화, 2009

정조와 철인정치의 시대(1,2), 이덕일, 고즈윈, 2008

조선왕조사, 이병권, 평단문화사, 2008

조선왕조실록, 이상각, 도서출판 들녘, 2009

이산 정조, 꿈의 도시 화성을 세우다, 김준혁, 여유당출판사, 2008

이야기 인물 한국사, 이현희, 청아출판사, 1986

조선왕독살사건, 이덕일, (주)다산북스, 2005

이산 정조대왕, 이상각, 추수밭, 2007

심리학자, 정조의 마음을 분석하다, 김태형, (주)위즈덤하우스,
       2009

사도세자가 꿈꾼 나라, 이덕일, (주)위즈덤하우스, 2011

조선 임금 잔혹사, 조민기, 책비, 2014

참고문헌

정조의 조선

초판 인쇄 2015년 10월 12일
초판 발행 2015년 10월 21일

지은이 김윤중
사 진 장득진, 유수
펴낸곳 도서출판 **말글빛냄**
펴낸이 한정희
주소 서울시 마포구 마포동 324-3 경인빌딩 3층
전화 02-325-5051 팩스 02-325-5771
홈페이지 www.wordsbook.co.kr
등록 2004년 3월 12일 제313-2004-000062호
ISBN 979-11- 86614-03-7 03910
가격 12,800원

이 도서의 국립중앙도서관 출판도서목록(CIP)은 서지정보유통지원시스템 홈페이지
(http://seoji.nl.go.kr)와 국가자료공동목록시스템(http://www.nl.go./kolisner)에서
이용하실 수 있습니다. (CIP제어번호:CIP 2015027780)